IB 자기주도 학습으로 가는 길

MYP 학습 접근 방법

학생용 워크북

Lance G. King 저 | 고은지 · 이요나 · 박태호 공역

MYP ATL SKILLS
STUDENT
WORKBOOK

학지사

MYP ATL Skills Student Workbook
by Lance G. King

역자의 말: '역량 도구 상자'를 채워 나가는 여정을 응원하며

학생 여러분, 안녕하세요. 이 책을 한국어로 옮긴 선생님입니다. 학습 접근 방법(ATL) 학생용 워크북을 번역하면서 이런 생각이 자주 들었습니다. '내가 학생일 때 이 책을 만났다면 지금의 나는 얼마나 달라졌을까?' 또는 '학생들이 이 연습들을 통해 미래 역량을 키워 간다면 그보다 더 의미 있는 일이 있을까?'

이런 마음으로 ATL을 수업에 적용해 보니 학생들이 하루하루 성장해 가는 모습을 볼 수 있었습니다. 이 책을 통해 이러한 변화를 더 많은 학생이 경험하기를 바랍니다. 여러분이 살아갈 미래에는 새로운 도전과 변화가 기다리고 있습니다. 그렇다면 앞으로 우리는 어떤 역량을 길러야 할까요?

먼저, **의사소통**입니다. 누구에게 어떤 목적으로 우리의 의사를 전하는지에 따라 표현을 조절하고, 문화와 관점을 이해하며, 의미 있는 피드백을 주고받는 태도는 연습을 통해 충분히 길러집니다. 저 역시 다른 선생님이나 교수님에게 이메일을 쓸 때 문장을 쉽게 이어 가지 못하거나 단어 하나 때문에 오해가 생기지 않을까 걱정했던 경험이 있습니다. 하지만 인사, 요지, 근거, 요청, 마무리로 글을 구조화하고 대상과 목적에 맞는 형식을 익히면 이런 걱정은 크게 줄어듭니다. 마찬가지로 친구에게 건설적인 피드백을 주는 방법을 일찍 배운다면 단순히 "글씨가 예뻐요."라는 말 대신 도움이 되는 의견을 전할 수 있고 개선점을 말할 때도 '혹시 상처받지 않을까?' 하는 두려움 때문에 의견을 삼키지 않아도 되겠지요. 저는 여러분이 더 설득력 있게 그리고 더 따뜻하게 생각을 전할 수 있도록 이 기능을 꼭 키워 주고 싶습니다.

다음은, **협력**입니다. 학교는 함께하는 법을 배우는 작은 사회입니다. 혼자가 아니라 더불어 살아가기 위해 공감하고, 갈등이 생겨도 원만히 해결해 더 나은 합의에 이르는 과정 그리고 다른 사람의 성공을 기꺼이 돕는 태도는 팀 프로젝트와 동아리 활동은 물론 앞으로의 사회생활의 바탕이 됩니다. 자신의 성공뿐 아니라 다른 사람의 성공을 돕는 법을 배울 때 우리 사회는 더 아름다워질 것입니다. 동시에 원하는 것과 필요한 것을 구분해 정중하고 분명하게 말하는 용기도 필요합니다. 사실 저 역시 제 권리를 명확하게 주장하는 일이 아직 어색할 때가 있습니다. 어릴 때부터 이런 연습을 해 왔다면 더 자연스러웠을 것이라는 생각이 듭니다.

또한 무엇을 하든 성공하기 위해서는 **자기 관리**가 필수입니다. 저도 가끔 마감에 쫓길 때가 있어 장기 목표와 단기 계획을 세우는 연습을 꾸준히 실천하고 있습니다. 자신을 방해하는 요소를 알아차려 조절하고 실패를 분석해 다음 도전의 디딤돌로 삼는 습관을 가진 사람은 넘어져도 다시 일어납니다. 이것이 바로 회복탄력성입니다. 여러분은 갑자기 감정이 치밀어 올라 스스로 조절하지 못해 후회한 적이 있나요? 저 역시 학교에서나 가정에서 그런 순간들을 경험합니다. 그러나 언제, 어떤 상황에서 감정이 커지는지 먼저 인식하고 자신만의 진정 방법을 연습한다면 정서도 관리할 수 있습니다. 저도 매일 실천해 나가고 있습니다.

조사 기능은 이 시대에 꼭 필요한 역량입니다. 넘쳐 나는 정보 속에서 믿을 만한 자료를 찾고 기록하며, 출처를 평가하고, 정확히 인용하고, 목적에 맞게 정리하는 능력이 중요합니다. AI의 도움을 받더라도 무엇을 받아들이고 무엇을 의심할지 판단하는 기준은 여러분이 세워야 합니다.

마지막으로, **사고 기능**입니다. 사실과 근거를 살피고 비판적으로 판단하는 눈, 아이디어를 연결해 새로운 관점을 만들어 내는 창의력 그리고 맥락을 파악하고 문제를 해결하는 태도가 합쳐져서 세상을 살아가는 데 필요한 생각의 근육이 됩니다.

이 책을 여러분에게 소개하는 이유는 'Learning how to learn', 곧 '배우는 방법을 배우는 것'이 평생 살아가는 힘이라고 믿기 때문입니다. 만약 학생이나 자녀에게 선물할 책을 고르라면 주저하지 않고 이 책을 선택할 것입니다. 교사로서 저는 세상을 이끌 여러분이 미래 역량을 차곡차곡 쌓아 당당하고 주체적인 인재로 성장하기를 진심으로 바랍니다.

이 워크북을 여러분만의 '역량 도구 상자'로 여겨 보세요. 이 책은 숙제가 아니라 발전의 길을 안내하는 비밀 지도입니다. 스스로 질문하고, 연습하며, 때로는 실패도 겪으면서 자신만의 길을 찾아가 보세요. 그렇게 쌓인 도구와 전략은 앞으로 마주하게 될 수많은 도전 앞에서 여러분의 가장 든든한 무기가 될 것입니다.

학생 여러분의 빛나는 성장을 진심으로 응원합니다.

2025년 가을

여러분을 응원하는

역자 일동 드림

저자 서문

이 책을 읽기 전에 반드시 읽어 주세요.

이 책에는 93개의 ATL 기능 연습 활동이 수록되어 있습니다. 각 연습 활동은 일반적으로 학습의 세부 기능을 연습하고 더 향상시킬 수 있도록 설계되었습니다. 성공을 정의하는 방식은 사람마다 다를 수 있지만 이 책은 성공의 의미가 무엇이든 누구나 자신만의 방식으로 성공할 수 있도록 도울 것입니다.

ATL 기능 연습은 농구에서 레이업을 연습하거나, 스케이트보드에서 점프 기술을 시도하거나, 악기에서 새로운 곡을 익히는 것과 같은 방식으로 진행해야 합니다. 먼저 올바른 수행 방법을 정확히 파악한 후, 반복적으로 연습하며 조금씩 개선해 나가야 합니다. 그렇게 하다 보면 어느 순간 생각하지 않고도 해당 기능을 자연스럽게 수행할 수 있게 되고 어쩌면 다른 사람에게 가르칠 수 있을 정도로 숙달될 것입니다.

모든 기능을 다 잘할 필요는 없습니다!

교사가 학생의 학교생활을 향상시킬 수 있도록 특정 연습 활동을 선택한 후, 이를 다양한 수업에서 진행할 수 있습니다. 이러한 방식도 효과적이지만 혼자서 혹은 친구와 함께 이러한 연습을 많이 해 보는 것도 좋습니다.

각 연습에는 해당 기능을 연습할 수 있는 활동이 제공되며 '숙달' 진술문도 제공됩니다. '숙달' 진술문은 해당 기능을 뛰어나게 수행하는 사람이 할 수 있는 일을 정의한 것입니다. 이 '숙달' 진술문을 목표로 삼아 그 수준에 도달할 수 있도록 연습할 수 있습니다.

먼저, 여러분이 성취하고자 하는 것이 무엇인지 결정해야 합니다(103~106쪽 목표 달성 참조). 그런 다음, 이를 돕는 특정 기능을 찾아보세요. 학업에서 어려움을 겪고 있다면 어떤 점을 개선하면 도움이 될까요? 예를 들어, 수업 중 효과적인 노트 필기가 필요하다면 50쪽 노트 작성을 참고하세요. 마감일을 지키는 것이 어렵다면 97쪽 마감일을 살펴보세요. 이는 추가적으로 정서적 기능이 필요할 수 있으므로 128쪽에서 인내심을 익히고 138쪽에서 압박과 스트레스에 대처하는 방법을 배우는 것도 도움이 될 것입니다.

이제 이 워크북을 어떻게 활용해야 하는지 이해했나요? 이 책은 여러분이 성공하는 데 필요한 모든 기능을 익힐 수 있도록 돕는 자기주도 학습서입니다. 더불어 가장 유익했던 연습과 특히 도움이 된 연습이 무엇이었는지 꼭 저에게 알려 주세요. 저자 이메일(lance@taolearn.com)로 직접 피드백을 보내 주시면 됩니다.

즐겁게 연습하길 바랍니다.

차례 - 하위 구성별

차례 - 주제별

기본 기능

공부 기능

개인적인 성장과 발전

협업

조사 기능

리더십

비판적 사고

창의적 사고

의사소통 기능

의사소통은 정보를 전달하는 과정으로 문자(예: 책, 블로그, 잡지, 웹사이트, 이메일, 메시지와 같은 인쇄물 또는 디지털 매체), 이미지(예: 비디오, 사진, 영화, 로고, 지도, 차트 또는 그래프), 디지털 데이터(모든 기기를 서로 연결할 수 있도록 하는 것) 그리고 비언어적 방식(예: 움직임, 제스처, 목소리 톤과 높낮이, 맛과 냄새)까지 포함합니다.

의사소통은 인간만의 것이 아닙니다. 동물도 의사소통하며 컴퓨터 시스템과 스마트폰도 정보를 주고받습니다. 이번에는 의사소통 기능들 중에서 사람들 사이에서 지식과 이해를 전달하는 의사소통에 집중하고자 합니다.

이 기능을 연습하면 비판적 읽기, 학업 과제에 대한 이해 그리고 글쓰기 능력이 향상됩니다. 수업 시간 및 학습을 위한 효율적인 필기 방법과 에세이, 보고서 및 그 밖에 과제 작성법을 익히게 됩니다. 또한 언어적·비언어적으로 메시지를 효과적으로 전달하는 방법과 청중의 주의를 끄는 훌륭한 발표를 설계하고 전달하는 방법도 배우게 될 것입니다.

위대한 의사소통–로제타 스톤

기원전 196년, 이집트의 프톨레마이오스(Ptolemy) 왕은 모든 백성이 읽을 수 있도록 새로운 법령을 로제타 스톤(Rosetta Stone)에 새겼습니다. 이 돌이 역사상 가장 유명한 '의사소통' 사례 중 하나로 꼽히는 이유는 그 법령이 세 가지 언어(고대 이집트 상형문자, 데모틱 문자, 고대 그리스)로 기록되었기 때문입니다.

1799년 로제타 스톤이 발견되었을 당시, 고고학자와 역사가들은 고대 그리스어를 대부분 이해하고 있었지만 수많은 예시가 발견되었음에도 불구하고 고대 이집트 상형문자는 해독되지 않은 상태였습니다.

로제타 스톤 덕분에 고대 이집트 상형문자를 고대 그리스어로 그리고 이를 다시 현대 언어로 번역할 수 있게 되었고, 그 결과 인류는 고대 이집트 문명을 훨씬 더 잘 이해할 수 있게 되었습니다.

피드백

1.1a, 2m* – 유의미한 피드백을 제공하고 받습니다.

숙달 수준

누구로부터든 어떤 유형의 피드백이든 경청하고 수용하며 적절하게 응답할 수 있을 때, 해당 ATL 기능을 사용하는 데 있어 전문가 수준에 도달하였다고 볼 수 있습니다.

피드백이란 다른 사람이 여러분을 어떻게 인식하는지에 대한 메시지를 의미합니다. 이러한 메시지는 긍정적일 수도 있고 완전히 중립적일 수도 있으며 때로는 개선할 점에 대한 의견일 수도 있습니다. 피드백을 주고받는 목적은 성과를 향상시키는 데 있습니다. 이 ATL 기능은 다른 사람으로부터 받는 모든 유형의 피드백을 잘 다루는 법을 배우는 것과 관련이 있습니다.

연습 1 – 구두 피드백

a) 다음 세 가지 유형의 피드백 목록을 작성하세요. 상대방이 긍정적 피드백으로 받아들일 수 있는 말은 무엇인가요? 좀 더 중립적인 피드백은 어떻게 말할 수 있을까요? 그리고 변화를 위한 피드백은 무엇인가요? 각 유형별로 여러 가지 예시 문장을 작성해 보세요.

① 긍정적 피드백의 예시: 나는 ~이/가 마음에 들어요. 나는 ~이/가 재미있었어요.

② 중립적 피드백의 예시: 나는 ~을/를 이해했어요. 나는 ~에 동의해요.

③ 변화를 위한 피드백의 예시: 나는 ~을/를 이해하지 못했어요. 나는 ~이/가 필요해요.

*역자 주: '1.1a, 1.1b'와 같은 번호는 ATL 기능을 나타냅니다. 앞의 숫자(1.1)는 상위 기능을 뒤의 알파벳(a, b, c……)은 하위 기능을 뜻합니다.

연습 2 – 글에 대한 피드백 제공하기

a) 짝과 함께 서로의 워크북이나 수업에서 작성한 필기 노트를 교환하세요.

b) 짝의 글을 읽고 내용, 글의 표현 방식, 페이지 구성 등을 보고 피드백을 주세요. 그런 다음, 상대방이 여러분의 글에 대한 피드백을 줄 때 경청하세요.

c) 잊지마세요! 모든 피드백에 대해 허용되는 유일한 응답은 "고마워."라고 말하는 것입니다. 그 외에는 아무것도 하지 마세요. 자신을 설명하거나, 변호하거나, 정당화하지 않습니다. 그냥 "고마워."라고만 말하세요.

d) A 학생이 먼저 시작하여 B 학생의 글에서 좋았던 점을 한 가지 말하세요.

e) B 학생이 "고마워."라고 말한 후 A 학생의 글에서 좋았던 점을 한 가지 말하세요.

f) A 학생이 "고마워."라고 말하세요.

g) 두 사람 모두 받은 피드백을 이 페이지의 메모 섹션에 적으세요.

h) 이번에는 중립적 피드백(사실을 있는 그대로 전달하는 피드백)을 주고받으세요.

i) 마지막으로 변화를 위한 피드백(더 나아질 수 있도록 조언하는 피드백)을 주고받으세요.

j) 피드백을 받을 때마다 반드시 "고마워."라고 말하는 것을 잊지 마세요.

연습 3 – 비언어적 피드백

25쪽으로 이동하여 1.1f, 연습 2 - 듣는 동안 비언어적 피드백 읽기를 수행하세요.

메모

긍정적 피드백:

중립적 피드백:

변화를 위한 피드백:

문화 간 이해

1.1b – 소통하는 내용을 해석하기 위해 문화 간의 이해를 사용합니다.

숙달 수준

상대방의 문화적 배경이 의사소통에 어떤 영향을 미칠지 정확하게 예측하고 이를 받아들이며 이해할 수 있다면, 해당 ATL 기능을 사용하는 데 있어 전문가 수준에 도달했다고 볼 수 있습니다.

문화 간 이해란 어떤 사람의 성장 배경과 문화가 다른 사람과의 의사소통에 있어 영향을 준다는 것을 인식하고 존중하는 것을 의미합니다. 이는 그 사람이 무엇을 말하는지, 어떻게 말하는지, 그리고 의도한 것이 무엇인지와 관련됩니다.

연습 1 – 민속 이야기

여러분이 가장 강하게 소속감을 느끼는 문화적 집단은 어디인가요? 그 집단을 정했다면 해당 문화적 관점에서 다음 연습을 진행하세요. 혼자 또는 같은 문화적 배경을 가진 친구들과 함께해도 좋습니다.

a) 어릴 때 들었던 여러분의 문화권에서 전해 내려오는 대표적인 옛이야기, 동화 또는 자장가를 하나 찾아보세요.

b) 그 이야기에서 전달하는 메시지, 의미 또는 교훈이 무엇인지 정리하세요.

c) 수업 시간에 이 활동을 하는 경우 이야기를 간략하게(약 2분) 소개하고 그 의미나 교훈이 무엇인지 반 친구들에게 설명하세요.

d) 다른 문화적 배경을 가진 친구들에게 비슷한 메시지를 담고 있는 이야기, 동화 또는 자장가가 있는지 물어보세요.

e) 비슷한 이야기라도 문화에 따라 메시지나 교훈이 어떻게 다른지 주의 깊게 살펴보세요.

f) 지역 신문에서 최근 대두되는 기사를 하나 선택한 후, 해당 기사를 수정하거나 내용을 추가하여 앞서 찾은 이야기의 교훈을 반영할 수 있도록 바꿔 보세요.

g) 새롭게 구성한 신문 기사가 어떤 모습이 되었는지 반 친구들에게 설명하세요.

h) 문화적 해석 차이가 신문 보도에서 어떤 강조점의 차이를 만들어 낼 수 있는지 토론해 보세요.

연습 2 – 사회적 행사

a) 여러분이 선택한 문화의 관점에서 그 문화가 전통적으로 다음 제시된 행사를 어떻게 치르는지에 대한 핵심 내용을 간단히 메모하세요.

b) 각 행사에서 어떤 일이 일어나는지 설명하고 그 행사를 치르는 방식이 담고 있는 가장 중요한 메시지나 주제가 무엇인지도 적어 보세요.
   i. 가족 저녁 식사
   ii. 결혼식
   iii. 자녀의 탄생
   iv. 성인식
   v. 학업, 스포츠, 음악, 체스, 무용 등의 분야에서 성공적인 성과

c) 각 문화 그룹에서 한 명이 대표로 나와 각 행사에 대한 정리한 내용을 교실 벽의 해당 항목 아래에 게시하세요.

d) 앞의 행사 중 하나를 선택하여 2분 분량의 발표 자료를 준비한 후, 반 친구들 앞에서 발표하세요.

e) 각 문화에서 나타나는 유사점 및 차이점과 행사에서 강조되는 중요한 도덕적·윤리적 메시지가 무엇인지 함께 토론하세요.

발표 기능

1.1c – 다양한 말하기 기법을 사용하여 다양한 청중과 소통합니다.

숙달 수준

다양한 청중과 효과적으로 소통하고 교감할 수 있다면, 해당 ATL 기능을 사용하는 데 있어 전문가 수준에 도달했다고 볼 수 있습니다.

청중 앞에서 말로 전달하는 의사소통은 연습할수록 발전하는 하나의 기술이지만 즉흥적으로 이루어지지 않습니다. 다양한 청중과 효과적으로 소통하려면 철저한 준비와 전달력이 필요합니다. 기본기를 갖추게 되면 다양한 청중과 효과적으로 소통할 수 있게 될 것입니다.

연습 1 – 예정된 발표 중 하나를 정해서 다음 항목을 작성하세요.

이 발표의 목적을 설명하세요. 이 발표를 왜 하나요? 청중에게 어떤 메시지를 전달하고자 하나요?	나의 목적은……
청중에 대해 설명하세요. i. 청중은 누구이며 어떤 특성을 가지고 있나요? ii. 왜 여러분의 발표를 듣고 있나요? iii. 무엇을 듣기를 기대하나요?	나의 청중은……
청중에게 신뢰감을 주세요. 왜 여러분이 이 발표를 하기에 적합한 사람인가요? 여러분의 자격이나 경험은 무엇인가요?	나는……
발표 시간 안내 발표 시간이 얼마나 걸릴지 청중에게 알리고 반드시 시간을 지키세요.	나는……
주의를 끌 수 있는 도입 장치 만들기 발표의 핵심 내용을 효과적으로 보여 줄 수 있는 자료나 방법을 준비하세요. (예: 사진, 짧은 영상, 유머, 인용문, 시사 뉴스, 역사적 사건, 자신의 경험담이나 유명인의 이야기 등)	나의 도입 장치는……

아이디어를 처음부터 끝까지 논리적으로 전개하세요. 핵심 내용을 순서대로 나열하고 각각이 다음으로 자연스럽게 이어지도록 구성하세요.	아이디어 1 아이디어 2 아이디어 3
각 핵심 내용을 설명하기 위해 자신 또는 다른 사람의 삶(현대 또는 역사적 인물의 이야기)에서 가져온 관련 사례를 하나씩 사용하세요.	아이디어 1을 설명하는 이야기 아이디어 2를 설명하는 이야기 아이디어 3을 설명하는 이야기
청중이 발표의 목적을 이해하고 공감할 수 있도록 결론을 작성하세요.	나의 결론은……
청중이 발표에서 배운 내용을 활용할 수 있도록 실천할 수 있는 행동 과제를 제시하세요.	실천 계획 – 지금 해야 할 일은……

전체 발표를 작성하세요. 말할 내용을 모두 적는 것이 아니라 전달할 아이디어와 활용할 이야기를 중심으로 정리하세요. 핵심 아이디어별로 큐 카드를 만들고 번호를 매기세요. 큐 카드를 보며 발표를 연습하고 전체 내용이 익숙해질 때까지 반복하세요.

전달

모든 발표는 대화입니다. 하지만 단순히 한 사람과 나누는 대화가 아닌 여러 사람과 함께하는 대화입니다. 발표자가 대부분의 말을 하게 되는 경우가 많지만 발표는 분명한 대화의 한 종류입니다. 모든 대화에서 의사소통의 질은 전달 방식과 피드백에 의해 결정됩니다. 전달 측면에서는 다양한 화법이 존재합니다. 권위 있게, 감정적으로, 논리적으로, 설득력 있게, 독단적으로 혹은 열정과 에너지를 담아서 말할 수 있습니다. 혹은 그 반대로 담백하게 말할 수도 있습니다. 이처럼 각각의 말하는 방식에 따라 청중은 메시지를 더 신뢰하기도 하고 그렇지 않기도 합니다. 메시지를 효과적으로 전달하려면 청중의 반응과 피드백에도 민감해야 합니다. 즉, 말하는 도중에도 청중이 메시지를 이해하고 있는지 반응을 계속 확인하고 그에 따라 내용을 조정할 수 있어야 합니다.

연습 2 – 다양한 말하기 방식

a) 여러분이 배우는 과목에서 글을 하나 선택하세요. 교과서의 한 단원이나 선생님의 필기 노트여도 좋습니다. 그리고 몇 가지 핵심 내용이나 사실이 담긴 단락을 골라 보세요.

b) 짝과 함께 다음 활동을 순서대로 진행하며 각 활동이 끝날 때마다 여러분의 생각을 기록하세요. 각 활동마다 역할을 번갈아 가며 연습하세요.

다음에 제시된 방식으로 각자 다른 단락을 읽어 보세요. 한 사람이 읽고 다른 사람은 듣는 역할을 합니다. 매번 역할을 바꾸세요. 각 방식으로 읽은 후, 자신의 느낌과 상대방의 반응을 기록하세요.	**읽는 사람** 해당 방식으로 단락을 읽었을 때 어떤 느낌이 들었는지 적으세요. 듣는 사람의 비언어적 반응(표정, 몸짓, 눈 맞춤 등)을 관찰하고 기록하세요.	**듣는 사람** 단락의 핵심 내용을 얼마나 잘 파악했는지 적으세요. 발표가 여러분에게 어떤 영향을 주었는지 듣는 동안 어떤 느낌이었는지 기록하세요.
한 단락을 최대한 지루하게 소리 내어 읽으세요.		
또 다른 단락을 가능한 한 빠르게 소리 내어 읽으세요.		
또 다른 단락을 일상적인 대화 속도로 읽되, 손이나 몸을 전혀 움직이지 않고 읽으세요.		

또 다른 단락을 일상적인 대화 속도로 읽되, 손과 몸짓을 사용하여 핵심 요점을 강조하며 읽으세요.		
또 다른 단락을 큰 손짓과 몸짓을 사용하며 매우 열정적으로 읽으세요.		

c) 어떤 전달 방식이 가장 효과적이었는지 기록하세요. 어떤 방식이 가장 즐겁게 전달할 수 있었나요? 어떤 방식이 핵심 요점을 이해하고 기억하는 데 가장 도움이 되었나요? 두 사람 모두 같은 방식이 가장 효과적이었나요?

d) 눈 맞춤과 이해도 사이에 어떤 연관성이 있었나요?

효과적인 발표를 위해 기억해야 할 두 가지 핵심 사항을 소개합니다.

i. 움직임과 감정은 연결되어 있습니다. 청중의 감정에 호소하고 여러분이 말하는 내용에 반응하도록 하려면 큰 손짓과 몸짓을 사용하여 핵심 내용을 강조하세요.

ii. 말하는 동안 시선을 계속 청중에게 고정하세요. 청중 중 누군가가 찡그리거나, 고개를 갸웃거리거나, 이해하지 못하는 듯한 비언어적 신호를 보낼 때 해당 내용을 다른 방식으로 다시 설명하세요.

다양한 목적에 따른 글쓰기

1.1d – 서로 다른 목적과 대상에 적절한 글쓰기 형식을 사용합니다.
1.2e –서로 다른 목적을 위해 글을 씁니다.

숙달 수준
다양한 목적과 대상에 맞는 적절한 글쓰기 형식을 자동적으로 인식하고 활용할 수 있을 때, 해당 ATL 기능을 사용하는 데 있어 전문가 수준에 도달했다고 볼 수 있습니다.

양질의 글쓰기를 위해서는 글을 쓰는 목적과 대상(독자)을 먼저 파악해야 합니다. 다음은 글을 쓰는 다양한 목적의 예시입니다.

- 이야기를 들려주기
- 보고서 작성하기
- 지침 목록 작성하기
- 시 쓰기

글쓰기의 다양한 유형을 **장르**라고 합니다. 각 장르는 특정 목적과 대상에 맞게 만들어집니다. 다음에는 각 장르에 대한 설명과 다양한 글쓰기 스타일을 연습할 수 있는 활동이 제시되어 있습니다. 각 연습을 마친 후에는 피드백을 요청할 수도 있습니다. 피드백을 효과적으로 주고받는 방법은 12쪽의 **연습 1–구두 피드백**을 참고하세요.

장르	설명	연습
묘사하는 글	생생하고 풍부한 세부 묘사를 통해 사람, 장소, 사물을 살아 있는 듯 표현하여 독자가 머릿속에 주제를 선명하게 그릴 수 있도록 합니다. 주로 일기나 이야기에서 사용됩니다.	잘 아는 사람, 장소 또는 사물을 머릿속에 명확하게 그림을 그린 뒤, 가능한 한 많은 세부 정보를 사용하여 묘사하는 글을 작성하세요.
사람, 장소 또는 사물에 대해 30단어로 작성하세요. 다른 사람에게 여러분이 쓴 글을 읽게 하고 머릿속에 선명하게 그릴 수 있는지 확인하세요. 묘사하는 글을 개선할 수 있는 방법에 대한 피드백을 요청하세요.		
설명하는 글	사실과 논리적 설명을 사용하여 독자에게 주제에 대한 정보를 제공하고 배울 수 있게 합니다. 주로 보고서 및 실험문에서 사용됩니다.	자신이 잘 알고 있는 주제나 과정을 하나 선택하고 다른 사람이 이해할 수 있도록 사실과 세부 사항을 사용하여 설명하는 글을 작성하세요.
주제를 논리적으로 설명하는 글을 30단어로 작성하세요. 읽는 사람이 해당 주제에 대해 전혀 모른다고 가정하고 여러분이 쓴 글을 읽어 보게 하세요. 설명이 잘 전달되는지 개선할 점이 무엇인지에 대한 피드백을 요청하세요.		

<table>
<tr><td>이야기 글</td><td>이야기를 들려주는 글로 소설이나 수필에서 자주 쓰입니다. 이야기의 흐름이 도입부에서 절정 그리고 결말로 이어집니다. 주로 모험담이나 동화에서 사용됩니다.</td><td>자신이 직접 겪은 특별한 경험에 대한 이야기를 쓰되, 결말 부분에 예상치 못한 상상 속의 극적인 결말을 덧붙이세요.</td></tr>
<tr><td colspan="3">특별한 경험에 대해 30단어로 작성하세요.

다른 사람에게 자신의 이야기를 읽어 보게 한 후, 이야기의 어떤 점이 재미있었는지 이야기를 더 재미있거나 흥미롭게 만들기 위해 추가할 수 있는 내용이 있는지 피드백을 요청하세요.</td></tr>
<tr><td>설득하는 글</td><td>특정 주제에 대한 의견을 표현하고 독자가 자신의 생각에 동의하도록 설득하는 방식으로 작성됩니다. 주로 연설문이나 광고 전단지에서 많이 사용됩니다.</td><td>학교에서 바뀌었으면 하는 점을 하나 정한 뒤, 교장 선생님께 그 변화를 요청하는 설득 편지를 작성하세요.</td></tr>
<tr><td colspan="3">주제에 대해 설득력 있는 글을 30단어로 작성하세요.

다른 사람에게 교장 선생님 입장에서 글을 읽어 보도록 한 뒤, 설득력이 있는지 의견을 묻습니다. 또한 논증을 더 강화하거나 설득력을 높이기 위해 개선할 점이 있는지 피드백을 요청하세요.</td></tr>
<tr><td>시</td><td>운율, 시구, 반복을 활용하여 독자에게 감정적 울림을 주는 글입니다. 주로 노래와 시에서 사용됩니다.</td><td>자신의 삶에서 감정적으로 큰 영향을 준 일을 떠올리고 그 느낌을 표현하는 시구를 써 보세요. 랩, 운율, 리듬 또는 라임을 맞추는 것을 사용해도 좋습니다.</td></tr>
<tr><td colspan="3">시 또는 노래를 30단어로 작성하세요.

다른 사람에게 글을 읽어 달라고 요청하고 글이 감정적인 울림을 주었는지에 대한 피드백을 요청하세요. 또한 사용한 운율이나 라임을 맞추는 것이 글에 리듬감을 주었는지에 대해 의견을 제시해 달라고 요청하세요.</td></tr>
<tr><td>절차를 설명하는 글</td><td>무언가를 만들거나 수행하는 방법을 독자에게 알려 주는 글입니다. 주로 조리법과 사용 설명서에 사용됩니다.</td><td>자신이 자주 하는 일을 생각해 보고 그 일에 대해 전혀 모르는 사람도 이해할 수 있도록 단계별 지시문을 작성하세요.</td></tr>
<tr><td colspan="3">어떤 것을 만들거나 하는 방법을 30단어로 작성하세요.

다른 사람에게 여러분이 설명한 글을 읽게 한 후, 전혀 모르는 사람이 지시문을 잘 따라 할 수 있을지 피드백을 요청하세요. 또한 더 명확하게 설명해야 할 부분이 있는지도 물어보세요.</td></tr>
</table>

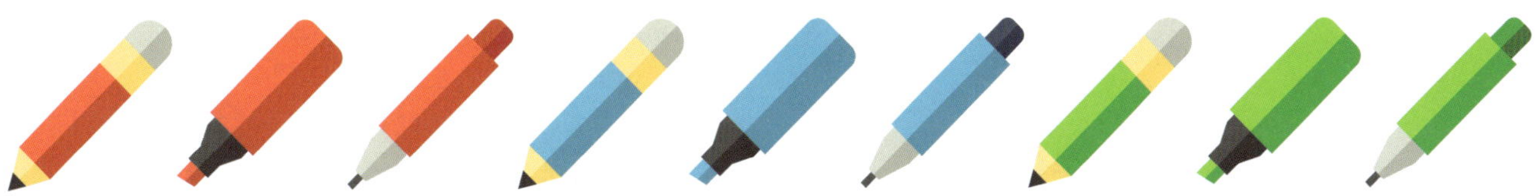

멀티미디어 의사소통

1.1e – 다양한 미디어를 사용하여 다양한 대상과 소통합니다.

숙달 수준

멀티미디어 활용을 통해 모든 청중을 사로잡는 발표를 할 수 있을 때, 해당 ATL 기능을 사용하는 데 있어 전문가 수준에 도달했다고 볼 수 있습니다.

매체(미디어)라는 단어는 두 가지 의미로 사용될 수 있습니다. 첫째, 청중에게 메시지를 전달하는 수단으로서 말하기, 시각적 이미지, 비디오 클립, 애니메이션, 파워포인트 등이 있습니다. 둘째, 메시지를 전달하는 플랫폼으로서 신문, 잡지, TV, 전화, 인터넷 등이 포함됩니다. 특히 인터넷을 통한 디지털 데이터 전송 분야에서는 다양한 유형의 매체가 활용됩니다. 예를 들어, 메시지 전송, 화상 통화, 블로그, 비디오 클립, 팟캐스트, 라이브 방송과 같은 방식이 있으며 웹사이트, 소셜 미디어, 앱, 게임 등 다양한 시스템에서 이를 사용할 수 있습니다.

가장 중요한 것은 메시지를 전달할 때 청중에게 가장 효과적인 매체 유형을 선택하는 것입니다.

연습 1 – 매체 선택

a) 짝과 함께 활동하세요.

b) 다음 세 가지 유형의 메시지를 전달해야 한다고 가정해 보세요.

  i. 지금 바로 전달되어야 하는 긴급 메시지

  ii. 오늘 밤 읽고 내일 실행해야 하는 메시지

  iii. 중요한 정보를 제공하거나 교육하는 메시지(정해진 기한 없음)

c) 다음 표를 완성하면서 각 경우에 메시지를 전달하기에 가장 좋은 방법이 무엇인지 적어 보세요. 각 메시지 유형마다 세 가지나 네 가지 다른 매체를 제시해 보세요.

대상	메시지 유형		
	긴급 메시지	오늘 밤 읽고 내일 실행해야 하는 메시지	정보 제공 또는 교육용 메시지
반 친구들			
지구 반대편에 있는 친구			
선생님			
교장 선생님			
부모님			
조부모님			
진학하고 싶은 대학교			
예비 고용주			

연습 2 – 발표의 매체 활용

a) 앞으로 준비해야 할 발표가 있다면 먼저 16쪽으로 이동하여 1.1c 연습 1 - 예정된 발표 중 하나를 정해서 다음 항목을 작성하기를 수행하세요.

b) 발표에서 다양한 매체를 활용하여 정보를 여러 방식으로 제시하고 다양한 전달 플랫폼을 활용해 메시지를 효과적으로 전달해 보세요.

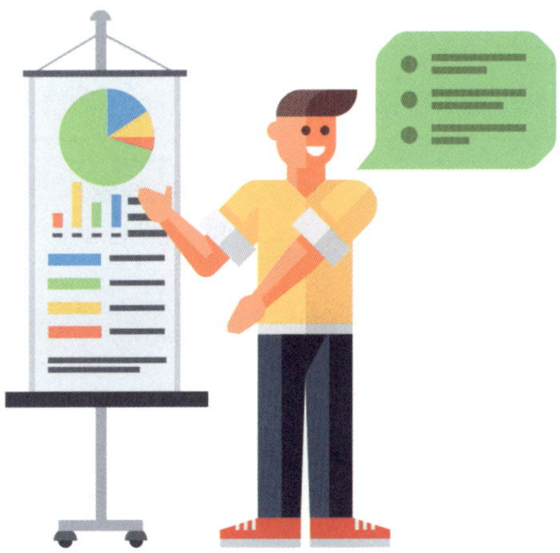

비언어적 의사소통

1.1f – 비언어적 의사소통 양식을 효과적으로 해석하고 사용합니다.

숙달 수준

모든 형태의 비언어적 의사소통을 정확하게 해석하고 적절하게 대응할 수 있을 때, 해당 ATL 기능을 사용하는 데 있어 전문가 수준에 도달했다고 볼 수 있습니다.

비언어적 메시지란 상대방의 몸짓 언어, 자세와 움직임, 목소리 톤, 손동작, 표정, 시선 처리 등을 통해 끊임없이 전달되는 메시지를 의미합니다.

연습 1 – 비언어적 메시지 인식하기

다음에 다양한 몸짓 언어 동작(보디랭귀지)이 나와 있습니다. 짝과 함께 각 동작에 대해 1~2분 동안 전달되는 메시지를 명확히 파악해 보세요. 각 동작을 실제로 따라 해 보고, 서로를 관찰하며, 느낀 점을 이야기 나누세요. 그리고 의견이 일치하면 각 동작이 전달하는 메시지를 적어 보세요.

어깨를 으쓱하기	떨리는 목소리로 말하기	의자 끝에 똑바로 앉기	팔과 다리를 꼰 채 앉기	양손을 머리에 두고 의자에 기대기	팔짱을 낀 채 말하기
상대방의 말을 들을 때 고개 끄덕이기	의자에 축 늘어져 앉기	이야기하면서 서성거리기	말할 때 한숨 쉬기	대화할 때 눈 맞추기	듣는 동안 하품하기
상대방의 말을 들을 때 몸을 앞으로 숙이며 앉기	상대와 눈을 마주치지 않기	누군가 말할 때 미소 짓기	대화할 때 깊게 숨 들이마시기	벽에 기대어 대화하기	말하는 동안 물건 만지작거리기

어떤 몸짓 언어 동작(보디랭귀지)이 상대방의 말에 여러분이 관심이 있음을 보여 주는지 적어 보세요.

연습 2 – 듣는 동안 비언어적 피드백 읽기

a) 교과서의 한 단원이나 선생님의 필기노트 등 해당 과목과 관련된 글에서 몇 가지 핵심 내용이나 사실이 담긴 단락들을 골라 보세요.

b) 짝과 함께 다음 활동을 진행하면서 각 활동 후에 느낀 점을 적어 보세요. 매 활동마다 역할을 바꾸어 진행하세요.

각 상황에서 한 사람은 마치 상대방에게 내용을 설명하듯 단락을 읽어 주세요. 듣는 사람은 매번 다른 방식으로 들으세요. 서로 번갈아 가며 단락을 읽고 읽는 사람과 듣는 사람이 번갈아 가면서 역할을 하며 그때마다 각자 느낀 점을 적어 보세요.	**읽는 사람** 해당 단락을 전달할 때 어떤 기분이었는지 설명하세요. 듣는 사람으로부터 받은 비언어적 메시지가 무엇인지 적어 보세요.	**듣는 사람** 상대방이 말하는 것이 자신에게 어떤 영향을 미쳤는지, 즉 들을 때 어떤 기분이 들었는지 설명해 보세요.
읽는 사람은 글을 읽고 듣는 사람은 책상만 내려다보며 들으세요.		
읽는 사람은 글을 읽고 듣는 사람은 계속 눈을 마주치며 들으세요.		
읽는 사람은 글을 읽고 듣는 사람은 시선을 피하며 방 안을 둘러보거나 다른 사람을 보세요.		

읽는 사람은 글을 읽고 듣는 사람은 책상 위의 물건(펜, 종이 등)을 만지작거리며 들으세요.		
읽는 사람은 글을 읽고 듣는 사람은 때때로 읽는 사람을 바라보며 들은 핵심 내용을 종이에 적으세요.		

c) 짝과 함께 어떤 듣기 방식이 읽는 사람으로 하여금 자신의 이야기가 경청되고 있다고 느끼게 했는지 이야기해 보세요.

d) 짝과 함께 어떤 듣기 방식이 듣는 사람이 가장 집중할 수 있었고 내용을 가장 잘 기억할 수 있었는지 이야기해 보세요.

e) 발표를 할 때 청중이 여러분의 말에 몰입하고 이해하고 있는지를 판단하기 위해 어떤 비언어적 단서를 미리 파악해야 하는지 생각해 보세요.

협상

1.1g – 학우 및 교사와 아이디어 및 지식을 협상합니다.
2j – 효과적으로 협상합니다.

숙달 수준

서로 동의하지 않는 문제에 대해 상대방과 성공적으로 공동의 이해를 형성할 수 있다면, 해당 ATL 기능을 사용하는 데 있어 전문가 수준에 도달하였다고 볼 수 있습니다.

협상이란 사실, 의견, 관점을 명확하게 정리하고 어떤 논쟁이든 상대방의 입장을 인식하고 이해할 수 있는 능력을 포함합니다.

연습 1 – 사실과 관점

a) 서로 의견 차이가 있지만 함께 해결하고 싶고
기꺼이 논의할 수 있는 사람과 함께 다음 활동을 수행하세요.

표를 작성하세요.	사람 1	사람 2
서로 합의하여 토론 주제에 이름이나 설명을 붙이세요.		
토론 주제에 대한 개인적인 견해는 무엇인가요?		
서로 동의하는 사실에는 어떤 것이 있나요?		
요구사항은 무엇인가요?		

희망 사항은 무엇인가요?		
상대방의 관점에서 그 논쟁거리를 다시 표현해 보세요.		
이 논쟁거리에서 요구사항, 희망사항 또는 관점에 대해 조정하거나 조율할 수 있는 부분이 있나요?		
모든 것이 가능하다면 이 논쟁거리를 해결할 창의적이고 혁신적인 해결책에는 어떤 것이 있을까요?		
만약 제3의 중재자가 이 논쟁거리를 본다면 어떤 해결책을 제시할 수 있을까요?		
여러분이 모두 동의할 수 있는 해결책이 있을까요?		

b) 만약 합의에 도달했다면 합의에 이르는 데 도움이 된 분석과 협상의 가장 유용한 요소는 무엇이었나요?

c) 만약 합의에 도달하지 못했다면 다음번에는 무엇을 다르게 할 것인가요? 과정의 어떤 부분을 변경할 수 있을까요? 더 효과적인 협상 과정을 새로운 표에 작성해 보세요.

소셜 미디어

1.1h – 디지털 소셜 미디어 네트워크에 참여하고 기여합니다.
2a – 소셜 미디어 네트워크를 적절하게 사용하여 관계를 맺고 발전시킵니다.

숙달 수준

소셜 미디어를 안전하고 적절한 방식으로 자신 있게 활용할 수 있을 때, 해당 ATL 기능을 사용하는 데 있어 전문가 수준에 도달했다고 볼 수 있습니다.

사회적으로 연결되어 있다는 느낌은 건강한 웰빙을 누리는 데 중요한 요소가 될 수 있습니다. 다양한 소셜 미디어 플랫폼을 사용하면 원할 때 친구, 가족 및 여러 대상과 연결될 수 있습니다. 소셜 미디어를 현명하고 안전하게 사용하는 방법이 있는 반면, 그렇지 않은 방법도 존재합니다. 정보를 공유할 때는 가장 효과적이고 안전한 방법을 알고 있어야 하며 이러한 공유는 지역, 국가 그리고 전 세계적으로 이루어질 수 있습니다.

연습 1 – 여러분의 연결성

a) 짝과 함께 다음 모든 칸을 채우고 답안을 하나의 표로 완성하세요.
b) 모두 다 작성하고 난 후 짝과 비교하여 답이 같은지 확인하세요.
c) 차이점이 있다면 그 이유를 논의해 보세요.

소셜 미디어 생활에 대한 질문	나의 디지털 세상 속 생활에 대한 답변
현재 사용 중인 모든 소셜 미디어 플랫폼, 웹사이트, 앱을 적으세요.	
소셜 미디어에서 여러분이 공유하는 콘텐츠를 접하는 다양한 청중(대상)을 설명하세요.	
소셜 미디어의 주요 이점은 무엇이라고 생각하나요?	

소셜 미디어가 새로운 관계를 형성하고 발전시키는 데 어떻게 도움이 될 수 있나요?	
소셜 미디어를 통해 얻을 수 있지만 현실에서는 쉽게 경험하기 어려운 사회적 관계나 상호작용은 무엇인가요?	
그 이유는 무엇이라고 생각하나요? 이것이 문제가 될 수 있다고 생각하나요?	
소셜 미디어에서 얻는 것과 비슷한 경험을 현실에서 친구들과 할 수 있는 방법이 있을까요?	
소셜 미디어가 주는 압박감이나 부정적인 측면에는 어떤 것들이 있나요?	
소셜 미디어의 압박감과 부정적인 측면을 대처하기 위해 무엇을 할 수 있을까요?	

연습 2 – 규칙

a) 짝과 함께 활동하세요.

b) 학교에서 후배들을 위한 '책임감 있고 안전한 소셜 미디어 사용법'에 대한 조언을 해 달라는 요청을 받았다고 가정해 보세요.

c) 먼저, 자신의 경험을 바탕으로 후배들에게 해 주고 싶은 다섯 가지 조언을 작성하세요.

d) 둘째, '안전한 소셜 미디어 사용을 위한 규칙'이라는 주제로 조사하여 다른 사람들이 제안하는 조언도 찾아보세요.

e) 자신이 작성한 조언과 조사한 내용을 합쳐 '안전하고 책임감 있는 소셜 미디어 사용'을 위한 열 가지 규칙을 만드세요.

f) 다른 짝과 비교하여 모두 동의할 수 있는 열 가지 규칙으로 정리하세요.

g) 그런 다음, 4명으로 구성된 또 다른 그룹과 규칙을 비교하고 다시 조정하세요.

h) 마지막으로, 학급 전체가 동의하는 최종 규칙을 완성하세요.

i) 완성된 규칙을 보기 좋게 목록으로 정리해서 교실 벽에 게시하세요.

디지털 의사소통

1.1i – 다양한 디지털 환경과 미디어를 사용하여 학우 및 전문가와 협업합니다.
1.1j – 다양한 디지털 환경과 미디어를 사용하여 여러 대상과 아이디어를 공유합니다.

숙달 수준

디지털 환경에서 학우, 전문가 그리고 여러 대상들에게 자신 있게 정보를 공유하고, 의사소통하며, 협업할 수 있을 때 해당 ATL 기능을 사용하는 데 있어 전문가 수준에 도달했다고 볼 수 있습니다.

오늘날 학교 교육에 있어서 그룹이나 팀으로 협력하여 작업하는 것은 필수적인 요소입니다. 인터넷을 활용하면 학생들은 연령, 학교, 도시, 문화, 국가가 다른 사람들과 그룹을 이루어 협력할 수 있습니다. 물론 다양한 구성원으로 이루어진 그룹에서 일하는 것은 쉽지 않으며 모든 사람에게 잘 맞는 방식은 아닐 수 있습니다. 그러나 이는 폭넓은 경험과 다양한 관점을 얻을 수 있는 효과적인 방법이며 개인의 업무 부담을 줄이면서도 그룹 목표를 달성하는 데 매우 생산적인 방식이 될 수 있습니다.

연습 1 – 디지털 협업

이 연습의 목적은 온라인 협업을 직접 경험하면서 사용되는 다양한 방법과 매체의 장단점을 파악하고 디지털 그룹 작업의 이점과 문제점을 이해하는 것입니다.

a) 먼저, 탐구하고 싶은 프로젝트나 문제 또는 관심 분야를 정하고 그에 맞는 일정과 달성 목표를 명확하게 설정하세요. 이는 선생님으로부터 제공받을 수도 있고 스스로 정할 수도 있습니다.

b) 그런 다음, 목표를 달성하기 위해 함께할 협업 그룹을 구성해야 합니다. 가장 먼저 고려할 것은 **함께할 사람들을 어떻게 찾을 것인가?**입니다. 어떤 방식으로 구성원을 모집하고 그룹을 효과적으로 구성할지 고민해 보세요.

나의 프로젝트 또는 해결해야 할 문제 제목: ....

....

프로젝트의 세부 내용/요구 사항/평가 기준: ....

....

....

완료 기한: ....

관심 있는 사람들을 찾기 위해 내가 사용할 인터넷 플랫폼: ....

....

c) 참여 의사를 보이는 사람이 있다면 그룹의 기본 규칙을 정하고 모든 구성원의 동의를 받아야 합니다. 예를 들어:

i. 모든 구성원이 같은 플랫폼에서 아이디어를 논의할 수 있도록 정해진 시간(예: 주 1회) 설정

ii. 그룹 회의 외에도 모든 구성원이 정보를 쉽게 공유할 수 있는 시스템 마련

iii. 가능한 경우 모든 회의에 참석하겠다는 약속

iv. 프로젝트 진행을 위한 일정 계획표와 마감일 설정

v. 참여 규칙 예시

- 모든 구성원이 각 회의에서 기여할 기회를 갖는다.
- 모든 관점을 존중하며 경청한다.
- 모든 기여를 가치 있게 평가한다.
- 의사 결정은 합의에 의해 이루어진다(81쪽의 2g, 2i, 2k '합의' 참조).

d) 각 구성원이 자신의 강점과 잘할 수 있는 부분을 공유하고 관심 있는 분야를 밝힙니다. 또한 이 프로젝트에 관심을 가지게 된 이유도 함께 나눕니다.

e) 이후, 그룹 내에서 다음과 같은 역할을 정하면 도움이 될 수 있습니다.

i. 회의 주최자

ii. 정보 (관리) 담당자

iii. 조사 담당자

iv. 기록 담당자

f) 또 다른 방법으로, 전체 프로젝트를 여러 개의 세부 작업으로 나누고 각 구성원이 한 가지 작업을 맡아 수행한 후 결과를 공유하는 방식도 가능합니다.

온라인 그룹이 원활하게 운영되기 시작하면 가장 중요한 것은 서로를 지원하고 다양한 형태의 정보를 효과적으로 공유하는 방법을 찾는 것입니다. 다음 표를 활용하여 협업 과정을 정리하고 필요할 때마다 내용을 추가해 보세요.

	웹사이트, 미디어, 앱 등의 이름	각 플랫폼의 장점과 단점
글로 된 정보를 공유하기에 가장 적합한 플랫폼		
디지털 동영상 클립을 공유하기에 가장 적합한 플랫폼		

그룹 전체와 화상 회의를 진행하기에 가장 적합한 플랫폼		

g) 마지막으로, 온라인 그룹과 교실에서 운영하는 대면 그룹이 어떻게 다른지 생각해 보세요. 그리고 각각의 장점, 단점, 문제점, 해결 방법을 정리해 보세요.

	장점	단점	문제점	해결 방법
대면 그룹				
디지털 의사소통 매체를 사용하는 온라인 그룹				

비판적으로 읽기

1.2a – 비판적으로 그리고 이해하기 위해 읽습니다.

숙달 수준

정보 전달 중심의 글을 읽을 때마다 저자의 의도, 글의 어조, 설득 요소를 자동으로 파악하고 편향(한쪽으로 치우침)이 있는지 인식할 수 있을 때, 해당 ATL 기능을 사용하는 데 있어 전문가 수준에 도달했다고 볼 수 있습니다.

비판적으로 읽지 않는 독자는 글을 단순한 사실 전달로 받아들이며 텍스트에 담긴 내용을 암기함으로써 지식을 얻습니다. 반면, 비판적 독자는 어떤 글이든 그 글이 제시하는 것은 단순한 사실이 아니라 특정한 관점에서 해석된 내용이라는 것을 인식합니다. 비판적 독자는 글이 전달하는 내용뿐만 아니라 그것이 주제를 어떻게 드러내는지도 분석합니다. 또한 모든 글이 저자의 고유한 해석과 시각이 반영된 독창적인 창작물이라는 점을 인식합니다.

연습 1 – 비판적으로 읽기

a) 신문, 잡지 또는 교과서에서 설득하는 글이나 사실을 전달하는 글을 하나 선택하세요.

제목은 무엇이며 저자는 누구인가요?	
이 글은 언제, 어디에서 작성되었나요?	
저자는 왜 그 시점에 이 글을 작성했나요?	
여러분이 이 글을 읽는 목적이나 이유는 무엇인가요?	
이 글을 읽으면서 떠오른 질문은 무엇인가요?	

b) 첫 번째 읽기 - 본문을 정독하기 전에 전체 글을 빠르게 훑어 읽으며(47쪽의 **연습 1-신문과 잡지를 활용한 속독 연습** 참고) 글의 구성과 아이디어 전개 방식을 파악하세요.

c) 두 번째 읽기 - 이제 본문을 꼼꼼히 읽으며 중요한 아이디어가 나올 때마다 기록하세요.

d) 각 아이디어에 대해 뒷받침하는 주장의 성격이 무엇인지 살펴보고 자신의 반응(예: 믿기 어렵다, 마음에 든다 등)과 떠오르는 질문도 함께 기록하세요. 글을 읽으면서 이 연습활동을 수행하세요. 연습을 많이 할수록 이 과정을 자연스럽게 할 수 있게 됩니다.

아이디어 전개 순서	저자가 각 아이디어를 뒷받침하는 방법			나의 반응	
	사실	의견	추측과 가정	글을 읽고 느낀 감정	글을 읽고 궁금한 점
아이디어 1					
아이디어 2					
아이디어 3					
아이디어 4					
아이디어 5					

e) 내용을 정리한 후, 요약을 다시 살펴보고 글에 대한 분석을 작성하세요. 다음 항목을 포함해야 합니다.

i . 글의 주요 내용을 자신의 말로 요약하기

ii . 저자가 제시한 사실과 주장(논증)의 강점과 약점 평가하기

iii. 글에서 나타난 편향(한쪽으로 치우침)이 드러나는 부분 파악하기

iv. 저자의 전체적인 관점을 파악하고 같은 주제를 다룬 다른 저자들의 관점과 비교하여 유사점과 차이점 분석하기

v . 저자가 사용한 출처, 참고 자료, 인용문의 신뢰성 검토하기

f) 글을 읽고 새롭게 배운 내용을 자신의 말로 한 단락으로 정리하세요.

i. 새롭게 알게 된 것은 무엇인가요?

ii. 배운 내용을 어떻게 또는 어디에 활용할 수 있나요?

다양한 자료 읽기

1.2b – 정보와 즐거움을 얻기 위해 다양한 자료를 읽습니다.

숙달 수준

다양한 출처의 글을 꾸준히 읽고 여러 주제에 대한 글을 어디에서 찾아야 하는지를 잘 알고 있을 때, 해당 ATL 기능을 사용하는 데 있어 전문가 수준에 도달했다고 볼 수 있습니다.

연습 1 – 자료 출처 기록하기

a) 글로 된 자료는 다양한 방식으로 제공됩니다. 일주일 동안 여러분이 읽은 글로 된 자료의 출처를 모두 기록해 보세요.

b) 다음 표에서 해당 출처의 글을 읽을 때마다 해당하는 칸에 표시하세요.

출처	표시	출처	표시
문학책		받은 우편물	
비문학책		도서관 책·자료 검색	
만화책		검색 엔진	
잡지		학교 과목 관련 웹사이트	
발간된 학술지 또는 정기 간행물		블로그	
나만의 일기 또는 일지		기타 웹사이트	
악보		문자 메시지	
달력		채팅 메시지	
연극·공연 대본		소셜 미디어 메시지	
광고판		기타 글로 된 자료	
낙서(그라피티)			
식당 메뉴판			
은행 명세서 또는 청구서			

c) 동일한 정보를 제공하는 다양한 출처를 찾아보세요.

다음 설명에 맞는 주제를 정하고 다양한 출처에서 관련 글을 찾아 기록하세요.	내가 선택한 주제	관련된 글을 찾은 곳
유명한 운동선수		
유명한 음악가		
유명한 예술가		
역사적으로 중요한 인물		
현재 세계 지도자		
우리나라		
우리 학교		
우리 도시		
내가 살고 있는 거리		
오늘의 날씨		
오늘의 TV 프로그램		
내가 직접 정한 주제		
1.		
2.		
3.		
4.		

추론 및 결론

1.2c – 추론을 하고 결론을 도출합니다.

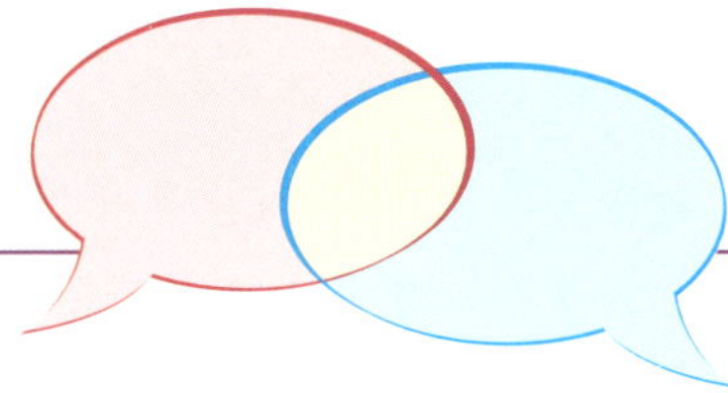

숙달 수준

제한된 정보에서 추론하여 정확하게 결론을 도출할 수 있을 때, 해당 ATL 기능을 사용하는 데 있어 전문가 수준에 도달했다고 볼 수 있습니다.

암시와 추론의 차이

정보를 제공하는 사람은 말속에서 어떤 의미를 암시할 수 있고 정보를 제공 받는 사람은 받은 정보를 바탕으로 의미를 추론할 수 있습니다.

- 암시: 주어진 정보를 분석할 때 직접적으로 언급되지 않았지만 내포된 가능성을 의미하며 구체적으로 명시되지는 않습니다.
- 추론: 주어진 정보와 단서를 바탕으로 추측하는 과정으로 이후 정보에 따라 사실로 확인되거나 틀렸음이 밝혀질 수 있습니다.
- 결론: 사실을 기반으로 내리는 결정을 의미합니다.

연습 1 – 추론 연습하기

a) 짝과 함께 활동하세요.

b) 두 사람 중 한 명은 읽었지만 다른 한 명은 아직 읽지 않은 문학책을 각각 한 권씩 찾으세요.

c) 책을 읽지 않은 사람이 포스트잇을 사용해 책의 시작 부분, 중간 부분, 3/4 정도 읽은 부분, 이야기의 끝부분 또는 결말 부분 등 네 쪽에 무작위로 표시하세요.

d) 첫 번째 표시된 쪽을 펼쳐 1~2개의 단락만 읽으세요.

e) 나머지 세 쪽도 같은 방식으로 각 쪽에서 한 단락씩만 읽으세요.

f) 책에서 읽은 내용을 바탕으로 추론한 내용을 적거나 설명하세요.

  i. 줄거리: 이야기의 초반, 중반, 결말에서 어떤 일이 일어났을지 예상해 보세요.

  ii. 등장인물: 몇 명의 등장인물을 확인할 수 있었는지, 이름은 무엇인지, 어떤 역할을 하는지, 나이는 어느 정도인지 추측해 보세요.

g) 책을 읽어 본 사람이 상대방의 추론이 실제 이야기와 얼마나 비슷한지 그리고 등장인물에 대한 추측이 정확했는지를 알려 주세요.

h) 이제 두 사람이 역할을 바꾸어 다른 책으로 같은 활동을 반복하세요.

i) 정확한 결론을 도출하는 데 가장 유용한 단서를 제공하는 정보가 어떤 종류였는지 함께 토론하세요.

연습 2 – 정확한 추론 연습하기

a) 웹사이트에서 1~3분 정도의 뉴스 보도, 정치 연설, 광고 영상을 찾아보세요. 가능하면 익숙하지 않은 다른 나라의 자료를 선택하세요.

b) 영상의 1/4만 시청한 후 영상 속에서 사실로 언급된 내용을 모두 기록하세요.

c) 혼자 또는 짝과 함께 영상을 끝까지 보지 않은 상태에서 결론이 어떻게 전개될지 예상해 보세요.

d) 그런 다음, 영상을 끝까지 시청한 후 자신의 예측이 얼마나 정확했는지 확인하세요.

사실	추론	예측이 맞았나요?
지금까지 사실로 언급된 내용은 무엇인가요?	결론이 어떻게 될 것이라고 생각하나요?	

e) 결말을 가장 예측하기 쉬웠던 영상(뉴스, 연설, 광고 등)은 무엇이었나요?

f) 그 이유는 무엇인가요?

연습 3 – 스무고개 게임

a) 짝과 함께 활동하세요.

b) 한 사람이 특정 주제에서 하나의 측면, 사물 또는 예시를 떠올리면 다른 사람이 질문을 통해 그것이 무엇인지 추측해야 합니다.

c) 단, 모든 질문은 '예' 또는 '아니요'로만 대답할 수 있는 형태여야 하며 그 외의 질문은 허용되지 않습니다.

d) 역할을 바꿔 같은 방식으로 다시 진행하세요.

연습 4 – 결론 도출 연습하기

a) 짝과 함께 같은 과목의 교과서를 준비하세요.

b) 각자 교과서에서 아직 학습하지 않은 새로운 단원이나 주제를 선택하여 서로 다른 부분을 읽으세요.

c) 읽은 내용을 바탕으로 결론을 도출할 수 있는 네 가지 사실을 적습니다. 단, 결론은 적지 마세요.
d) 서로 종이를 교환하고 주어진 사실을 보고 결론이 무엇일지 추측해 보세요.
e) 다시 종이를 교환하고 서로 결론을 얼마나 정확하게 도출했는지 논의하세요.
f) 결론을 가장 정확하게 도출하는 데 도움이 된 정보가 어떤 종류였는지 이야기해 보세요.
g) 이번에는 다른 주제로 다시 연습하되 상대방이 올바른 결론을 도출할 수 있도록 네 가지 사실을 논리적인 순서로 작성하는 것에 집중해 보세요.

연습 5 – 주어진 정보를 활용하여 결론 도출하기

a) 짝과 함께 활동하세요.
b) 다음 글을 함께 읽은 후, 주어진 질문에 최대한 답해 보세요. 주어진 정보만으로 결론을 도출할 수 없는 경우에는 그냥 추측해도 됩니다. 단, 자신이 내린 결론과 단순한 추측을 구분하여 표에 정리하세요.

헨리는 잠에서 깨어 조심스럽게 몸을 돌려 이불 밖으로 나왔다. 헨리는 정강이의 멍이 많이 가라앉은 것을 보고, 토요일에도 괜찮을 것 같다고 생각했다. 헨리는 조심스럽게 나무 계단을 내려가며 공기 중에 퍼지는 기분 좋은 향기를 느꼈다. 식탁 위에는 따뜻한 사과 머핀과 갓 내린 커피가 놓여 있었다. 테이블 위에는 쪽지 한 장이 남겨져 있었다. "베이컨과 해시브라운은 오븐에 있어. 병원에서 진료를 잘 받고 와, 푹 쉬어. 넌 충분히 그럴 자격이 있어. - S.H." 쪽지 옆에는 리본으로 묶인 선물 상자가 놓여 있었다.

질문	사실을 기반으로 내린 결론	주어진 정보와 단어를 바탕으로 하는 추측
헨리는 누구인가요?		
헨리는 어디에 머물고 있었나요?		
멍이 생긴 원인은 무엇인가요?		
토요일에 무슨 일이 예정되어 있었나요?		

어떤 향기가 났나요?		
S.H.는 누구인가요?		
헨리는 왜 병원에 가려고 했나요?		
헨리가 행운을 빌어야 했던 이유는 무엇일까요?		
헨리는 왜 휴식을 취해야 했나요?		
선물은 누구를 위한 것이었나요?		
선물을 준 이유는 무엇인가요?		
선물 상자 안에는 무엇이 들어 있었나요?		

상징

1.2d – 다양한 학문별 용어와 상징을 사용하고 해석합니다.
1.2f – 수학적 표기법을 이해하고 사용합니다.

숙달 수준

해당 과목의 모든 용어 및 상징의 의미와 사용 방법을 정확하게 기억하고 설명할 수 있으며 이를 자신의 모국어로 표현할 수 있을 때, 해당 ATL 기능을 사용하는 데 있어 전문가 수준에 도달했다고 볼 수 있습니다.

각 과목에서 사용하는 용어와 상징을 이해한다는 것은 그것이 의미하는 바와 사용 방법을 정확하게 설명할 수 있으며 자신의 말로 표현하여 의미 있게 활용할 수 있음을 뜻합니다.

연습 1 – 용어 및 상징 이해하기

a) 해당 과목에서 중요한 용어나 상징을 모두 찾아보세요. 교과서의 앞부분이나 뒷부분에 있는 용어집을 참고하면 도움이 됩니다. 그중에서 아직 잘 이해하지 못하는 용어나 상징을 선택해 다음 표에 정리하세요.

b) 찾은 용어의 정확한 정의를 교과서에서 확인한 뒤, 그대로 옮겨 적으세요.

c) 이제 해당 용어나 상징의 의미를 자신의 말로 다시 설명하세요. 해당 과목에서 어떻게 활용할 수 있는지도 함께 정리하면 더욱 이해가 쉬워집니다. 만약 이해하는 데 어려움이 있다면 친구나 선생님에게 도움을 요청하세요. 모든 용어와 상징이 완전히 이해할 때까지 이 활동을 반복하세요. 이 과정을 통해 과목 전체에 대한 이해도가 크게 향상될 것입니다.

과목별 용어 및 상징	정의	내가 이해한 의미 – 자신의 언어로 설명하기	
		해당 용어나 상징의 의미를 자신의 말로 설명하세요.	해당 용어나 상징을 어떻게 활용할 수 있는지 자신의 말로 설명하세요.

연습 2 – 용어 및 상징 사용

a) 과목별 용어 및 상징 목록에서 네 가지를 선택하여 해당 용어나 상징이 올바르게 사용된 교과서 속 예시를 찾아 적어 보세요.

b) 각 용어나 상징을 교과서의 예시와 유사한 방식으로 활용한 자신만의 예시를 만들어 보세요.

c) 각 용어나 상징을 완전히 다른 방식으로 활용한 세 번째 예시를 만들어 보세요.

d) 다른 학생이나 선생님에게 확인받아 자신이 각 용어나 상징을 올바르게 이해하고 사용했는지 점검하세요.

e) 만약 올바르게 사용하지 못했다면 선배나 선생님에게 설명을 요청하여 더 쉽게 이해할 수 있도록 다시 배워 보세요.

f) 필요하다면 앞의 연습 1로 돌아가 자신의 언어로 작성한 설명을 수정하세요.

용어 또는 상징	교과서에서 사용된 예시 하나	직접 만든 예시	다른 예시

의역

1.2g – 정확하고 간결하게 의역합니다.

숙달 수준
말이나 글에서 핵심 내용을 요약하여 원문의 의미를 정확하게 반영할 수 있을 때, 해당 ATL 기능을 사용하는 데 있어 전문가 수준에 도달했다고 볼 수 있습니다.

의역은 내용을 정확히 듣거나, 이해하며 읽고 동시에 핵심 내용을 요약해 정리하는 과정입니다. 익숙해지려면 연습이 필요하지만 대학에서 사용되는 가장 중요한 기능 중 하나라고 할 수 있습니다.

먼저, 50쪽에 있는 두 가지 노트 필기 연습을 수행하세요.
1.2i – 수업에서 효과적으로 메모합니다.
1.2j – 공부를 위해 효과적으로 요약 메모를 작성합니다.

연습 1 – 듣고 의역하기

a) 세 명이 한 조를 이룹니다.
b) 각 사람은 먼저 2분 동안 말할 수 있는 주제를 하나씩 생각하세요. 주제는 무엇이든 좋습니다. 자신이 관심 있는 것, 경험한 일, 특별히 다녀온 휴가 등 자유롭게 선택하세요.
c) 발표자 생각란에 각자가 설명할 열 가지 주제를 적으세요.

발표자 생각 주제를 적으세요. 2분 동안 이야기해야 합니다.

d) 다음으로 첫 번째 발표자, 듣는 사람, 기록자 역할을 정하세요. 모든 역할을 돌아가면서 하게 되므로 순서는 중요하지 않습니다.
e) 첫 번째 발표자는 정해진 주제에 대해 2분간(시간 제한) 말하고, 듣는 사람은 경청하며, 기록자는 핵심 내용을 기록하세요.

듣는 사람

주의 깊게 듣고 발표자가 설명하는 내용을 정확히 상상해 보세요. 그런 다음, 발표자가 말한 내용을 의역하여 다시 전달할 수 있도록 준비하세요.

기록자 메모 발표자와 듣는 사람이 각각 말한 내용과 그들의 의도를 기록하세요.

f) 발표자가 말을 마치면 듣는 사람은 발표자의 핵심 내용을 최대한 정확하게 자신의 말로 바꾸어 다시 전달합니다.

g) 기록자는 듣는 사람이 놓친 부분이 있다면 자신이 적어 둔 내용을 보며 추가합니다.

h) 발표자는 듣는 사람이 정확하게 이해했는지 확인한 후 빠진 내용이 있다면 보완합니다.

i) 적극적으로 경청할 때 집중해야 할 중요한 사항에 대해 함께 논의해 보세요.

듣고 의역할 때 집중해야 할 중요한 사항

j) 역할을 바꿔 다시 한번 연습합니다.

k) 다시 역할을 바꿔 세 번째이자 마지막으로 연습하세요.

l) 경청과 의역에 대해 배운 점을 함께 논의해 보세요.

훑어 읽기

1.2h – 이해를 구축하기 위해 텍스트를 미리 읽고 훑어봅니다.

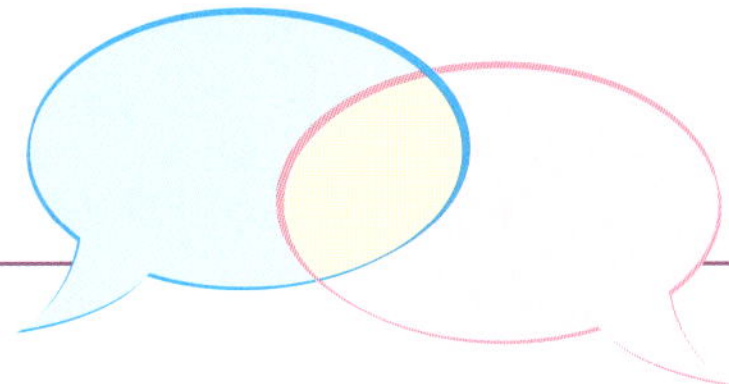

숙달 수준

교과서 한 단원을 몇 분 만에 훑어 보고 필요한 핵심 정보를 요약할 수 있을 때, 해당 ATL 기능을 사용하는 데 있어 전문가 수준에 도달했다고 볼 수 있습니다.

효과적인 학습을 위해 훑어 읽기는 필수적인 기능이며 특히 대학 진학을 고려하고 있다면 더욱 중요합니다. 대부분의 전공에서 처리해야 할 정보의 양이 너무 많아서 일반 읽기 속도로는 모두 소화할 수 없기 때문입니다. 훑어 읽기나 속독을 익히면 읽기 시간을 크게 줄일 수 있습니다.

훑어 읽기와 속독에는 여러 단계의 숙련도가 있습니다. 이는 누구나 배울 수 있는 기능이며 완벽하게 익히려면 꾸준한 연습이 필요하지만 몇 가지 간단한 연습만으로도 정보 처리 속도를 높일 수 있습니다.

연습 1 – 신문과 잡지를 활용한 속독 연습

a) 관심 있는 주제에 관한 잡지나 신문 기사 중 쪽 형식이 아닌 단(段) 형식으로 작성된 기사를 찾아보세요.

b) 시작하기에 앞서 빈 종이에 이 기사를 읽는 이유, 흥미로운 점 그리고 더 알고 싶은 내용을 적어 보세요.

c) 첫 쪽에서 첫 번째 단의 중앙 위에 손가락을 두고 손가락 바로 위쪽에 시선을 고정하세요. 손가락과 시선을 단의 중앙을 따라 아래로 움직이되 읽을 수 있는 속도보다 빠르게 하지만 눈에 단어가 들어올 만큼 느리게 움직이세요. 단어를 읽으려고 하지 말고 단의 중앙을 따라 단어들을 그냥 훑는다는 느낌으로 시선을 유지하세요.

d) 단의 끝에 도달하면 멈추고 지금까지 훑어 읽은 내용 중 기억에 남는 내용을 마음속으로 정리해 보세요.

e) 다음 단으로 넘어가서 같은 과정을 반복하세요. 아무런 정보도 파악하지 못했다면 속도를 늦추고 너무 많은 정보가 들어오면 더 빠르게 반복해 보세요. 훑어 읽기에 자신에게 맞는 최적의 속도를 찾아야 합니다. 연습을 위한 '훑어 읽기'이자 새로운 것을 발견할 수 있는 기회임을 기억하세요. 손가락 대신 펜이나 연필을 사용해도 좋습니다.

f) 매일 이 연습을 반복하면서 점점 속도를 높여 보세요. 나중에는 몇 초 만에 전체 기사를 훑어보면서 글의 핵심 주제나 필자의 관점을 파악할 수 있게 될 것입니다.

g) 이 기능에 익숙해졌다면 같은 기법을 사용하여 교과서 한 단원도 훑어 읽어 보세요. 한 번에 한 단씩 또는 한 쪽씩 훑어 읽는 연습을 해 보세요.

연습 2 – 소설 빨리 읽기: 읽고 싶은 소설책을 찾아서 다음 기능을 연습하세요.

a) 아직 읽지 않은 한 챕터를 선택하세요. 연필을 사용하여 해당 장의 각 쪽에 세로줄 두 개를 그어 보세요. 첫 번째 세로줄은 쪽 왼쪽 가장자리에서 쪽 너비의 3분의 1 지점에, 다른 세로줄은 쪽 오른쪽 가장자리에서 쪽 너비의 3분의 1 지점에 그어 쪽의 텍스트를 세 개의 단으로 나누세요. 그런 다음, 챕터의 모든 쪽을 같은 방식으로 나누세요.

b) 이번에는 텍스트를 한 줄씩 '읽어 보세요'. 이때 각 줄에서 연필로 그은 세로줄이 글자와 교차하는 단 두 지점에만 시선을 고정하세요. 연필이나 손가락 끝을 이용해 시선을 고정하고 다음 단계를 따르세요. 첫 번째 세로줄이 첫 번째 텍스트 줄과 만나는 지점을 응시하고 이어서 시선을 같은 줄의 두 번째 세로줄과 만나는 지점으로 옮기세요. 그런 다음, 시선을 두 번째 줄의 첫 번째 세로줄 지점으로 옮기고 이어서 두 번째 세로줄 지점을 보세요. 이 과정을 쪽의 모든 줄에 걸쳐 위에서 아래로 내려가면서 반복하세요. 텍스트 전체를 읽으려고 하지 말고 각 줄에서 두 지점만 '보는' 방식으로 진행하세요. 우리의 뇌가 시각적으로 내용을 읽어 내는 능력을 믿는 것이 핵심입니다. 눈동자가 자연스럽고 부드럽게 움직이도록 리듬을 만드는 것이 중요합니다.

c) 쪽에 끝까지 도달하면 멈추고 방금 훑어 읽은 내용 중 기억에 남은 단어, 아이디어, 사실, 숫자 등을 적어 보세요.

d) 다음 쪽으로 넘어가 같은 방법을 반복하세요. 기억에 남는 것이 없다면 속도를 줄이고 다시 시도하세요. 반대로 너무 많은 내용을 기억해 낸다면 속도를 높여 조절해 보세요. 자신에게 가장 적절한 훑어 읽기 속도를 찾는 것이 중요합니다. 이 과정은 즐겁게 읽기 위한 것이 아니라 중요한 정보를 효과적으로 찾아내기 위한 읽기입니다.

e) 이 연습을 반복하며 점점 더 빠르게 훑어 읽는 능력을 키워 보세요. 한 쪽을 몇 초 만에 훑어보며 핵심 정보를 파악할 수 있을 때까지 연습하세요.

f) 이 기능에 익숙해지면 학교에서 읽어야 하는 소설의 한 챕터를 같은 방식으로 훑어 읽어 보세요.

연습 3 – 교과서를 빠르게 읽으며 효과적으로 정보 추출하기

a) 목표 설정: 한 번에 몇 쪽을 읽을지 실현 가능한 목표를 세우세요.

b) 사전 지식 떠올리기: 해당 주제에 대해 이미 알고 있는 내용을 떠올려 보세요.

c) 질문 만들기: 이 부분을 읽는 이유는 무엇인가요? 답을 찾고 싶은 질문을 빈 종이의 맨 위에 적으세요.

d) 훑어보기: 먼저 교과서의 해당 단원을 처음부터 훑어보며 위에서 아래로 시선을 이동하세요. (1차 훑어보기)

e) 빈 종이에 학습 노트 정리 방법(50쪽 1.2j – 공부를 위해 효과적으로 요약 메모를 작성하기)을 활용해 주요 주제를 적고 요약하세요.

f) 찾아 읽기: 처음으로 돌아가 이번에는 그림, 그래프, 표, 삽화, 캡션만 읽으며 정보를 파악하세요. (2차 훑어보기)

g) 요약문에 모든 주요 제목을 추가하세요.

h) 집중해서 읽기: 각 단락의 첫 문장과 마지막 문장을 정확히 이해하며 읽고 나머지는 펜을 사용해 시선을 집중시키며 속독하세요. (3차 훑어보기) 특히 중요한 단어는 형광펜 등으로 표시하세요.

i) 요약에 모든 주요 내용을 추가하세요.

j) 필요한 부분만 정독: 처음에 작성한 질문에 대한 답이 포함된 부분만 집중해서 꼼꼼히 읽으세요.

k) 중요한 키워드를 모두 추가하여 요약을 마무리하세요.

l) 요약이 끝나면 교과서를 덮고 자신의 말로 요약 내용을 설명해 보세요. 설명이 잘 되지 않는 부분이 있다면 다시 본문으로 돌아가 새로운 단어를 요약문에 추가해 의미를 명확히 하세요. 그리고 그 부분을 다시 자신에게 설명해 보세요.

노트 작성

1.2i – 수업에서 효과적으로 메모합니다.
1.2j – 공부를 위해 효과적으로 요약 메모를 작성합니다.

숙달 수준

교과서나 발표(교사의 설명, 영상, 팟캐스트)에서 가장 중요한 정보를 요약 형태로 기록하고 그 내용과 개념을 자신의 말로 명확하고 정확하게 설명할 수 있을 정도로 충분한 세부 정보를 포함할 때, 해당 ATL 기능을 사용하는 데 있어 전문가 수준에 도달했다고 볼 수 있습니다.

이해를 돕기 위한 노트 작성: 깊이 있는 이해를 형성하고 오래 기억하는 핵심은 자신의 말로 설명할 수 있는 능력을 기르는 것입니다.

이 두 가지 기능을 향상시키기 위해서는 다음 세 가지 단계가 필요합니다.

- 첫째, 글이나 말 속에서 키워드, 개념, 아이디어를 정확하게 식별하는 방법을 배워야 합니다.
- 둘째, 여러 가지 방식으로 요약문을 작성하는 방법을 배워야 합니다.
- 셋째, 자신이 작성한 요약을 자신의 말로 다시 문장으로 바꾸는 연습을 해야 합니다.

연습 1 – 교과서나 선생님의 필기 내용을 요약하기: 자신에게 가장 효과적인 방법은?

a) 교과서나 선생님의 필기 내용에서 네 가지 주제를 선택하세요. 각 주제마다 약 반 쪽 분량의 글을 준비하세요.

b) 각 주제를 읽고 문장에서 가장 중요한 단어(키워드, 아이디어, 개념)를 형광펜으로 표시하세요. 한 문장당 2~4개의 단어만 표시하도록 합니다.

c) 이제 표시한 단어를 사용해 각 주제에 대해 자신만의 노트를 작성하세요. 단, 각 주제마다 다른 노트 작성 방법을 사용해 보세요.

i. **아이디어 맵** – 빈 종이(가로 방향) 중앙에 첫 번째 주제를 적습니다. 그런 다음, 주요 제목을 중심에서 뻗어 나가는 가지 형태로 연결하세요. 표시한 키워드 중에서 핵심 아이디어를 찾아 제목가지에 연결하고 나머지 표시해 둔 단어들도 관련된 아이디어에 가지 형태로 추가하세요.

ii. **선형(순차적) 노트** – 두 번째 주제는 다음과 같은 형식으로 요약 노트를 작성하세요.

주제

제목 1

- 아이디어 1 –키워드 ……
- 아이디어 2 –키워드 ……
- 아이디어 3 –키워드 ……

제목 2

- 아이디어 4 –키워드 ……
- 아이디어 5 –키워드 ……

iii. **시각적 노트 작성** – 세 번째 주제에서는 아이디어의 전개 과정을 살펴보고 그 흐름을 보여 주는 순서도를 만드세요.

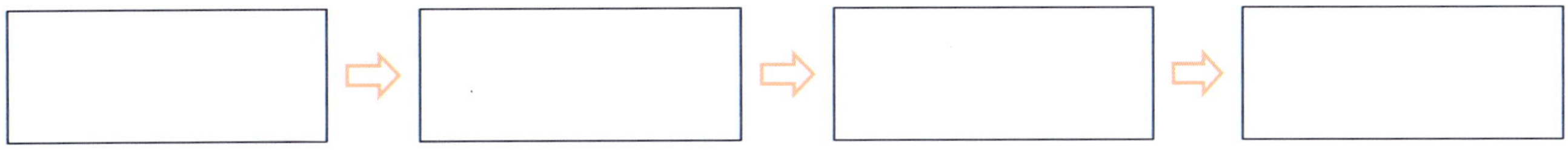

각 상자 안에는 강조 표시된 제목, 아이디어, 키워드를 사용해 주요 내용을 적거나 작은 그림을 그려서 표현하세요. 단어와 그림을 함께 사용해도 됩니다.

iv. **수직(세로) 노트**

① 빈 종이를 준비하여 왼쪽(오른손잡이의 경우) 또는 오른쪽(왼손잡이의 경우)에서 쪽의 약 3분의 1 지점에 세로선을 그으세요.

② 가장 중요한 정보는 쪽의 나머지 3분의 2 부분에만 작성하세요. 모든 사실을 정확히 기록하되 자신이 이해할 수 있는 방식으로 작성하세요.

③ 발표가 끝난 후, 작성한 내용을 다시 읽고 쪽의 3분의 1 부분에 핵심 내용을 요약합니다.

d) 짝과 함께 활동하세요. 먼저, 여러분은 자신이 작성한 아이디어맵 요약을 보고 짝은 교과서나 선생님의 노트에 있는 원문을 보세요. 아이디어맵에 적어 놓은 모든 핵심 요점의 의미를 자신의 말로 최대한 자세히 설명하세요. 설명이 끝나면 짝에게 자신의 설명을 이해했는지 주제에서 중요한 모든 내용을 정확하게 포함했는지 피드백을 받으세요.

e) 짝의 피드백을 바탕으로 아이디어맵 요약과 원래 노트를 다시 보면서 자신이 명확하게 이해하지 못했던 부분을 이해할 수 있도록 필요한 정보를 보충하세요. 그 내용을 다시 짝에게 설명합니다. 이 과정에서 자신의 말로 짝에게 설명할 수 있도록 강조 표시해야 할 단어와 집중해야 할 단어의 유형이 무엇인지 확인하세요.

내가 표시하고 집중해야 할 단어의 종류는:

....

f) c와 d 단계를 나머지 세 가지 요약 노트 작성 방법에도 반복한 뒤, 자신에게 가장 잘 맞는 방법을 결정하세요.

g) 선택한 노트 작성 방법을 계속 연습하여 완전히 숙달하세요.

연습 2 – 선생님의 말, 영상 또는 팟캐스트 요약하기

선생님이 수업 중에 설명하고 칠판에 필기할 때 모든 정보를 효과적으로 이해하고 기억력을 높이기 위한 최선의 방법은 듣고 본 내용을 그대로 받아 적는 것이 아니라 사실을 정확하게 기록하고 이를 자신에게 맞는 방식으로 연결하여 정리하는 것입니다.

a) 노트를 작성하기 전에 여러 색상의 볼펜을 준비하거나 여러 색이 포함된 하나의 펜을 준비하세요.

b) 발표, 영상, 팟캐스트의 목적을 명확히 파악하세요. 왜 이 활동을 하는지, 학습 목표가 무엇인지, 무엇을 이해해야 하는지를 생각해 보세요. 그 목적을 쪽 상단에 질문 형식으로 적으세요.

내가 이해해야 할 것은:

....

c) 발표를 적극적으로 경청하면서 연습 1에서 배운 요약 노트 방식을 활용하여 핵심 정보를 기록하세요. 모든 사실을 정확하게 적되 자신이 이해하기 쉬운 표현으로 정리하세요.

d) 발표를 들으며 핵심 아이디어를 파악하고 새로운 아이디어가 나올 때마다 다른 색을 사용해 필기하세요. 이렇게 하면 노트가 더 깔끔하고 이해하기 쉬우며 각 아이디어가 명확히 구분되어 집중력을 유지하는 데 도움이 됩니다.

e) 이제 같은 노트 필기 연습을 한 짝과 함께 이해도를 확인하세요. 서로의 요약 내용을 살펴보고 적어 둔 모든 핵심 내용을 가능한 한 자세히 자신의 말로 설명하세요. 설명이 끝난 후 짝에게 설명이 이해되었는지, 발표의 가장 중요한 내용을 정확하게 포함했는지 그리고 빠진 내용이 있는지 물어보세요.

f) 짝에게 피드백을 받은 후 자신이 명확하게 이해하지 못했던 부분을 이해할 수 있도록 요약 노트에 필요한 정보를 추가하세요.

g) 추가한 내용을 다시 짝에게 설명하세요.

연습 3 – 효과적인 학습 노트 만들기

이번 연습에서는 THOrT맵을 활용한 학습용 노트 필기법을 소개합니다. THOrT맵은 시험 준비를 위한 요약 도구로 특별히 개발된 아이디어맵의 한 형태입니다. 이 방법을 직접 사용해 보고, 자신에게 잘 맞는지 확인해 보세요. THOrT맵은 다음과 같은 형태입니다.

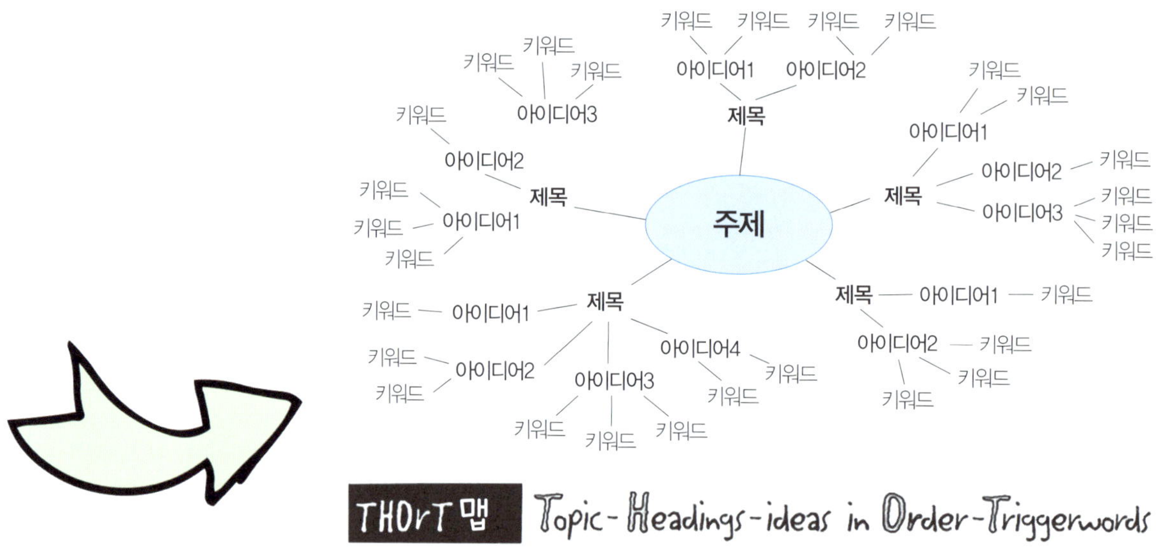

THOrT맵은 쪽 중앙에 주제(Topic)를 배치하는 것으로 시작합니다. 그런 다음, 주제에서 가지처럼 뻗어 나가는 제목(Headings) 층을 구성합니다. 각 제목에서 체계적으로 아이디어(Ideas)를 확장하고 마지막으로 아이디어에서 다시 뻗어 나가는 트리거 단어(Triggerwords, 또는 키워드)를 추가합니다. 이 단어들의 첫 글자를 조합하면 'THOrT'라는 단어가 됩니다.

THOrT맵에서 주목해야 할 중요한 점은 다음과 같습니다.

- 정보가 장기 기억으로 이동하는 데 도움이 되도록 THOrT맵의 어떤 지점에서든 가지가 5개 이하로 유지합니다.
- 정보는 뇌가 정보를 저장하는 것과 같은 방식으로 '큰 그림'에서부터 세부 사항까지 연결됩니다.
- 색상, 작은 그림, 도식(다이어그램)을 추가하여 뇌의 모든 부분과 다양한 사고 방식을 자극합니다.

THOrT맵을 활용한 시험 대비 요약 노트 작성법

① 한 번에 요약할 노트의 쪽수를 결정하세요.

② 모든 쪽을 훑어보세요. 펜이나 연필을 가이드로 사용하여 시선을 집중하며 각 쪽의 모든 단어를 빠르게 눈으로 지나가되 읽으려 하지 말고 모든 단어를 한 번씩 확인하는 데 집중하세요. 한 쪽당 약 5~10초 정도만 사용하세요.

③ 빈종이를 옆으로 돌려 가로 방향으로 놓고 중앙에 첫 번째 주제(Topic)를 적으세요. 그런 다음, 모든 제목(Headings)을 가지처럼 확장하여 추가하세요. 한 개의 THOrT맵에는 최대 5개의 제목만 포함할 수 있으며 5개를 초과하면 THOrT맵을 새로 만들어야 합니다.

④ 요약할 노트의 첫 쪽으로 돌아가서 이번에는 평소 읽는 속도로 집중해서 읽으며 키워드(Triggerwords)를 찾아 표시하세요. 트리거 단어는 문장에서 가장 중요한 키워드입니다. 한 문장당 1~2개만 표시하세요.

⑤ 표시한 트리거 단어를 모두 THOrT맵에 옮겨 적으세요. 트리거 단어를 핵심 아이디어(Ideas)별로 묶고 각 아이디어를 제목(Headings)에 순서대로 연결하세요.

⑥ THOrT맵을 완성한 후 구역마다 다른 색으로 표시하고 작은 그림, 도표, 만화 등을 추가하세요. 이렇게 하면 단어와 이미지가 함께 연결되어 뇌가 정보를 더 효과적으로 기억할 수 있습니다.

⑦ 완성된 THOrT맵을 보고 소리 내어 내용을 문장으로 바꿔 설명하세요. 자신의 말로 소리 내어 설명하세요.

⑧ 아직 이해되지 않는 부분이 있다면 원래 책이나 노트를 다시 살펴보고 필요한 몇 가지 단어를 추가하여 THOrT맵을 보완하세요. 그런 다음, 해당 내용을 다시 소리 내어 설명하세요.

⑨ 10분간 휴식한 뒤 다시 돌아와 THOrT맵을 다시 살펴보세요. 그리고 내용을 문장으로 바꾸세요. 자신의 말로 소리 내어 설명하세요.

⑩ 24시간 이내에 THOrT맵을 다시 꺼내어 전체 내용을 자기 말로 문장으로 바꾸세요. 이것을 한번 더 자신에게 설명하세요.

⑪ 일주일 후, 1~10단계를 반복하여 복습하세요.

⑫ 한 달 후, 1~10단계를 한 번 더 반복하여 복습하세요.

⑬ 지금쯤이면 모든 정보가 장기 기억에 저장될 것입니다.

⑭ 공부한 주제와 관련된 기출 시험 문제를 찾아 노트를 보지 않고 답안을 작성해 보세요. 그런 다음, 노트를 확인하며 자신의 답을 점검하세요.

글쓰기 조직자

1.2k – 학업적 글쓰기 과제를 위해 다양한 조직자를 사용합니다.

숙달 수준

가장 적절한 글쓰기 조직자를 자신 있게 선택하고 활용하여 주어진 모든 글을 완성할 수 있다면, 해당 ATL 기능을 사용하는 데 있어 전문가 수준에 도달하였다고 볼 수 있습니다.

조직자는 글쓰기를 체계적으로 구성하는 데 도움이 되는 유용한 도구입니다. 어떤 것은 시각적 양식이 포함된 그래픽 조직자로 보기 쉽게 만들어져 있고 어떤 것은 글의 내용을 자세히 설명하는 방식입니다. 글쓰기 조직자는 글의 흐름과 구조를 잡는 데 도움이 되도록 전문가들이 만든 계획 도구입니다. 글쓰기가 어렵다면 그래픽 조직자를 활용하여 더 쉽게 정리하고 좋은 글을 쓸 수 있습니다.

완성도 높은 글은 묘사하는 글, 설명하는 글, 이야기 글, 설득하는 글, 시, 절차에 관한 글 등 모든 종류에서 생각이 논리적으로 자연스럽게 이어지도록 구성됩니다.

연습 1 – 글쓰기 조직자 찾기

a) 짝과 함께 활동하세요.

b) '글쓰기 과제를 위한 조직자'를 주제로 조사하여 각 글쓰기 장르에 알맞은 글쓰기 조직자를 한두 가지 찾아보세요.

c) 각 조직자를 주어진 칸에 설명하거나 그림으로 그려 보세요. 또한 해당 조직자를 찾은 웹사이트 주소(URL)도 함께 기록하세요.

글쓰기 장르	조직자
묘사하는 글 사람, 장소, 사물을 생생하고 풍부한 세부 묘사로 표현하여 독자가 머릿속에 선명하게 떠올릴 수 있도록 합니다. 주로 일기나 이야기 글에서 사용됩니다.	참고 자료:
설명하는 글 사실과 논리적인 설명을 통해 독자에게 주제에 대한 정보를 쉽게 이해하도록 돕는 글입니다. 주로 보고서나 실험 기록에서 사용됩니다.	참고 자료:

이야기 글 이야기를 전달하는 글로, 주로 소설이나 에세이에 사용됩니다. 도입, 절정, 결말의 흐름으로 전개되며 모험 이야기나 동화에서도 많이 활용됩니다.	참고 자료:
설득하는 글 어떤 주제에 대한 의견을 표현하고 독자가 자신의 생각에 동의하도록 설득하는 방식으로 작성됩니다. 주로 연설문이나 광고 전단에서 사용됩니다.	참고 자료:
시 운율, 운문, 반복을 활용해 이야기를 전달하는 방식으로 작성됩니다. 주로 노래나 시에서 사용됩니다.	참고 자료:
절차에 관한 글 지침을 통해 무엇을 만들거나 수행하는 방법을 설명하는 방식입니다. 주로 요리법이나 사용 설명서에서 사용됩니다.	참고 자료:

연습 2 – T.E.E.L.을 활용한 문단 조직자

에세이를 작성할 때,

a) 연습 1에서 찾은 적절한 글쓰기 조직자를 활용하여 글의 전체 구조를 정리하세요.

b) 각 문단을 효과적으로 구성하기 위해 T.E.E.L. 문단 조직자를 사용해 보세요.

T.E.E.L.은 다음을 의미합니다.

Title sentence(주제문) - 문단의 첫 문장으로 해당 문단에서 다룰 내용을 간결하게 소개합니다. 너무 길지 않게 씁니다.

Explanation(설명) - 주제문을 확장하여 자신의 생각, 이유, 주장(논증)을 설명합니다.

Evidence(근거) - 자신의 생각, 이유, 주장(논증)을 뒷받침하는 자료를 제시합니다. 논설문이라면 통계나 추세(트렌드)를 책과 관련된 글이라면 인용문이나 참고 자료를 포함할 수 있습니다.

Link(연결문) - 한두 문장으로 핵심 내용을 마무리하고 주제문과 연결지어 줍니다.

c) 글쓰기 조직자를 사용한 것이 에세이 작성에 도움이 되었나요?

d) 도움이 되지 않은 부분이 있었나요?

나에게 도움이 된 점은 ....

....

....

나에게 도움이 되지 않은 점은 ....

....

....

보고서 작성

1.2n – 요약문, 에세이, 보고서에서 정보를 구조화합니다.

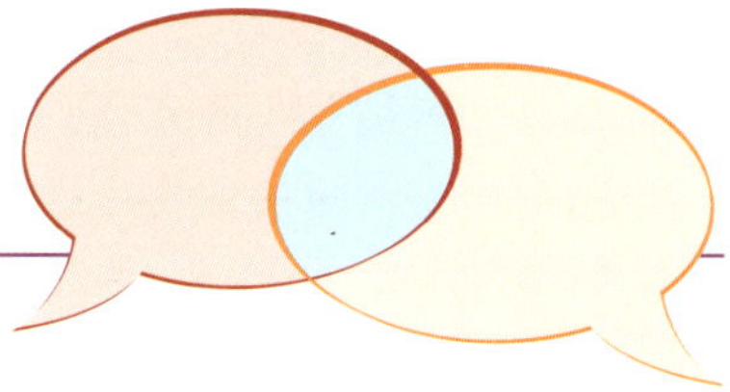

숙달 수준

어떤 과목에서도 자신 있게 요약문, 에세이, 보고서를 작성할 수 있다면, 해당 ATL 기능을 사용하는 데 있어 전문가 수준에 도달하였다고 볼 수 있습니다.

모든 에세이는 기본적으로 서론, 본론, 결론으로 이루어진 비슷한 구조를 가지고 있습니다. 하지만 완성도 높은 에세이를 쓰기 위해 활용할 수 있는 구조는 이외에도 다양합니다.

연습 1 – 요약 만들기

a) 정보를 체계적으로 정리하여 요약하는 방법은 **1.2j – 공부를 위해 효과적으로 요약 메모를 작성합니다**의 52쪽의 **연습 3**을 참고하세요.

연습 2 – 에세이 작성하기

학교 과목에서 에세이를 쓸 때 다음 단계를 하나씩 차근차근 따라가 보세요.

a) 체계적으로 준비하기: 선생님에게 평가 기준을 모두 전달받아 어떤 내용을 요구하는지 정확히 파악하세요. 어떤 주제가 허용되는지, 단어 수 제한(최소 및 최대)이 얼마인지, 점수 또는 성적이 어떻게 부여되는지, 마감일이 언제인지 그리고 마감일을 얼마나 엄격하게 지켜야 하는지 확인하세요.

b) 주제 정하기: 관심 있는 주제를 직접 고를 수도 있고 정해진 주제를 받아 작성할 수도 있습니다.

c) 주제를 질문으로 바꾸기: 주제를 질문으로 바꾸면 선생님이 제시한 과제의 모든 요구사항을 충실히 반영하는 답을 구성할 수 있습니다.

d) 키워드 찾기: 먼저, 위키백과(Wikipedia)와 같은 일반적인 참고 자료를 사용해 주제를 검색하세요. 이 자료를 통해 주제와 관련된 키워드를 모은 후, 에세이에서 다룰 수 있는 관련 영역을 파악하세요.

e) 개요 작성: 키워드를 사용하여 주제의 어떤 측면을 설명하거나 논의할지 그리고 어떤 순서로 진행할지를 대략적으로 계획하세요.

f) 자료 조사: 검색 도구(6a 연습 3, 177쪽 참고)와 키워드를 사용하여 에세이 각 부분에 필요한 정보를 찾아보세요. 이제부터는 위키백과를 사용하지 않고 유용할 것 같은 정보를 찾으면 그 자료의 전체 출처를 반드시 기록하거나 저장하세요. 이 단계에서는 깊이 읽기보다 정보와 출처를 수집하는 데 집중하고 각 자료는 훑어보는 정도로만(47쪽 1.2h 연습 1 참고) 읽으세요. 또한 같은 주제나 유사한 주제의 다른 에세이 사례도 함께 찾아 저장해 두면 나중에 도움이 됩니다.

g) 읽기: 조사한 모든 자료를 꼼꼼히 읽을 시간을 따로 마련하세요. 처음 설정한 질문에 집중하면서 에세이에 유용할 것 같은 내용을 찾을 때마다 그 부분을 손으로 기록하거나 복사·붙여넣기를 이용해 에세이와 관련된 인용문, 아이디어, 예시를 모은 파일을 만들어 보세요.

h) 계획 세우기: 에세이의 구조를 결정하세요. 예를 들어, 일반적인 구조는 5단락 에세이입니다.

1단락(서론): 글의 분위기를 설정하고 독자의 관심을 끌어야 합니다. 일화, 인용문, 역사적 또는 현대적 사례, 헤드라인 등을 사용하세요. 그리고 에세이의 주제와 주장, 목적 또는 관점을 명확하게 표현하세요. 이때 주제문은 질문이나 의견이 아닌 진술 형태로 작성해야 합니다.

i. 브레인스토밍: 에세이의 중심 주장(논지)을 기준 삼아 떠오르는 관련 주제를 무엇이든 적어 보세요. 이때 누가, 무엇을, 언제, 어디서, 왜, 어떻게라는 질문을 던져 보세요.

ii. 주제문 작성: 브레인스토밍 내용을 바탕으로 본문을 구성할 수 있는 세 개 이상의 주제문을 만드세요.

2~4 단락(주장): 일반적으로 가장 강력한 주장부터 제시합니다. 각 주장에 대해 찬성 및 반대의 근거를 제시하고 에세이의 방향을 뒷받침하는 일관된 내용을 전개하세요. 각 주장에는 하나의 인용문과 출처를 반드시 포함하세요. '나'로 시작하는 문장이나 개인적인 의견을 피하세요.

5단락(결론): 앞에서 제시한 모든 주장을 하나로 묶어 전체를 아우르는 진술이나 독창적인 관점을 제시합니다. 이 결론은 처음 세운 중심 주장(논지)을 지지하거나 반박할 수 있으며 그 결과가 주는 시사점을 설명하거나 앞으로의 행동에 대한 예측을 제안할 수도 있습니다.

i) 어떤 구조를 선택하든 먼저 초안을 작성하세요. 이때 문장의 일관성, 맞춤법, 문법에 너무 신경 쓰기보다는 출처 표기를 잘하는 데 집중하세요. 본문 내 인용 표시를 하고 이를 전체 참고 문헌이나 URL과 연결하세요.

j) 글쓰기를 시작하세요. 지금까지 모은 자료를 확인하고 이를 일관된 흐름으로 재구성하세요. 각 자료를 자신의 말로 다시 쓰고 자신만의 문장으로 모든 내용을 연결하세요. 출처를 정확하게 기록하세요.

k) 초안을 모두 작성한 후 글 전체를 다시 살펴보세요. 에세이의 아이디어가 처음부터 끝까지 논리적이고 자연스럽게 흐르는지, 독자의 흥미를 끄는지 그리고 읽기에 즐거운지 확인하세요. 필요하다면 에세이 계획과 초안을 그에 맞게 조정하세요.

l) 시간이 된다면 다른 사람에게 에세이를 소리 내어 읽어 달라고 하거나 직접 읽어서 녹음한 뒤 다시 들어 보세요. 아이디어의 흐름과 전개 순서 그리고 아이디어 간 연결에 집중하고 필요하면 수정하세요.

m) 최종본을 작성하세요. 모든 내용과 참고 문헌을 포함하고 맞춤법, 문장부호 그리고 문법을 모두 꼼꼼히 점검하세요.

n) 하루 정도 지난 뒤 다시 읽어 최종 점검하세요. 과도하게 반복된 단어, 불필요한 중복 그리고 불필요하게 부풀리거나 과장된 내용을 줄이세요.

o) 제출하기: 가능하면 마감일 하루 전에 제출하는 것이 좋습니다.

연습 3 – 과학 보고서 작성하기

과학 보고서를 작성할 때, 다음 사항을 모두 포함하세요.

a) 요약: 과학 보고서의 첫 단락으로 실험·조사 내용과 결론을 간략하게 전달하세요(이 부분은 보통 보고서의 맨 앞에 위치하지만 마지막에 작성하는 것이 좋습니다.)

b) 주제 및 연구: 연구의 일반적인 주제는 무엇인지 그리고 왜 관심을 갖게 되었는지 설명하세요. 연구의 구체적인 초점은 무엇이었는지 그리고 무엇을 발견했는지도 포함하세요.

c) 연구 질문: 이번 조사를 통해 답을 찾고자 한 질문은 무엇이었는지 작성하세요.

d) 실험: 실험의 목적, 사용한 장비, 절차의 모든 단계 그리고 진행 중 절차를 수정한 부분이 있다면 그 변경 사항까지 포함하세요.

e) 결과: 실험을 진행했을 때 실제로 일어난 일, 모든 관찰 사항과 수집한 데이터를 기록하세요.

f) 분석 및 논의: 데이터의 표, 그래프, 통계 분석, 발견한 패턴이나 예측에 도움이 되는 상관관계나 추세(트렌드) 등을 설명하세요(이 방법에 대한 자세한 내용은 226쪽의 8d 참고).

g) 결론: 실험 결과가 연구 질문에 대한 답을 제공했나요? 만약 그렇지 않다면, 그 이유는 무엇인가요? 이 실험을 통해 무엇을 배웠는지도 작성하세요.

h) 의견: 만약 이 연구를 다시 수행한다면 실험이나 절차에서 어떤 점을 변경하겠습니까? 또한 이번 결과를 통해 더 연구하고 싶은 다른 분야가 있나요?

i) 참고 문헌: 도움을 준 모든 책, 논문, 학술지, 웹사이트 그리고 사람들을 빠짐없이 정확하게 인용하세요.

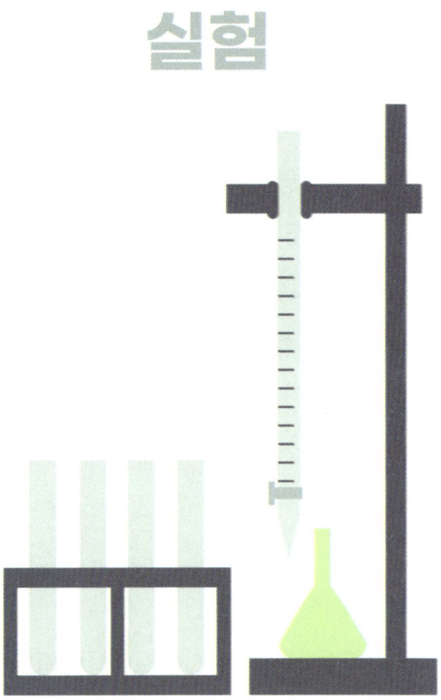

연습 4 – 업무 보고서 작성하기

업무 보고서를 작성할 때 다음 사항을 모두 포함하세요.

a) 보고서 표지문 또는 메모: 업무 보고서는 보통 다른 사람의 요청에 의해 작성됩니다. 표지문이나 메모는 보통 두 세 단락으로 작성되며 다음 내용을 포함합니다.

  i. 보고서의 목적과 보고서가 어떤 요구사항을 충족하는지를 설명합니다.
  ii. 보고서를 준비하는 과정에서 도움을 준 사람이나 기관에 대해 감사인사를 전합니다.
  iii. 제안된 실행 계획을 설명합니다.

b) 제목 페이지: 제출일, 작성자, 소속 등과 같은 정보를 포함하여 프로젝트를 간략히 설명합니다.

c) 요약문: 한 장 이내로 작성하며, 목적, 조사 내용, 결론 및 주요 권고 사항을 명확하게 설명합니다.

d) 목차: 모든 제목과 해당 쪽 번호를 기재합니다.

e) 서론: 보고서의 배경과 작성 계기, 목적, 다루고자 하는 주제나 문제, 범위, 보고서의 구조, 한계점 그리고 최종 결과에 대한 예상까지 설명합니다.

f) 결과 및 논의: 보고서의 본문, 제공된 정보, 증거 분석, 논증 구성, 비용/편익 비율 계산 등이 여기에 해당합니다.

g) 결론: 조사 결과에서 의미와 중요성을 도출하고 증거와 논리를 바탕으로 추론합니다.

h) 권고 사항: 결론에서 논리적으로 파생되는 결과를 토대로 향후 행동방안을 제시하고, 예측을 하며, 가능성을 판단하고, 선택지를 한두 가지로 좁혀 권고합니다.

i) 참고 문헌: 본문 내 인용은 학교에서 정한 인용 방식에 따라 참고 문헌 목록에 명확하게 기재합니다.

j) 부록: 핵심 내용을 보완하고 더 자세히 설명하는 자료를 포함합니다.

연습 5 – 이메일 보고서 작성하기

학교 과제나 직장에서 이메일을 작성할 때, 다음 제안들을 참고하여 메시지를 최대한 명확하고 효과적으로 작성하세요.

작성할 때:

a) 내용을 간결하게 유지하고 한 번에 한두 가지 사안만 다루며 사안마다 한 줄 비워 구분하세요.

b) 제목란에는 수신자가 이메일 내용을 짐작하거나 참고할 수 있는 내용을 쓰세요.

c) 모든 이메일은 공개될 수 있으므로 누구에게나 보여도 괜찮은 내용만 보내세요.

d) 어조에 유의하고 특히 다른 문화권 사람과 소통할 때는 농담, 말장난 그리고 반어법을 피하세요.

e) 직설적이고 사실적인 어투를 사용하고 필요하다면 반복을 통해 모든 내용을 명확하게 전달하세요.

f) 서명은 이메일 전체의 시각적 균형을 해치지 않도록 눈에 거슬리지 않게 작성하세요.

g) 보내기 전에는 첨부 파일을 포함해 모든 내용을 다시 확인하세요.

답장할 때:

h) 24시간 이내에 답변하세요. 상세한 답변을 곧 보내겠다는 간단한 확인이라도 좋습니다.

i) 받은 메시지를 꼼꼼히 읽고 각 항목에 차례대로 답변하세요.

j) 다른 사람의 받은 편지함을 불필요하게 채우지 않도록 참조 및 전체 회신을 주의하고 정보가 필요한 사람에게만 응답하세요.

k) 이메일의 긴 대화 기록은 잘라 내고 최근 몇 개의 메시지만 보내세요.

ATL 기능 자기 평가

해당 쪽을 가장 잘 활용하는 방법으로 161쪽과 162쪽을 참조하세요.

ATL 기능 숙련도에 대한 학생 자기 평가 – 의사소통 기능							
ATL 기능	초보자 (관찰)	학습자 (모방)	실행자 (실행)				전문가 (공유)
			시작하기	연습하기	향상하기	이해하기	
피드백							
문화 간 이해							
발표 기능							
다양한 목적에 따른 글쓰기							
멀티미디어 의사소통							
비언어적 의사소통							
협상							
소셜 미디어							
디지털 의사소통							
비판적으로 읽기							
다양한 자료 읽기							
추론 및 결론							
상징							
의역							
훑어 읽기							
노트 작성							
글쓰기 조직자							
보고서 작성							

메모

협력적 기능

협업이란 공동의 목표를 달성하기 위해 다른 사람들과 협력하여 함께 일하는 것을 의미합니다. 협업은 개인 간, 조직 간, 기업 간, 정당이나 정부 간 등 다양한 관계에서 이루어질 수 있으며 사람들이 서로 소통하고 다른 사람의 관점을 경청·고려하며 모든 당사자가 동의할 수 있는 결정을 내리기 위해 노력한다는 점에서 공통적인 특징을 가집니다. 협업은 팀워크의 본질로 여러 사람의 자원을 결합하여 각 개인이 혼자서 달성할 수 있는 것보다 더 많은 성과를 이루는 과정입니다.

협력적 기능에서 제공되는 연습을 통해 경청하기, 다른 사람을 이해하기, 협상하기, 업무 나누기, 합의하기, 공정한 결정 내리기와 같은 효과적인 집단 과정뿐만 아니라 자신의 권리를 옹호하고 피드백을 잘 받아들이며 자신의 행동에 책임을 지고 다른 사람을 이끄는 데 필요한 개별적인 기능도 향상시킬 수 있습니다.

협력적 기능들은 여러분이 참여하는 그룹 활동이나 팀 프로젝트에서 모든 구성원이 잘 협업하여 성공적인 결과를 얻을 수 있도록 하는 데 필요한 기능들입니다.

위대한 협업

1939년 9월 1일, 독일은 폴란드를 침공했습니다. 이에 따라, 영국은 독일이 폴란드를 공격할 경우 군사적으로 지원하겠다고 약속했던 상황이었기에 1939년 9월 3일 독일에 대해 선전포고를 하였고 이로써 제2차 세계대전이 시작되었습니다.

전쟁 초반 영국은 어려운 상황에 놓였으며, 1941년 4월까지 독일은 유럽 대부분을 점령하고 지배하고 있었습니다. 하지만 독일은 끝내 영국 본토 침공에는 실패했고, 1941년 6월, 방향을 바꾸어 동쪽의 러시아를 침공했습니다. 이로 인해 소련의 지도자 요제프 스탈린은 군사적 도

움을 요청하게 되었습니다. 비록 각국의 정치 체제가 달랐지만 공동의 적이라는 위협은 영국, 미국, 소련을 하나로 묶어 위대한 협업을 이루게 했습니다.

1941년 카사블랑카, 1943년 테헤란, 1945년 알타에서 열린 회담을 통해 윈스턴 처칠(영국 총리), 프랭클린 D. 루스벨트(미국 대통령), 요제프 스탈린(소련 공산당 서기장)은 공동의 적인 나치 독일에 맞서 싸우기 위해 역사상 가장 위대한 협업 중 하나를 이루었습니다.

1945년까지 러시아인 2,600만 명, 영연방 국민 350만 명, 미군 40만 명의 희생을 치른 끝에 '연합국'으로 알려진 협력 동맹은 나치 독일을 물리쳤습니다.

이는 아마도 서로 다른 생각을 지닌 사람들 간의 협업 가운데 우리가 현재 살고 있는 세상을 가장 크게 바꿔 놓은 가장 위대한 사례로 꼽힐 것입니다.

공감

2b – 공감을 표합니다.

숙달 수준

다른 사람이 표현하는 감정을 인식하고 그 사람의 관점을 이해하고 받아들일 수 있다면, 해당 ATL 기능을 사용하는 데 있어 전문가 수준에 도달하였다고 볼 수 있습니다.

다른 사람의 관점, 요구와 감정에 공감하는 모습을 보이며 그것을 이해하고 수용함을 전달하는 것은 사회적 연결감을 형성합니다.
이는 효과적인 의사소통과 협업의 중요한 요소입니다.

연습 1 – 상대방의 입장 되어 보기 #1

a) 짝과 함께 활동하세요.

b) 신문, 잡지, 학술지에서 발행한 기사나 사설 또는 교과서나 선생님의 수업 노트에서 발췌한 주제 중 서로 반대되는 두 가지 관점을 다루는 자료를 찾으세요.

c) 그중 한쪽 입장을 선택하여 조금 더 조사한 뒤 해당 입장을 지지하는 핵심 근거를 정리해 적으세요. 선택한 입장을 완전히 이해하고 해당 입장의 관점만으로 자신의 주장을 펼칠 수 있을 때까지 여러 번 읽어 보세요.

d) 짝과 토론을 준비하세요. 각자 자신이 읽고 조사한 관점을 맡아 그 관점에서만 자신의 주장을 펼치세요. 서로 모두 발언할 기회를 가질 수 있도록 하세요. 한 사람이 말하면 다른 사람은 경청하세요. 그런 다음, 역할을 바꿉니다. 두 사람 모두 자신의 입장을 다 말할 때까지 계속 진행하세요.

e) 어느 쪽이 더 설득력이 있었나요?

f) 이제 역할과 메모를 서로 바꾸세요.

g) 상대방의 메모를 읽고 상대방의 관점을 생각해 보세요.

h) 같은 주제를 다시 토론하되 이번에는 반대 관점에서 주장을 펼치세요.

i) 이번에도 같은 입장이 더 설득력이 있었나요?

j) 양쪽 입장을 모두 이해할 수 있었나요?

k) 두 입장을 번갈아 주장할 때 느낀 감정이 달랐나요?

연습 2 – 상대방의 입장 되어 보기 #2

먼저, ATL 기능 8b인 '주장을 형성하기 위해 관련 정보를 수집하고 조직화합니다'(221쪽)를 완료해야 합니다. 이는 양쪽 주장의 근거를 살펴보며 자신의 주장을 구성하는 데 도움이 됩니다.

a) 짝과 함께 활동하세요.

b) 각자 하나의 입장을 맡으세요.

c) 필요한 경우 추가로 조사를 진행하고 자신이 맡은 입장의 핵심 주장을 정리해 적으세요. 정리한 주장을 여러 번 읽고 숙지하여 오직 해당 입장의 관점에서만 주장을 할 수 있도록 연습하세요.

d) 짝과 함께 토론을 준비하세요. 각자 자신이 읽고 준비한 입장에서 주장을 펼치고 그 관점에서만 토론을 진행합니다. 두 사람 모두 자신의 주장을 말할 기회를 가져야 합니다. 한 사람이 말하는 동안 다른 사람은 경청하세요. 그런 다음 역할을 바꾸세요. 두 사람 모두 자신의 입장을 충분히 말할 때까지 계속 진행하세요.

e) 어느 쪽이 더 설득력이 있었나요?

f) 이제 역할과 메모를 서로 바꾸세요.

g) 짝이 작성한 메모를 읽고 그 입장에서 생각해 보세요.

h) 같은 주제로 다시 토론하되 이번에는 반대 입장에서 주장을 펼쳐 보세요.

i) 이번에도 같은 입장이 더 설득력이 있었나요?

j) 양쪽 입장을 모두 이해할 수 있었나요?

k) 양쪽 주장을 다 수행해 보고, 특히 자신의 신념과 반대되는 입장을 주장할 때 감정적으로 다르게 느껴졌나요?

연습 3 – 다른 사람의 신념 이해하기

공감이란 다른 사람의 관점이나 신념을 이해하고 존중하는 능력을 의미합니다. 상대방의 관점이나 신념에 반드시 동의할 필요는 없지만 공감하기 위해서는 그들의 시선으로 세상을 바라볼 수 있어야 합니다.

a) 과학적 신념, 가족적 신념, 문화적 신념, 종교적 신념 등 자신이 믿는 모든 것을 떠올려 보세요. 그중 몇 가지를 목록으로 작성해 보세요.

b) 이제 각각의 신념 옆에 그와 반대되는 생각이나 믿음을 가질 수 있는 사람의 관점을 하나씩 적어 보세요.

c) 각 항목마다 그 반대되는 믿음을 가진 사람의 입장에서 생각해 보세요. 그들에게 중요한 것은 무엇일까요? 어떤 방식으로 사고할까요? 여러분처럼 다른 신념을 가진 사람을 만났을 때 어떤 감정을 느낄까요?

d) 이런 방식으로 생각해 보는 것이 여러분에게 얼마나 어려운 일인가요?

내가 믿는 것	다른 사람이 믿을지도 모르는 것

연습 4 – 감정에 귀 기울이기

공감하기 위해서는 상대방의 감정을 나타내는 단서를 포착하고 이를 이해하며 인정하는 능력이 필요합니다.

a) 짝이나 모둠으로 활동하세요.

b) 흥미로운 시 낭송 영상이나 유명한 정치 연설 영상을 찾아 처음부터 끝까지 한 번 시청하세요.

c) 그런 다음, 영상을 다시 보면서 문장이나 의미 있는 단락이 끝날 때마다 잠시 멈추고 연설자가 표현하는 감정을 기록하세요. 또한 그 당시 청중이 느꼈을 것으로 예상되는 감정적 반응도 적어 보세요.

영상을 설명하세요.	
발표자가 표현한 감정	청중에게 생겨난 감정 반응
1단계	
2단계	

3단계	
4단계	
5단계	

d) 다른 사람들이 적은 내용을 살펴보세요.

e) 표현된 감정에 대해 여러분 모두 의견이 일치하나요?

위임

2c – 의사결정의 책임을 위임하고 공유합니다.

숙달 수준

책임감이나 리더십이 있는 직책을 맡았을 때 능숙하게 과제를 분담하고 의사 결정에 대한 책임을 다른 사람에게 위임하며 원하는 결과를 자신 있게 달성할 수 있을 때, 해당 ATL 기능을 사용하는 데 있어 전문가 수준에 도달하였다고 볼 수 있습니다.

위임이란 큰 과제를 더 작은 과제로 나누고 그 과제들을 다른 사람들에게 적절히 맡기는 것을 의미합니다. 단순히 역할을 분담하는 것을 넘어서 각 사람이 스스로 판단하고 책임 있게 기여할 수 있도록 필요한 모든 정보와 지원을 제공하는 것이 포함됩니다. 효과적인 위임은 팀원들이 능동적으로 기여할 수 있게 하여 건강한 팀 문화를 만들고 리더가 팀원들의 능력을 신뢰하고 존중한다는 것을 보여 주는 중요한 행동입니다.

연습 1 – 조직하기

학교에서 실제로 조직해야 할 과제를 사용하거나 교장 선생님이 여러분 반에게 2주 후 금요일에 학교에서 열릴 후배를 위한 온종일 스포츠 행사를 기획해 달라는 요청이 있다고 가정해 보세요.

a) 이 행사를 성공적으로 운영하기 위해 필요한 모든 과제들을 정리해 보세요.

- 짝과 함께 이 행사를 성공적으로 준비하고 운영하기 위해 필요한 모든 과제를 정리해 보세요.
- 행사 전, 행사 중, 행사 후로 나누어 생각해 보세요.
- 장비 준비, 안전, 인원 관리, 청소 및 정리 같은 항목도 빠뜨리지 마세요.

	아이디어 브레인스토밍...	논리적 순서로 정리...
짝과 함께 활동하세요. 먼저 해야 할 모든 과제를 브레인스토밍한 후 이를 논리적인 순서대로 정리하세요.		

b) 과제 목록을 완성했다고 생각되면 다른 짝과 함께 4명이 한 조가 되어 서로 작성한 목록과 비교하고 두 목록을 합쳐 더 크고 완성도 높은 과제 목록을 만들어 보세요.

c) 그런 다음, 또 다른 4명과 합쳐 8명이 한 조가 되어 다른 조의 목록과 다시 비교하고 두 목록을 합쳐 하나의 더 큰 목록을 만들어 보세요.

d) 모든 과제를 칠판이나 벽에 붙이고 각 주요 과제에 이름을 붙이세요.

e) 그날 전체 진행을 총괄할 가장 적합한 책임자 한 명을 정하세요. 이제 그 사람이 전체 과정을 책임지고 진행하게 됩니다.

f) 다음 표에 주요 과제 다섯 가지를 작성하세요. 그리고 책임자의 안내에 따라 각 과제에 대한 결정을 내리고 그 내용을 표에 정리하세요.

각 주요 과제의 이름을 정하세요.	1.	2.	3.	4.	5.
각 과제의 마감일은 언제인가요? 언제 완료해야 하나요?					
각 과제를 완료하는 데 어느 정도 시간이 걸릴까요?					
각 과제는 언제부터 시작해야 하나요?					
가장 중요한 핵심 과제는 무엇인가요? (이 과제가 없으면 나머지를 진행할 수 없음)					
현재 참여할 수 있는 인원은 몇 명이며 각 과제에 몇 명이 배정되어야 할까요?					
각자 자신의 강점을 고려해 자신이 맡을 수 있는 과제 옆에 이름을 적어 보세요.					
이제 리더는 각 과제의 책임자를 지정하고 해당 학급 구성원에게 역할을 할당해야 합니다.					

g) 각자 과제를 완수할 책임을 맡았을 때 어떤 느낌이 들었는지 학급 전체가 함께 이야기해 보세요.

h) 리더는 각 과제의 책임을 개별 구성원에게 위임하는 과정에서 어떤 느낌이었는지 이야기해 보세요.

연습 2 – 팀 만들기

a) 다음 모둠 활동 과제에서 위임을 활용하여 역할과 과제를 나누고 가장 효과적인 팀을 구성해 보세요. 먼저, 모둠별로 수행해야 할 과제를 명확히 이해하는 것이 중요합니다.

- 무엇을 해야 하나요 – 어떤 질문에 답해야 하나요?
- 언제까지 과제나 프로젝트를 완료해야 하나요?
- 과제를 성공적으로 완수했다고 판단하는 기준은 무엇인가요? 선생님이 기대하는 것은 무엇인지, 어떻게 채점 · 평가되는지, 가장 중요한 평가 기준은 무엇인지 확인하세요.

b) 과제를 완수하기 위해 모둠에서 맡을 역할을 정하세요. 팀원 수만큼 역할을 만들고 각 역할에 필요한 책임과 업무를 설명하세요.

c) 다음 표에 제시된 역할을 활용하거나 여러분이 직접 역할을 만들어 사용해도 됩니다.

역할	역할에 대한 설명
팀장	모든 팀원이 과제를 수행하도록 이끕니다.
질문 기획자	선생님의 질문을 더 작은 질문으로 나누고 그 질문들을 조사자가 정보를 찾을 수 있도록 제공합니다.
조사자	질문에 대한 올바른 정보를 찾습니다.
기록자	조사자가 찾은 중요한 내용을 요약하여 기록합니다.
작성자	기록자가 정리한 핵심 내용을 바탕으로 초안을 정리합니다. 이해가 부족한 부분을 찾아내고 질문 기획자에게 추가 정보가 필요한 부분을 전달합니다.

d) 팀원들은 서로의 강점을 파악하세요. 각자가 무엇을 잘하는지 확인합니다.

e) 다음과 같은 표를 만들어 각 팀원이 자신의 이름을 적고 '나의 강점' 칸에 이번 프로젝트에서 도움이 될 수 있다고 생각하는 자신의 강점을 적습니다(예: 사람들을 조직하기, 아이디어 내기, 글 명확하게 글쓰기, 자료 조사하기 등).

f) 표를 돌려 가며 팀원 모두가 다른 팀원의 강점을 '다른 사람이 보는 나의 강점' 칸에 적도록 하세요.

팀원 이름	나의 강점	다른 사람이 보는 나의 강점
1.		
2.		
3.		
4.		
5.		
6.		

g) 전체 모둠이 논의하여 팀의 역할을 프로젝트 전체 기간 동안 유지할지 아니면 역할을 교대로 바꿀지를 결정하세요. 역할을 교대로 바꾸기로 결정했다면 얼마나 자주 바꿀지도 정하세요.

h) 전체 그룹이 논의하여 팀장을 맡을 사람을 선정하세요. 팀장의 첫 번째 임무는 각 역할을 누가 맡을지 결정하는 것입니다.

i) 팀장은 각 팀원에게 역할을 배정합니다.

j) 팀장은 모든 사람이 자신의 과제를 완수하는 데 필요한 자료와 자원을 갖추도록 합니다.

k) 팀장은 작업 일정(언제까지 무엇을 완료해야 하는지)을 정합니다.

l) 팀은 첫 번째 과제부터 작업을 시작합니다.

m) 팀장은 모든 팀원이 맡은 과제를 제대로 수행할 수 있도록 지도하고 관리합니다. 전체 그룹의 모든 과제가 완료되면 과정이 얼마나 성공적이었다고 생각하는지에 대해 모든 팀원이 피드백을 나누어야 합니다.

n) 과제를 배정하고, 모든 팀원이 과제에 계속 집중하도록 하고, 팀원들을 지원하는 데 있어서 팀장이 얼마나 효과적으로 수행했는지 토론하세요.

o) 효과적인 위임에 대해 무엇을 배웠는지 생각해 보세요.

다른 사람의 성공 돕기

2d – 다른 사람의 성공을 돕습니다.

숙달 수준

다른 사람이 성공을 어떻게 정의하는지 자신 있게 파악하고 그들이 그 성공을 달성하도록 도울 수 있다면, 해당 ATL 기능을 사용하는 데 있어 전문가 수준에 도달하였다고 볼 수 있습니다.

성공이란 자신이 될 수 있는 최선의 모습이 되는 것입니다. 하지만 사람마다 이루고자 하는 목표도 성공을 측정하는 방법도 다릅니다. 다른 사람이 최선을 다할 수 있도록 돕는 것은 중요한 리더십 기능입니다.

연습 1 – 성공이란 무엇인가?

a) 짝과 함께 이 세상에서 사람들이 성공할 수 있는 모든 방법을 목록으로 만들어 보세요.

b) 지금으로부터 20년 후, 여러분이 생각하는 성공을 이루었다고 상상해 보세요. 그때 어떤 감정을 느낄까요? 20년 후 자신의 성공을 어떻게 측정할 수 있을까요?

c) 이번에는 앞으로 10년 후, 5년 후 그리고 올해 말에는 여러분에게 '성공'이란 무엇일지 생각해 보세요. 각 시점에서 여러분이 성공했다고 판단하게 해 줄 지표는 무엇일까요? 또한 그 성공을 달성하기 위해 그때까지 무엇을 해야 하는지 그리고 다른 사람이 어떤 도움을 줄 수 있는지도 함께 생각해 보고 다음 표를 작성하세요.

성공	올해 말까지	5년 후	10년 후
성공했는지 어떻게 알 수 있을까요?			

원하는 성공을 이루기 위해 그때까지 무엇을 해 두어야 할까요?			
여러분이 이루고자 하는 것을 성취하는 데 다른 사람이 어떻게 도와줄 수 있을까요?			

d) 짝과 작성한 표를 서로 교환하세요.

e) 짝이 올해 말 목표로 삼은 성공에 한 걸음 더 다가갈 수 있도록 여러분이 해 줄 수 있는 모든 일을 적어 보세요.

f) 표를 다시 돌려주세요.

연습 2 – 다른 사람이 성공적으로 배우도록 돕기

학교에서 배우는 여러 과목을 떠올려 보세요. 어떤 과목이 더 배우기 쉽다고 느껴지나요? 잘하는 과목에서 특별한 공부 방법이나 책·웹사이트가 있나요? 여러분이 잘하는 과목에서 다른 사람이 성공할 수 있도록 돕는다면 기분이 좋을까요? 반대로 여러분이 어려워하는 과목에서 누군가가 도와준다면 어떨까요?

a) 다음 표를 작성한 후, 학급 친구들과 표를 비교해 보세요. 여러분이 도와줄 수 있는 사람을 찾을 때까지 계속 비교해 보세요.

내가 가장 자신 있는 과목:	내가 이 과목을 잘하는 이유:	이 과목을 배우는 데 도움이 된 최고의 자료:	이 과목에서 다른 사람을 도와줄 수 있는 방법:
내가 가장 어려워하는 과목:	내가 이 과목이 어려운 이유:	이 과목을 위해 내가 가지고 있는 자료:	이 과목에서 내가 도움을 받고 싶은 부분:

연습 3 – 스터디 팀 구성하기

연구에 따르면, 학습 향상에 가장 효과적인 방법은 학생이 다른 학생을 가르치는 것입니다. 팀으로 함께 공부하면 학습 효과가 더욱 높아집니다!

a) 연습 2를 마친 후, 함께 공부하며 서로의 성공을 돕고자 하는 학생 3~4명으로 팀을 구성해 보세요.

b) 각 팀원이 서로 다른 과목에서 강점을 가질 수 있도록 균형 잡힌 스터디 팀을 만들어 보세요.

c) 팀원 모두가 비슷한 목표를 가져야 합니다. 각자의 능력을 최대한 발휘하여 학교에서 성공하는 것을 목표로 삼으세요.

d) 정기적으로 만날 수 있도록 일정을 정하세요. 언제, 어디서, 몇 번 만날 것인지를 정하세요.

e) 팀원 간 원활한 소통을 위해 연락처를 공유하세요. 질문이 있거나 어려움을 겪을 때 쉽게 연락할 수 있어야 합니다.

f) 스터디 팀 모임을 할 때 각자 이해하지 못한 점이나 궁금한 점을 한 가지씩 준비하세요. 팀원들은 이해할 수 있도록 쉽게 설명하거나 이해를 돕는 좋은 자료를 찾아 제공하면서 서로 도와주어야 합니다.

g) 함께 협력하며 서로 도우세요.

h) TEAM의 의미를 기억하세요 – 모두가 함께할 때 더 큰 성취를 이룹니다.

Together (함께)

Everyone (모두가)

Achieves (성취한다)

More (더 많은 것을)

책임감 갖기

2e – 자신의 행동에 책임을 집니다.

숙달 수준

자신의 생각, 말, 행동에 대해 일관되게 스스로 완전한 책임을 질 때, 해당 ATL 기능을 사용하는 데 있어 전문가 수준에 도달하였다고 볼 수 있습니다.

자신의 행동에 대한 전적인 책임을 진다는 것은 자신에게 솔직해지고 스스로에게 책임을 지는 것을 포함합니다. 책임을 진다는 것은 자신의 행동에서 비롯된 모든 결과를 받아들이고 결과가 좋지 않을 경우 변할 준비가 되어 있는 것을 의미합니다. 또한 책임을 진다는 것은 자신의 행동이 접촉하는 사람들에게 공정하고 윤리적으로 타당한지(예: 환경에 해를 끼치지 않는지) 확인하는 것을 의미합니다.

연습 1 – 책임, 수용 가능성 및 결과

a) 먼저, 개별적으로 활동하세요.

b) 가정, 학교 그리고 지역사회에서 여러분이 맡고 있는 책임은 무엇인지 그 책임을 다하기 위해 어떤 행동을 할 수 있는지 정리해 보세요. 그리고 그러한 행동을 하지 않았을 때 어떤 결과가 발생할 수 있는지도 생각해 보세요.

c) 짝과 함께 서로의 답변을 비교하세요.

d) 서로 같은 행동과 결과를 떠올렸나요?

e) 만약 다르다면 차이점을 논의해 보세요.

	각 상황에서 맡고 있는 책임은 무엇인가요?	책임감 있고 적절한 행동은 무엇인가요?	책임을 다하지 않았을 때의 결과는 무엇입니까?
가정에서	예: 고양이 밥 주기 • • • • •	매일 정해진 시간에 밥 주기 • • • • •	고양이가 다른 곳으로 먹이를 찾으러 떠남 • • • • •
학교에서	예: 수업 시간에 적극적으로 참여하기 • • • • •	모든 수업에 집중하기 • • • • •	학습 진도가 늦어짐 • • • • •
지역사회에서	예: 행사에 기여하기 • • • • •	자원해서 돕기 • • • • •	사회적 연결이 줄어듦 • • • • •

연습 2 – 행동과 결과

a) 먼저, 개별적으로 활동하세요.

b) 다음 상황에서 취할 수 있는 안전하고 책임감 있는 행동은 무엇인지 그리고 그러한 조치를 취하지 않을 경우 어떤 결과가 생길 수 있는지 생각해 보세요.

c) 다음 주어진 상황을 모두 완료한 후 여러분의 실제 생활과 관련된 몇 가지 상황을 추가로 작성하고 다음 표를 완성해 보세요.

d) 짝과 함께 서로의 답변을 비교하세요.

e) 서로 같은 행동과 결과를 떠올렸나요?

f) 만약 다르다면 차이점을 논의해 보세요.

상황	각 상황에서 취할 수 있는 책임 있고 안전한 행동은 무엇인가요?	책임을 다하지 않았을 때 초래될 결과는 무엇입니까?
휴대전화를 사용하며 길 건너기		
사다리 오르기		
집안일 하기		
약물, 담배 또는 술 권유받기		
화난 사람과 마주치기		
또래 집단과 위험한 활동에 참여하기		
바다, 호수, 강 또는 수영장에서 수영하기		
낯선 사람이 접근하는 경우		
출혈이 있는 사람 돕기		
유해 물질 다루기		
햇볕이 내리쬐는 야외 활동		

갈등 해결

2f – 갈등을 관리하고 해결하며 팀으로 협력적으로 작업합니다.

숙달 수준

관련된 모든 당사자가 만족하는 방식으로 어떠한 갈등도 효과적으로 해결할 수 있을 때, 해당 ATL 기능을 사용하는 데 있어 전문가 수준에 도달하였다고 볼 수 있습니다.

갈등은 단순한 의견 차이를 넘어서는 것입니다. 갈등은 한쪽 또는 양쪽이 위협을 느끼는 상황이며 그 위협이 실제인지 여부와는 상관이 없습니다. 우리는 갈등에 대해 사실을 객관적으로 검토한 결과가 아니라 상황에 대한 자신의 인식에 따라 반응합니다. 이러한 인식은 우리의 삶의 경험, 문화, 가치관, 신념에 의해 영향을 받습니다. 갈등은 강한 감정을 일으키기도 하지만 이를 잘 해결하면 오히려 성장의 발판이 될 수 있습니다. 관계에서 갈등을 해결하는 경험은 서로에 대한 신뢰를 쌓는 계기가 됩니다.

연습 1 – 갈등을 관리하고 해결하기

갈등을 해결하기 위해 가장 중요한 것은 감정적인 열기를 가라앉히고 이성을 바탕으로 문제를 해결하는 것입니다. 이 과정은 때로는 쉽지 않을 수 있지만 분석적인 접근법이 문제 해결에 큰 도움이 될 수 있습니다. 다음 연습을 진행하려면 역할극을 통해 갈등 상황을 설정하거나 실제로 발생한 갈등 사례를 사용할 수 있습니다. 어떤 경우든 두 사람 또는 두 집단이 감정적으로 얽혀 있고, 서로 반대되는 입장을 가지고 있으면서도, 모두 해결을 원하고 있는 쟁점을 하나 정하세요. 그런 다음, 두 당사자와 함께 다음 분석 절차를 단계별로 진행하며 각 단계에서 자신의 생각을 명확히 설명하거나 글로 작성해 보세요.

	A측의 입장	B측의 입장
갈등의 쟁점은 무엇인가요? 그와 관련된 사실은 어떤 것들이 있나요?		
이 쟁점에 대해 어떤 점에서 가장 강한 감정을 느끼나요?		
이 쟁점이 갈등으로 이어진 이유는 무엇인가요?		
이 갈등에서 서로 동의할 수 있는 부분은 무엇인가요?		

이 쟁점에서 여러분의 요구를 완전히 충족시킬 수 있는 해결책은 무엇인가요?		
가장 최악의 상황은 무엇일까요?		
이 갈등과 관련하여 어떤 부분에 대해 책임질 준비가 되어 있나요?		
각 당사자는 상대방이 갈등의 감정적인 긴장을 완화하기 위해 할 수 있는 일을 한 가지씩 설명하세요.	상대방이 할 수 있는 일은 ……	상대방이 할 수 있는 일은 ……
상대방이 제안한 행동을 실천할 의향이 있나요?		
이 갈등에서 어떤 부분에 대해 협상할 준비가 되어 있나요?		
모든 것이 가능하다면 여러분이 상상하는 해결책은 무엇인가요?		
이 갈등을 극복하는 데 도움이 될 수 있도록 양쪽이 모두 동의할 수 있는 실행 방안은 무엇인가요?		
이 과정이 갈등을 다루는 데 도움이 되었나요?		

연습 2 – 팀으로 협력하며 작업하기

사람들은 사회적, 스포츠, 학교, 문화적 환경에서 자연스럽게 그룹이나 팀을 형성하기도 하고 때로는 특정한 목적을 달성하기 위해 선생님이나 진행자에 의해 의도적으로 구성되기도 합니다. 어떤 경우든 효과적인 협업을 이루는 것은 단순한 일이 아니며 경청하기, 격려하기, 다른 사람의 관점을 고려하기, 자신의 아이디어 제시하기, 협상하기, 합의에 도달하기 등 다양한 기능의 복합적인 조화가 필요합니다. 이러한 기능들은 ATL 기능에 해당하며 다음 연습을 통해 구체적으로 연습할 수 있습니다.

2g – 합의를 도출합니다.

2i – 다른 관점과 아이디어를 적극적으로 듣습니다.

2k – 다른 사람이 기여하도록 장려합니다(81쪽 참고).

1.1a – 유의미한 피드백을 제공하고 받습니다(12쪽 참고).

1.1b – 소통하는 내용을 해석하기 위해 문화 간의 이해를 사용합니다(14쪽 참고).

1.1f – 비언어적 의사소통 양식을 효과적으로 해석하고 사용합니다(24쪽 참고).

1.1g – 학우 및 교사와 아이디어 및 지식을 협상합니다(27쪽 참고).

1.2b – 정보와 즐거움을 얻기 위해 다양한 자료를 읽습니다(37쪽 참고).

이 기능들을 종합적으로 익히면 팀 내 협업을 위한 훌륭한 토대를 구축할 수 있습니다.

공감대 형성

2g – 합의를 도출합니다.
2i – 다른 관점과 아이디어를 적극적으로 듣습니다.
2k – 다른 사람이 기여하도록 장려합니다.

숙달 수준

팀과 그룹에서 원활하게 협력하고, 효과적으로 경청하며, 합의를 도출하고, 개인과 그룹의 목표를 달성할 수 있을 때, 해당 ATL 기능을 사용하는 데 있어 전문가 수준에 도달하였다고 볼 수 있습니다.

적극적인 경청이란 집중력을 유지하며 주제에서 벗어나지 않고 계속해서 생각을 그 내용에 맞추는 것을 의미합니다. 먼저 122쪽의 '4.1a – 초점을 유지하고 집중하는 연습을 합니다'를 수행하세요. 그런 다음, 126쪽의 '내적 대화 점검하기'를 참고하여 이 개념이 무엇을 의미하는지 그리고 어떻게 이를 점검할 수 있는지를 이해해 보세요. 또한 126쪽 연습 8 '마음챙김 훈련 연습하기'를 통해 경청 기능을 더 효과적으로 기를 수 있습니다.

연습 1 – 경청 일지 작성하기

a) 다음번에 모둠 활동을 하게 되는 상황이 있다면 경청하는 연습을 하면서 다음 기록장을 작성해 보세요.

b) 먼저, 종이를 준비해서 그룹 구성원 한 명당 칸을 하나씩 만드세요. 그 사람이 앉아 있는 위치에 맞춰 칸을 배치하세요(예: 네 사람이 정사각형 모양으로 앉아 있다면, 종이도 네모 모양으로 나눠 보세요).

사람 1	사람 2
사람 3	사람 4

c) 각 칸에 해당하는 모둠원 이름을 적으세요.

d) 각 사람이 말할 때 이름 옆에 점을 하나 찍고 해당 칸에 다음 내용을 기록하세요.

i. 주요 내용 정리- 사실과 의견을 구분하여 기록하세요(예: 다른 색 펜을 사용하거나 사실에는 "F" 의견에는 "O" 표시). 해당 내용에 동의하면 V(체크), 동의하지 않으면 X(엑스) 표시를 하세요.

ii. 말한 사람이 자신의 말에 대해 어떤 감정을 느끼고 있는지 기록하세요(예: 편안한지, 불편한지, 걱정하는지, 기쁜지 등을 적습니다).

iii. 말한 사람이 다른 사람들에게 제안한 내용이 있다면 적어 보세요.

iv. 말한 사람의 발언과 관련하여 떠오른 질문을 기록하세요.

e) 이러한 사항을 염두에 두고 듣는 동안 기록하면 집중력이 향상되며 더욱 적극적으로 경청하는 데 도움이 됩니다.

연습 2 – 다른 사람 참여 유도하기

a) 경청 일지를 작성하는 동안 각 모둠원이 얼마나 발언하는지도 기록하게 될 것입니다.

b) 만약 한두 사람이 대화를 독점하거나 일부 모둠원이 참여하지 않는다면 적절한 순간(예: 말하는 사람이 잠시 멈췄을 때) 다음과 같이 질문하여 대화의 균형을 맞춥니다.

i. "정말 흥미로운 이야기네요. 다른 사람들은 이 점에 대해 어떻게 생각하나요?"

ii. "(이름), 이 부분에 대해 어떻게 생각하세요?"

iii. "그룹의 모든 사람이 의견을 말할 수 있도록 해야 합니다. 나머지 분들은 어떻게 생각하나요?"

c) 만약 발언을 주저하던 사람이 의견을 말하기 시작했다면 주의 깊게 경청하고 참여한 것에 대해 칭찬한 후 다음과 같은 방법으로 대화를 확장시킵니다.

d) "좋은 의견이네요. 그 부분에 대해서 조금 더 설명해 줄 수 있나요?"

e) "제가 제대로 이해한 게 맞나요? 그러니까 ……라는 말씀이신가요?"

f) "이와 관련된 경험이 있다면 좀 더 이야기해 줄 수 있나요?"

g) "~에 대해 좀 더 설명해 주시겠어요?"

연습 3 – 합의 도출하기

합의란 그룹 전체가 함께 내린 결정을 의미합니다. 모든 사람이 결정의 모든 부분에 동의할 필요는 없지만 함께 나아갈 수 있는 실행 방안에 대해서는 동의해야 합니다.

a) 모든 사람이 토론에 참여하고 자신의 의견을 말할 기회를 가질 수 있도록 합니다. 경청 일지를 활용하면 이를 쉽게 확인할 수 있습니다.

b) 모든 의견이 동등한 가치를 가지도록 합니다. 가장 크게 말하는 사람이 가장 중요한 의견을 가지는 것은 아닙니다.

c) 모든 모둠원 간의 협업과 협력을 통해 해결책을 찾을 수 있도록 노력합니다.

d) 가능한 한 모든 해결책의 장점과 단점을 살펴보세요.

e) 모든 모둠원의 의견을 수렴하여 종합적인 해결책 또는 실행 계획을 수립하세요.

f) 만약 합의에 도달하지 못했다면 동의하는 부분과 동의하지 않는 부분을 구분하고 동의하는 부분에 대해서라도 합의 결정을 이끌어 낼 수 있는지 확인하세요.

g) 최종적으로 합의된 결정에 도달하면 모든 모둠원이 이에 대해 의견을 말할 기회를 가질 수 있도록 합니다.

공정성 및 형평성

2h – 공정하고 공평한 결정을 내립니다.

숙달 수준

어떤 상황이나 쟁점을 즉각적으로 분석하고 모든 관련된 사람들을 고려하여 공정한 결정을 내리는 데 필요한 핵심 요소를 판단할 수 있을 때, 해당 ATL 기능을 사용하는 데 있어 전문가 수준에 도달하였다고 볼 수 있습니다.

어떤 결정이든 일부 사람들에게 유리하게 작용할 수도 있고 다른 사람들에게 불리할 수도 있습니다. 그러나 모든 결정의 목표는 공정성을 유지하여 모든 사람이 동등한 입장에서 동등한 결과를 얻을 수 있도록 하는 것입니다. 어떤 상황이나 쟁점을 신중하게 살펴보고 그 결정으로 영향을 받게 될 모든 사람을 파악하세요. 그런 다음, 어떤 요소가 특정 사람들에게 유리하거나 불리하게 작용할지 생각해 보세요. 물론 피할 수 없는 부정적인 요소도 있을 수 있습니다. 하지만 관련된 모든 사람에게 그 절차가 공정했다고 느낀다면 대부분은 이를 받아들일 것입니다.

연습 1 – 학교에서의 의사 결정

a) 선생님께서 여러분이 가장 좋아하는 과목과 관련된 현장 학습을 두 달 후에 진행할 수 있는 허가를 받았다고 가정해 보세요. 현장학습 장소 후보는 국내 한 곳과 해외 한 곳 이렇게 두 곳입니다. 여러분과 짝은 모든 중요한 요소를 고려하여 어디로 갈지 결정하는 역할을 맡았습니다.

b) 짝과 함께 이 상황에 대해 의논하고 다음 표를 활용하여 공정하고 균형 잡힌 결정을 내리세요.

어떤 요소를 고려해야 하나요? (예: 비용, 학생의 즐거움, 학습 목표 등)	각 요소가 학생들에게 얼마나 중요한가요? (중요도를 상, 중, 하로 표시하세요.)	각 요소가 선생님에게 얼마나 중요한가요? (중요도를 상, 중, 하로 표시하세요.)	수집한 정보를 바탕으로, 모든 요소의 우선순위를 가장 중요한 것부터 가장 중요하지 않은 것까지 정리하세요.

여러분이 생각하는 모든 사람에게 공정하고 형평성 있는 결정은 무엇인가요?
자신의 결정을 정당화해 보세요. 이 결정이 모든 사람에게 공정하고 형평성 있다고 판단한 근거는 무엇인가요?
모든 사람에게 공정하고 형평성 있는 결정을 내리는 것은 얼마나 어려운 일인가요?

연습 2 – 가정에서의 의사 결정

가족 모두에게 영향을 미치고 두 가지 명확한 선택지가 있는 상황이나 쟁점을 떠올려 보세요(예: 휴가를 갈 장소 두 곳 중에서 선택하기). 다음 표를 작성하여 모두에게 공정하고 형평성 있는 결정을 내릴 수 있도록 해 보세요.

<table>
<tr><td colspan="4">상황이나 쟁점을 설명하고 두 가지 선택지를 제시하세요.</td></tr>
<tr><td>어떤 요소를 고려해야 하나요? (예: 비용, 즐거움, 시간 사용, 학업에 미치는 영향 등)</td><td>각 요소가 가족 구성원인 아이들에게 얼마나 중요한가요? (중요도를 상, 중, 하로 표시하세요.)</td><td>각 요소가 부모님이나 보호자에게 얼마나 중요한가요? (중요도를 상, 중, 하로 표시하세요.)</td><td>수집한 정보를 바탕으로 모든 요소의 우선순위를 가장 중요한 것부터 가장 중요하지 않은 것까지 정리하세요.</td></tr>
<tr><td></td><td></td><td></td><td></td></tr>
<tr><td></td><td></td><td></td><td></td></tr>
<tr><td></td><td></td><td></td><td></td></tr>
<tr><td></td><td></td><td></td><td></td></tr>
<tr><td></td><td></td><td></td><td></td></tr>
<tr><td colspan="4">여러분이 생각하는 가족 모두에게 공정하고 공평하다고 생각하는 결정은 무엇인가요?</td></tr>
<tr><td colspan="4">어떤 근거로 이 결정이 가족 모두에게 공정하고 형평성이 있다고 생각하는지 정당화해 보세요.</td></tr>
<tr><td colspan="4">모두에게 공정하고 형평성이 있는 결정을 내리는 것이 얼마나 어려운 일인가요?</td></tr>
</table>

리더십

2l – 리더십을 발휘하고 그룹 내에서 다양한 역할을 맡습니다.

숙달 수준

대부분의 상황에서 다른 사람들이 자연스럽게 여러분을 리더로 인정하고 인지할 때, 해당 ATL 기능을 사용하는 데 있어 전문가 수준에 도달하였다고 볼 수 있습니다.

리더십은 누군가에게는 자연스러운 것이지만 어떤 사람들에게는 배워야 하는 기능입니다. 누구나 리더십을 배울 수 있으며 특히 그룹 학습 상황에서 매우 가치 있는 기능입니다. 먼저, 81쪽의 2i – 다른 사람의 관점과 아이디어를 적극적으로 듣기, 2k – 다른 사람이 기여하도록 장려하기, 2g – 합의를 도출하기 활동을 진행하세요. 이 활동을 통해 어떤 그룹에서든 적극적인 구성원이 되고 적절한 역할을 수행하는 방법을 배울 수 있습니다. 또한 다음 ATL 기능 연습을 수행하면 훌륭한 리더에게 필요한 몇 가지 중요한 기능을 익힐 수 있습니다.

4.2 끈기(128쪽)
4.4 자기 동기 부여(142쪽)
4.5 회복탄력성(150쪽)

연습 1 – 리더십 태도

모범을 보이는 리더십이란 가장 어려운 일을 기꺼이 그리고 긍정적인 태도로 맡는 것을 의미합니다. 가장 힘든 일, 큰 책임이 따르는 일 그리고 아무도 맡으려 하지 않는 일을 스스로 감당함으로써 다른 사람들에게 '무엇이든 가능하다.'라는 것을 보여 줍니다. 이를 위해서는 리더가 자신의 두려움과 불확실성을 극복하고 '할 수 있다.'라는 태도를 길러 이를 일상생활에서 실천해야 합니다. 가장 좋은 실천 방법은 기회가 있을 때마다 연습하는 것입니다. 여러분은 언제, 어디에서 리더십을 발휘할 수 있을까요? 다음의 각 상황에서 자발적으로 할 수 있는 일은 무엇인지 생각해 보세요.

	이것을 실천하는 데 가장 큰 두려움은 무엇인가요?	그 두려움을 어떻게 극복할 수 있을까요?
학교에서 수업 시간에 내가 할 수 있는 것은……		
학교에서 교실 밖에서 내가 할 수 있는 것은……		
집에서 내가 할 수 있는 것은……		
그 외 리더십을 실천할 수 있는 또 다른 장소나 상황은……		

연습 2 – 누구를 따를 것인가?

어떤 면에서 훌륭한 리더의 특성은 이상적인 누나·언니 또는 형·오빠의 특성(예: 친절함, 상식적인 판단 등)과 비슷합니다. 즉, 신뢰할 수 있고 어디든 따라가고 싶은 사람입니다. 리더는 다른 사람들이 자연스럽게 따르고 싶어 하는 사람입니다.

a) 짝과 함께 훌륭한 리더의 특성을 브레인스토밍한 후 다음 표의 나머지 두 열을 채워 보세요.

이상적인 형, 누나(오빠, 언니)의 특성을 나열하세요.	이 특성을 보여 줄 수 있는 행동의 예로는 어떤 것이 있나요?	여러분이 이 특성을 실천할 수 있는 기회를 하나 생각해 보세요.
예: 친절함	예: 어린 동생의 숙제를 도와준다.	예: 선생님을 찾아가 이번 주(하루의 점심시간)에 도움이 필요한 후배 학생을 도와주는 자원봉사를 하겠다고 한다.

연습 3 – 비전과 실행

리더는 단순히 비전을 가진 사람이 아니라 세상을 더 나은 곳으로 만들기 위해 행동하는 사람입니다. 리더는 자신이 꿈꾸는 세상을 상상할 뿐만 아니라 자신이 바라는 이상적인 세상을 만들기 위해 문제 해결에 나서는 사람입니다.

a) 여러분의 주변환경에서 문제를 하나 찾아보세요(예: 학교, 가정, 지역사회 또는 도시에서 누군가에게 불편을 주거나 어려움을 주는 문제).
b) 해당 문제의 실태를 조사하고 관련 정보를 수집하여 실제 원인을 파악하세요.
c) 문제를 해결하거나 완화할 수 있는 계획을 세우세요.
d) 계획을 구체적인 단계로 나누세요.
e) 계획을 실행할 수 있도록 주변 사람들의 지지를 얻으세요.
f) 계획을 실천하기 위해 첫 번째로 해야 할 일을 정하세요.
g) 실행에 옮기세요.

내가 생각하는 문제는?	
이 문제로 가장 영향을 받는 사람들은 누구인가?	
내가 수집한 증거는 무엇인가?	
내가 생각하는 문제의 해결책은?	
해결책을 실행하기 위해 필요한 단계는?	1.
	2.
	3.
	4.
	5.
첫 번째 단계를 실행하기 위해 내가 해야 할 일은?	누구에게 이야기하고 도움을 요청해야 하나요?
	어떤 자원이 필요하나요?
	첫 번째 단계는 언제까지 완료해야 하나요?
첫 번째 단계가 완료된 후 다음에 해야 할 일은?	

권리 옹호

2n – 자신의 권리와 요구를 위해 주장을 펍니다.

숙달 수준

자신을 당당하게 표현하고 자신의 권리와 필요를 적극적으로 주장할 수 있을 때, 해당 ATL 기능을 사용하는 데 있어 전문가 수준에 도달하였다고 볼 수 있습니다.

우리의 삶의 모든 영역에는 다양한 권리와 그에 따른 책임이 있습니다. 권리란 '도덕적 또는 법적으로 보장된 권한'을 의미합니다. 예를 들어, 대부분의 나라에서 모든 어린이는 교육을 받을 권리가 있습니다. 즉, 학교에 다니고 교육을 받을 권리입니다. 권리는 일부 사람에게만 적용되는 것이 아니라 모든 사람에게 적용되는 것입니다. 어떤 상황에서든 자신의 도덕적 · 법적 권리가 무엇인지를 이해하면 자신이 하고 있는 일을 점검하고 자신의 권리를 주장할 수 있습니다. 또한 우리는 상황에 따라 꼭 필요한 것이 달라집니다. 하지만 정말 '필요한 것'과 단지 '원하는 것'을 구분하는 것이 중요합니다. 사람들은 때때로 꼭 필요한 것보다 그냥 원하는 것을 주장하기도 합니다.

연습 1 – 아동의 권리

a) 짝과 함께 유엔 아동 권리 협약에 대해 조사해 보세요(유니세프 웹사이트에서 쉽게 정리된 버전을 찾을 수 있습니다).

b) 짝과 이러한 권리에 대해 토론하고 가장 중요한 열 가지 권리를 골라 다음 표에 적으세요.

c) 이 권리를 받아들인 나라와 아직 받아들이지 않은 나라를 표에 정리해 보세요.

아동의 주요 10대 권리	이 모든 권리를 받아들인 나라	이 모든 권리를 아직 받아들이지 않은 나라
1.		
2.		
3.		
4.		
5.		
6.		
7.		
8.		
9.		
10.		

d) 만약 여러분의 나라가 아직 이 권리를 받아들이지 않은 나라 중 하나라면 이를 위해 여러분은 무엇을 할 수 있을까요?

연습 2 – 학교에서의 권리와 필요

짝과 함께 다음 질문들을 토론해 보세요. 각 질문에 대해 서로 의견을 나누고 합의한 내용을 다음 표에 정리하세요. 먼저, 학교에서의 여러분이 가진 권리와 필요가 무엇인지 적으세요. 그런 다음, 각각이 얼마나 중요한지 평가하고 그 권리를 옹호하기 위해 누구에게 어떻게 말할 수 있을지 적어 보세요.

a) 먼저, 학교에서 여러분이 가진 권리가 무엇인지 확인해야 합니다. 이러한 권리는 도덕적 권리와 법적 권리가 포함될 수 있으며 학교의 공식 문서를 통해 확인할 수 있습니다. 학교 웹사이트, 학교 규칙, 교육 목표 또는 기타 공식 문서를 참고하여 여러분의 학교에서 보장하는 권리를 찾아보세요.

학교에서 여러분이 가진 권리는 무엇인가요? (예: 학습할 권리, 안전할 권리 등)	이 권리는 여러분에게 얼마나 중요한가요? (상, 중, 하로 평가)	이 권리는 학교에 얼마나 중요한가요? (상, 중, 하로 평가)	만약 이 권리가 보장되지 않는다면, 누구에게 이야기해야 할까요? 이 권리를 보장해 줄 수 있는 사람은 누구인가요?	이 권리를 보장받기 위해 여러분은 어떤 주장을 하겠습니까? 어떤 증거를 모아야 하며 어떤 말을 할 수 있을까요?

b) 이 부분에서는 여러분의 '원하는 것'과 '필요한 것'을 구분하는 것이 중요합니다. 예를 들어, 점심시간이 매일 3시간이면 좋겠다고 생각할 수도 있지만 그것은 '필요한 것'이 아니라 '원하는 것'에 해당합니다. 반면, 교육을 받고 지식을 쌓는 것은 여러분에게 꼭 '필요한 것'입니다.

학교에서 여러분이 필요한 것은 무엇인가요? (예: 앉을 의자, 따뜻한 교실 등)	앞에서 적은 '필요한 것'은 여러분에게 얼마나 중요한가요? (상, 중, 하로 평가)	앞에서 적은 '필요한 것'은 학교에 얼마나 중요한가요? (상, 중, 하로 평가)	학교에서 이 부분이 충족되지 않는다면 누구에게 도움을 요청할 수 있을까요? 이 필요를 충족시킬 수 있는 권한을 가질 사람은 누구인가요?	이 필요를 충족시키기 위해 여러분은 어떤 주장을 하겠습니까? 이를 위해 어떤 증거를 모아야 하고 무엇을 말해야 할까요?

연습 3 – 친구 관계에서의 권리와 필요

짝과 함께 다음 질문을 하나씩 이야기해 보세요. 서로의 생각이 일치하는지 확인하고 다음 표에 정리해 보세요. 여러분이 친구들과 어울리는 사회적 관계 속에서 가지는 권리와 필요한 것들을 적어 보세요. 그런 다음, 각각이 얼마나 중요한지 그리고 이 권리나 필요를 주장할 때 어떤 말을 하면 좋을지도 함께 써 보세요.

a) 여러분이 개인으로서 가지는 권리가 무엇인지 궁금하다면 유엔(UN) 공식 웹사이트에 있는 '세계 인권 선언문'이나 '아동의 권리에 관한 유엔 협약'을 참고해 보세요.

친구 관계에서 여러분이 가지는 권리는 무엇인가요?(예: 내 이야기를 들어줄 권리, 안전할 권리 등)	이 권리는 여러분에게 얼마나 중요한가요? (상, 중, 하로 평가)	이 권리는 여러분의 친구 관계에서 얼마나 중요한가요? (상, 중, 하로 평가)	만약 이 권리가 보장되지 않는다면 이 권리를 보장받기 위해 어떻게 대화를 시작할 수 있을까요? 이 권리를 주장하기 위해 어떤 말을 할 수 있을까요?

b) 이 부분에서는 여러분이 '원하는 것'과 꼭 '필요한 것'을 구분하는 것이 중요합니다. 예를 들어, 친구들이 항상 여러분이 시키는 대로 해 주었으면 좋겠다고 원할 수 있지만 그것은 '필요'가 아닙니다. 진정으로 '필요한 것'은 친구들이 내 말을 잘 들어 주고 존중해 주는 것입니다.

여러분이 친구 관계에서 필요한 것은 무엇인가요? (예: 함께 시간을 보내는 것, 기쁜 일과 힘든 일을 나누는 것)	이 필요가 여러분에게 얼마나 중요한가요? (상, 중, 하로 평가)	이 필요가 여러분의 친구 관계에서 얼마나 중요한가요? (상, 중, 하로 평가)	만약 이 필요가 충족되지 않는다면 이를 충족하기 위해 어떻게 대화를 시작할 수 있을까요? 이 필요를 주장하기 위해 어떤 말을 하겠습니까?

ATL 기능 자기 평가

해당 쪽을 가장 잘 활용하는 방법으로 161쪽과 162쪽을 참조하세요.

ATL 기능 숙련도에 대한 학생 자기 평가 – 협력적 기능							
ATL 기능	초보자 (관찰)	학습자 (모방)	실행자 (실행)				전문가 (공유)
			시작하기	연습하기	향상하기	이해하기	
공감							
위임							
다른 사람의 성공 돕기							
책임감 갖기							
갈등 해결							
공감대 형성							
공정성 및 형평성							
리더십							
권리 옹호							

메모

조직화 기능

조직화란 일을 체계적이고 질서 있게 배열하는 것을 의미합니다. 조직화 과정에는 계획을 세우고 구조를 만들며, 여러 과제와 목표를 하나로 모아 조정하는 일이 포함됩니다. 이렇게 하면 모든 노력이 같은 방향을 향하게 되어 목표를 이루는 데 도움이 됩니다.

조직화는 보통 '무엇을 언제까지 해야 할지'라는 목표와 마감일을 정하는 것에서 시작됩니다. 그런 다음, 그 목표를 이루기 위해 필요한 자원(시간, 도구, 도움 등)을 파악하고 그 자원들을 마감일 안에 목표를 달성할 수 있도록 타임라인에 맞춰 배치·활용하는 계획을 세우게 됩니다.

학교에서는 많은 부분이 이미 조직화되어 있습니다. 누가 여러분을 가르치는지, 언제 어디서 무엇을 어떻게 가르치는지, 과제나 시험의 마감일은 언제인지 등은 대부분 미리 정해져 있어서 여러분이 직접 계획할 필요는 거의 없습니다. 그런데 이렇게 학교에서 모든 것이 정리된 환경에 익숙해지다 보면 어떤 학생들은 "선생님이 항상 알려 주시니까 내가 따로 계획할 필요는 없어."라고 생각하게 되는 경우도 있습니다. 하지만 정말 우수한 학생들을 보면 대부분 조직화를 아주 잘하는 학생들입니다. 이런 학생들은 무엇을 먼저 해야 하는지 우선순위를 잘 정하고, 과제나 프로젝트를 마치기 위해 어떤 자료가 필요한지 잘 찾아내며, 마감일을 지키거나 그보다 더 빨리 일을 끝내기도 합니다. 그리고 신기하게도 공부뿐 아니라 자기가 하고 싶은 일들을 할 시간도 충분히 있는 경우가 많습니다. 반대로, 조직화를 잘 하지 못하는 학생들은 자주 스트레스를 받고, 항상 뭔가에 쫓기는 기분이 들며, 과제나 준비물이 늘 늦고, 시간이 부족해서 자기가 좋아하는 일을 할 여유도 거의 없습니다. 이 차이의 핵심은 바로 조직화 기능입니다.

조직화 기능들을 연습하면 학교에서 배우는 모든 정보를 더 잘 정리할 수 있게 되고, 필요한 정보를 찾을 때 디지털 도구를 더 효과적으로 활용할 수 있게 되며, 해야 할 일을 미리 잘 계획하여 마감일도 쉽게 지킬 수 있게 됩니다. 또한 이 영역에서 여러분이 자신의 목표를 이루기 위해 필요한 기능들도 함께 배우게 됩니다. 단순히 목표를 세우는 방법뿐 아니라 미루는 습관을 극복하고, 실천에 옮기며, 목표를 이루기 위해 필요한 모든 단계를 차근차근 해낼 수 있는 비결도 함께 익힐 수 있습니다.

탁월한 조직화

4년에 한 번씩, 전 세계 어딘가에서 하계 올림픽과 동계 올림픽이라는 두 개의 올림픽 대회가 열립니다. 이 대회에는 33개 종목, 약 400개의 경기에서 경쟁하는 13,000명이 넘는 선수들이 참가합니다. 이렇게 규모가 큰 행사를 준비하려면 수천 명의 사람이 참여하고 수백만 개의 개별

적 과업이 필요합니다. 대회 준비는 무려 7년 전, 즉 이전 올림픽이 열리기 3년 전부터 시작됩니다.

올림픽마다 구성되는 조직위원회는 각 종목의 경기시설은 물론 선수, 코치, 심판, 기자 그리고 경기를 관람하러 오는 일반 관객의 숙박과 교통까지 책임집니다. 특히 요즘은 모든 사람이 안전하게 올림픽에 참여할 수 있도록 보안과 안전까지 책임져야 합니다.

올림픽을 조직하는 일은 매우 거대한 과업이지만 목표를 세우고, 계획을 수립하며, 필요한 자원을 준비하고, 일정을 조정하고, 끝까지 실행해 내는 등 이때 필요한 기능들은 사실 어떤 행사를 준비할 때도 똑같이 필요한 기본적인 조직화 기능입니다.

마감일

3a – 단기 및 장기 과제를 계획합니다. 제출 기한을 맞춥니다.
3c – 과제를 위한 주간 계획서를 작성하고 사용합니다.
3d – 도전적이며 현실적인 목표를 세웁니다.

숙달 수준

선생님이 새로운 과제 마감일을 주면(또는 스스로 목표를 세우면) 그 마감일을 자동으로 여러 단계로 나누어 계획하고 각 단계를 달력에 표시한 뒤 누구의 도움이나 알림 없이도 각 단계를 제시간에 끝낼 수 있다면, 해당 ATL 기능을 사용하는 데 있어 전문가 수준에 도달하였다고 볼 수 있습니다.

연습 1 – 과제 일정 계획하기

많은 학생들이 과제를 제때 끝내지 못하는 가장 큰 이유는 미루는 습관 때문입니다. 일을 계속 미루다가 마감 직전에야 시작하게 되면 스트레스를 받고, 불안해지며, 결국 밤을 새워 과제를 마무리해야 하는 상황이 생깁니다. 이렇게 하면 최상의 결과물이 나오기 어렵고, 원하는 점수를 받지 못해 속상함이 커지며, 스트레스도 점점 쌓이게 됩니다. 하지만 시간을 충분히 갖고, 내용을 꼼꼼히 조사하며, 글의 흐름을 잘 계획하고 정성껏 글을 쓴다면 더 좋은 결과를 얻을 수 있습니다. 미루는 습관을 이겨 내는 비결은 바로 '조직화'입니다. 많은 사람들이 '계획을 잘 세워야 한다.'라고 말하지만 실제로 어떻게 해야 할지 구체적으로 알려 주는 경우는 많지 않습니다. 마감일을 계획하는 것은 학교생활을 더 잘 해내고 성공적으로 성장하는 데 꼭 필요한 ATL 기능 중 하나입니다.

이 기능에는 세 가지 중요한 부분이 있습니다. 첫째는 학교 과제를 미리 충분히 계획하는 것, 둘째는 현실적인 목표를 세우는 것, 셋째는 세운 목표를 실천하고 계획한 일정에 맞춰 행동하는 것입니다(세 번째 항목과 관련된 자세한 내용은 103쪽의 3e – '개인적 · 학업적 목표를 달성하기 위해 전략을 계획하고 행동을 취합니다'를 참고하세요).

a) 1년치 종이 달력 준비하기: 학교 학사 일정이 포함된 1년치 종이 달력을 하나 사거나 만들어 보세요. 벽에 붙여 놓을 수 있을 정도로 크고 그 위에 계획과 목표를 적을 수 있는 넉넉한 칸이 있는 달력을 준비하세요. 먼저, 다음 내용을 달력에 적어 넣으세요.

i . 학사 일정 전체 – 학기 시작과 종료 날짜, 방학, 주요 스포츠 행사, 이미 정해진 시험이나 평가 날짜 등

ii . 선생님이 과제를 내 주시면 우선 휴대전화에 마감일을 저장하고 집에 돌아오면 그 날짜를 달력에 옮겨 적으세요.

iii. 모든 과제에 타임라인을 설정하세요. 각 과제를 여러 단계로 나누어 표시하세요.

b) 과제를 끝내기 위해 어떤 단계들이 중요한지 스스로 정리해 보고 각 단계가 전체 과제에서 얼마나 많은 시간을 써야 할지도 생각해 보세요.

i . 조사하기 – 필요한 정보를 찾는 단계입니다. 이 단계가 전체 과제에서 차지하는 비중은 얼마일까요? 25% 정도 차지할까요?

ii . 정보 정리하기 – 모은 모든 자료를 읽고 유용한 인용문을 발췌 · 정리하며 핵심 내용을 요약하는 단계입니다. 25% 정도의 시간이 필요할까요? (참고: 50쪽 1.2i와 1.2j – 효과적인 노트 작성)

iii. 과제 계획하기 – 조사한 아이디어와 자료를 과제 목표에 맞춰 정리하고 어떤 순서로 작성할지 미리 구성하는 단계입니다. 이때 자신의 생각과 주장이 잘 드러나도록 글의 흐름을 설계합니다. 5% 정도의 시간이 필요할까요?

iv. 글쓰기 – 보통 가장 시간이 많이 걸리는 단계입니다. 모든 조사 자료, 핵심 내용, 인용문 등을 바탕으로 자신의 말로 다시 쓰고 충분한 근거를 갖춘 주장을 전개하는 단계입니다. 40% 정도의 시간이 필요할까요?

v. 검토·수정·제출하기 – 오탈자나 잘못된 부분을 확인하고 글을 다듬은 후 제출하는 단계입니다. 5% 정도의 시간이 필요할까요?

c) 이제 하나의 최종 마감일 대신 각 과제마다 다섯 개의 세부 마감일을 만들었습니다. 이 날짜들을 모두 연간 계획 달력에 표시하세요.

d) 각 단계의 마감일도 마치 '내일까지 제출해야 한다.' 라는 마음으로 꼭 지킬 수 있도록 스스로 긴장감을 주세요.

e) 매주 초에 주간 계획표를 작성하세요. 과제 마감일뿐 아니라 운동, 동아리, 친구들과의 약속 같은 일정도 함께 적어 두면 좋습니다.

f) 매일 또는 매주 해야 할 일을 정리한 '해야 할 일 목록'을 만들고 하나씩 완료할 때마다 체크하며 지우세요.

g) 진행 중인 모든 과제에 대해 매일 조금씩 수행해 보세요!

h) 중요한 과제를 성공적으로 마쳤다면 스스로를 위한 작은 축하(보상)를 꼭 준비하세요.

연습 2 – 다른 목표 달성 관리하기

공부 외에도 여러분은 음악, 춤, 연극, 스포츠, 여가 활동, 건강, 인간 관계 등과 관련된 다양한 목표를 가지고 있을 수 있습니다. 학교 공부와 직접적으로 관련되지 않은 목표라 하더라도 그 목표를 세우고 이루는 과정은 기본적으로 같습니다.

a) 먼저, 여러분의 목표가 정확히 무엇인지 분명히 하세요. 그리고 다음 POSITIVE라는 전략을 사용하여 목표를 직접 문장으로 써 보세요.

i. Positive language(긍정적인 언어) – 목표는 피하고 싶은 것이 아니라 이루고 싶은 것에 초점을 맞춰 적으세요. 예를 들어, '미루는 습관을 고치기' 보다는 '시간을 효과적으로 관리하기'와 같이 표현하는 것이 바람직합니다.

ii. Outcome-focused(결과 중심) – 목표가 이루어졌을 때 어떤 모습일지 어떤 상태일지 구체적으로 묘사하세요.

iii. Specific(구체성) – 무엇을 이루고 싶은지 아주 구체적으로 적으세요. 목표는 측정 가능하고 눈에 보이는 방식으로 표현되어야 합니다.

iv. Inspirational(영감을 주는) – 목표는 자신이 진정으로 원하고 더 큰 꿈이나 방향으로 가는 한 걸음이 될 수 있도록 하세요.

v. Timed(기한 설정) – 목표를 언제까지 이루고자 하는지에 대한 현실적인 일정과 소요 시간을 설정하세요.

vi. Incentive(보상 정하기) – 목표 달성 이후 기대할 수 있는 보상이나 격려 요소를 함께 계획하세요.

vii. Visualize(시각화) – 목표를 성취했을 때의 자신을 마음속으로 그려 보고 성공적인 모습과 감정을 상상해 보세요.

viii. Evaluate(평가) – 진행 상황을 점검할 시점(예: 1/4 달성 시점, 절반 달성 시점)을 정하세요.

b) 각 목표를 실현 가능한 작은 단계로 나누세요.
c) 각 단계를 언제까지 완료할 것인지 계획해 보세요.
d) 각 단계를 달력에 표시하세요.
e) 오늘 바로 첫 번째 단계를 실행하세요.

연습 3 – '해야 할 일' 목록 만들기

'해야 할 일' 목록은 일정 기간 안에 해야 할 일들을 정리해 놓은 간단한 목록입니다. 이 목록은 하루에 한 번, 이틀에 한 번 또는 일주일에 한 번 새로 작성할 수 있습니다. 다만, 매일 다시 확인하고 업데이트하는 것이 중요합니다. 지금부터 여러분만의 '해야 할 일' 목록을 만들어 봅시다.

a) 빈 종이를 준비해 맨 위에 '해야 할 일'이라고 쓰고 앞으로 일주일 정도 안에 해야 할 일들을 구체적으로 모두 적어 보세요. 예를 들어, '숙제'처럼 일반적인 표현 대신 '수학 과제' '축구 연습'처럼 구체적으로 작성하세요.
b) 그런 다음, 각 과제 옆에 날짜를 적어 보세요. 예를 들어, 어떤 활동은 언제 할 것인지(예: 배구 연습) 또는 언제까지 끝내고 싶은지(예: 과학 과제 제출일)를 써 넣으세요.
c) 마지막으로, 각 과제를 완료하는 데 걸릴 것으로 예상되는 시간을 그 옆에 적어 보세요. 현실적인 시간으로 적으세요.

'해야 할 일' 목록에 적힌 과제는 두 가지 유형으로 나눌 수 있습니다. 음악 수업이나 운동 연습처럼 다른 사람이 시간을 정해 둔 '정해진 일정'이 있는 과제와 학교 과제처럼 마감일만 정해져 있고 그때까지 끝내면 되는 '자유 일정'의 과제입니다.

d) 예정된 모든 활동을 주간 계획표에서 확인하고 정확한 시간에 모두 기록했는지 점검하세요. 집이나 학교 외부에서 진행되는 활동이라면 이동 시간과 귀가 시간을 충분히 고려했는지 확인해야 합니다.
e) 아직 계획표에 포함되지 않은 활동들은 우선순위를 정하세요. 가장 중요하고 긴급한 일을 1번으로 그다음으로 중요한 일을 2번으로 번호를 매기세요.
f) 이제 1번 과제부터 시작해 보세요! 과제를 끝까지 해내는 방법은 128쪽에 있는 '4.2a 인내와 끈기를 발휘합니다'와 '4.2b 만족을 지연하는 방법을 연습합니다'를 참고하세요.
g) 완료된 과제는 목록에서 바로 지우세요.
h) 매일 '해야 할 일' 목록을 업데이트하거나 새로 작성하세요.

연습 4 – 행동으로 옮기기

목표를 이루기 위해 필요한 행동을 실천에 옮기는 것은 그 자체로 하나의 특별한 기능입니다. 103쪽에 있는 3e '개인적 · 학업적 목표를 달성하기 위해 전략을 계획하고 행동을 취합합니다' 활동을 수행하세요.

시험 계획표

3b – 총괄 평가(시험 및 수행)를 준비할 계획을 세웁니다.

숙달 수준

학습 계획표를 잘 만들어 눈에 잘 띄는 곳에 붙여 두며 학습 일정을 꾸준히 지키고 있다면, 해당 ATL 기능을 사용하는 데 있어 전문가 수준에 도달하였다고 볼 수 있습니다.

시험 계획 세우기

시험(총괄 평가)을 잘 보기 위해 가장 중요한 두 가지는 효과적으로 공부하는 것과 충분히 미리 공부하는 것입니다. 이 두 가지는 모두 여러분이 스스로 조절할 수 있는 부분이며 시험 결과와 성적에 큰 영향을 줍니다. 이때 도움이 되는 핵심 전략 중 하나는 시험 공부 계획표를 만드는 것이고 다른 하나는 그 계획표를 잘 지키는 것입니다. (이 활동에서는 첫 번째 전략을 다루며 두 번째 전략은 103쪽의 '3e – 개인적 · 학업적 목표를 달성하기 위해 전략을 계획하고 행동을 취하기'에서 확인할 수 있습니다.)

연습 1 – 시험 공부 계획표 만들기

a) 첫 시험 날짜를 기준으로 두 달 전까지 모두 포함하는 공부 달력을 만들어 보세요.

b) 모든 시험의 날짜와 시간을 달력에 적으세요.

c) 이제 네 가지 중요한 결정을 내려야 합니다.

 i. 이번 시험을 위해 공부를 할 건가요?

 ii. 그렇다면 언제부터 공부를 시작할 것인가요?

 iii. 시작일부터 마지막 시험일까지 매일 공부할 계획인가요 아니면 쉬는 날을 정할 건가요? 조언을 하자면 일주일에 하루 정도는 쉬고 그 이상은 쉬지 마세요. 또한 지금부터 마지막 시험 사이에 방학이 있다면 방학 중 일부 휴식을 취하는 것도 괜찮지만 방학 기간의 절반 이상은 쉬지 않는 것이 좋습니다.

 iv. 공부하기로 정한 날은 공부에 몇 시간을 투자할 준비가 되어 있나요?

d) 달력에서 공부하지 않을 날에는 X 표시를 하고 공부할 날에는 그날 공부할 예정 시간을 적어 보세요. 여기서 말하는 공부는 쉬지 않고 계속하는 것이 아닙니다. 충분한 휴식이 꼭 필요합니다. 예를 들어, 하루 종일 시간이 있는 토요일이라면 오전에 2시간, 오후에 2시간, 저녁에 2시간 이렇게 나누어 공부하면 총 6시간의 공부 시간을 확보하면서도 하루 대부분의 시간을 자유롭게 보낼 수 있습니다. 중요한 점은 지금부터 마지막 시험이 끝날 때까지는 공부할 시간을 하루의 최우선 순위로 두고 다른 하고 싶은 일들보다 먼저 그날의 공부를 끝내는 것입니다. 노력은 여러분이 직접 조절할 수 있는 몇 안 되는 요소 중 하나이며 그 노력은 공부에 쓴 시간으로 측정될 수 있다는 것을 기억하세요.

e) 모든 공부 시간을 합산하여 기록하세요.

f) 모든 시험 과목별 우선순위를 정하세요. 가장 많은 시간과 노력을 들여야 하는 과목을 목록의 맨 위에, 가장 적은 시간이 필요한 과목을 맨 아래에 두고, 나머지 과목들은 그 사이에 배치하세요.

g) 가능한 한 총 공부 시간을 각 과목에 나누어 배분하세요. 목록 상단에 있는 과목에는 더 많은 시간을 하

단에 있는 과목에는 더 적은 시간을 배분해야 합니다. 이때 배정한 총 공부 시간은 e 단계에서 계산된 총 시간과 동일한지 확인합니다.

h) 매일 공부할 과목을 1~2시간 단위로 나누어 작성하세요. 예를 들어, 하루에 1시간만 할 수 있다면 한 과목만 공부하고 2시간이면 두 과목을 공부하는 식입니다. 하루에 4시간이 있다면 두 과목을 각각 2시간씩 공부할 수 있습니다. 각 과목을 적어도 매주 한 번씩 공부하고 있는지 그리고 시간 합계가 정확히 일치하는지 확인하세요.

공부해야 할 모든 내용을 완료하기에 시간이 충분한지 확인하려면 어떻게 해야 할까요?

a) 시험 전에 공부할 각 과목의 강의 계획서(또는 교육과정) 사본을 구해 시험 전에 복습해야 할 총 주제의 수를 합산하세요.

b) 각 과목에서 공부해야 할 총 주제 수를 해당 과목에서 공부할 수 있는 시간으로 나누면 주제/시간당 필요한 학습량을 대략적으로 파악할 수 있습니다.

c) 계획표에 따라 공부를 시작할 때 그 시간 동안 얼마나 많은 주제를 완료했는지 기록하세요.

d) 계획표에 따라 공부했을 때 모든 주제를 시험 전까지 충분히 마칠 수 있는지 계산해 보세요.

e) 만약 계획표에 시간이 부족하다면 정보를 더 빠르게 처리하거나 공부 시간을 늘리세요. 반대로 필요한 시간보다 여유 시간이 많다면 휴식을 취해도 좋습니다.

계획표를 수정 가능한 문서로 유지하세요.

a) 특정 날에 어떤 이유로든 계획한 공부 시간을 완료하지 못했다면 가장 중요한 것은 해당 시간을 다른 날로 옮기는 것입니다. 각 과목에 관한 공부 시간 목표를 반드시 지키도록 하세요.

여러분의 시험공부 계획표는 항상 유연하고 변경 가능한 계획표여야 합니다. 그래야 목표를 달성하면서도 자신의 생활 패턴에 맞출 수 있습니다.

공부 계획표

월요일	화요일	수요일	목요일	금요일	토요일	일요일
14 1 BS	15 1 Bio	16 1 Ph	17 1 Ela	18	19 3 Ela/Bio/DT	20 3 Ma/BS
21 1 Ela	22 2 Ch	23 1 Bio	24 2 Eng	25	26 4 Ch/His	27 4 Ma/Ela
28 2 Ma	29 2 DT	30 2 Eng	31 2 Ph	1 APRIL	2 5 Ch/His/BS	3 5 Eng/Ph
4 2 His	5 2 Ma	6 2 Eng	7 2 Ch	8	9 방학 시작	10
11 5 Eng/Ela/Ph	12 5 Eng/Bio/DT	13 5 Ch/His/BS	14 5 Ma/El/DT	15	16	17
18 5 Ch/Bio/BS	19 5 Ela/Ph/DT	20 5 Eng/Ma/BS	21 5 Ch/His/Ph	22	23	24 방학 종료
25 2 Bio	26 2 Ma	27 2 Ch	28 2 Eng	29	30 5 Eng/Ma/Bio	MAY 1 5 Ch/Ela/BS
2 6 Eng/His/Ph	3 MYP 시험	4	5	6	7	8

* 약어 참고

BS → 생명 과학

Bio → 생물학

Ph → 물리학

Ela → 영어

Ch → 화학

His → 역사

Ma → 수학

DT → 디자인 기술

목표 달성

3e – 개인적 · 학업적 목표를 달성하기 위한 전략을 계획하고 행동을 취합니다.

숙달 수준

자신의 목표를 이루기 위해 필요한 모든 단계를 항상 실천하고 있다면, 해당 ATL 기능을 사용하는 데 있어 전문가 수준에 도달하였다고 볼 수 있습니다.

목표 달성하기

삶의 다양한 분야에서 목표를 설정하는 것은 누구나 할 수 있는 어렵지 않은 일입니다. 그러나 그 목표를 달성하기 위해 필요한 모든 단계를 실제로 실천하는 것은 조금 더 복잡한 일입니다. 학업, 친구 관계, 스포츠, 음악, 개인적인 성장 등 자신이 발전시키고 싶은 분야에서 목표를 세우고 이를 명확하게 글로 작성하는 것도 중요하지만 그 목표의 모든 단계를 달성하기 위해 필요한 행동을 실천하는 것이 가장 중요합니다. 그렇다면 어떻게 해야 할까요? 우선 목표를 이루려면 지금까지 해온 방식과 다르게 행동해야 한다는 점을 알아야 합니다. 이미 그렇게 하고 있었다면 목표를 설정할 필요가 없겠죠? 목표를 달성하려면 다음이 필요합니다.

1) 현재 상태에 대한 불만족을 인식하기
2) 새로운 목표 설정하기
3) 목표를 이루는 데 필요한 변화와 동기에 맞춰 자신의 가치관과 신념을 조정하기
4) 과거에 이 목표를 이루기 위해 행동하지 못했던 이유를 찾아보기
5) 새로운 실행계획 세우기

연습 1 – 목표 달성하기

a) 다음 예시와 같이 5행 12열의 큰 표를 그리세요. 각 칸에는 다음과 같은 제목을 적고 몇 가지 내용을 쓸 수 있을 만큼의 공간을 남겨 두세요.

영역	목표	목적	가치관	신념	고통	즐거움	비용	이점	감정	반드시 해야 할 일	습관

b) **영역** 열에 여러분이 새로운 목표를 달성하고 싶은 일상의 다섯 가지 분야(학업, 스포츠, 인간 관계, 공연 예술, 신체적·정서적 영역)를 적으세요.

c) **목표** 열에 각 영역별로 올해 안에 달성하고 싶은 목표 한 가지를 적으세요.

d) **목적** 열에 왜 이 목표를 달성하고 싶은지를 적으세요. 이 목표가 무엇을 이끌어 낼지 그리고 왜 그것을 달성하고 싶은지 적고 이 목표가 이루어졌을 때 어떤 결과가 나올지 계속 물어보세요. 이렇게 질문을 반복해서 각 목표에 대한 가장 높은 수준의 목적에 도달할 때까지 적어 보세요. 그 최종 목적을 '목적' 열에 기록하세요.

e) 목표를 달성하기 위해서는 자신이 가치 있게 여기는 것과 믿는 것이 무엇인지 생각하고 이 두 가지가 현재 목표를 이루는 데 도움이 되도록 해야 합니다.

i. 가치관 – 이는 목표를 달성하는 데 도움이 될 만큼 자신의 인생에서 중요하게 여기는 것을 의미합니다. 예를 들어, 끈기, 인내, 결단력, 노력과 같은 것을 더 가치 있게 여기나요? 아니면 휴식, 여유, 일을 내일로 미루는 것을 더 가치 있게 여기나요? 두 가지 모두 때로는 도움이 될 수 있지만 목표를 달성하기 위해서는 어떤 가치를 더 높게 두어야 할까요? **가치관** 열에 각 목표를 이루는 데 중요한 여러 가치를 적어 보세요. 그 가치들이 모두 일치하나요? 서로 잘 조화되나요?

ii. 신념 – 목표를 달성하기 위해서 무엇을 믿어야 하는지를 의미합니다. 가장 먼저, 자신이 각 목표를 달성할 수 있다는 믿음이 필요합니다. 목표를 달성하기 위해 필요한 시간, 에너지, 동기를 찾을 수 있다는 믿음도 필요할까요? 그 외에 어떤 믿음이 더 필요할까요? **신념** 열에 각 목표를 달성하기 위해 여러분이 반드시 믿어야 할 것들을 적어 보세요.

f) 동기 요인 – 동기는 목표를 달성하기 위한 에너지로 설명할 수 있습니다. 그렇다면 목표를 달성하기 위해 필요한 에너지를 어떻게 만들 수 있을까요? 그리고 왜 아직까지 그 에너지를 만들지 못했을까요? 왜 이 목표들은 지금에서야 새롭게 세우게 되었을까요? 과거에는 이루지 못한 이유가 무엇인가요? 모든 사람은 본능적으로 두 가지 동기로 움직입니다. 하나는 즐거움을 추구하는 것이고 다른 하나는 고통을 피하려는 것입니다. 과거를 돌아보며 목표를 위해 열심히 노력하지 않았을 때 그 덕분에 얻었던 즐거움이나 편안함 그리고 피할 수 있었던 고통이 무엇이었는지 생각해 보세요. 그런 다음, 관점을 바꿔 앞으로 새로운 모든 목표 달성에 전념함으로써 피하게 될 고통과 얻게 될 즐거움이 무엇인지 상상해 보세요.

이제 여러분이 해야 할 일은 다음 5개의 열에 각 목표별로 다음 내용을 적는 것입니다.

i. 지금 이 변화와 목표 달성을 위해 겪고 있는 **고통**은 무엇인가요? (예: 열심히 일하는 것, 지속적인 노력, 줄어든 사회 생활, 신체적 고통, 정서적 고통, 체계적으로 준비해야 하는 부담, 시간 관리나 공부로 인한 스트레스)

ii. 이 목표를 달성하지 않음으로써 얻을 수 있는 **즐거움**은 무엇인가요? (예: 여유롭게 쉬기, 긴장하지 않기, 압박감에서 벗어남, 나만의 시간이 많아짐, 영화 더 보기, 사회생활 증가)

iii. 지금 목표를 달성하지 못하면 어떤 **대가**를 치르게 될까요? (예: 실망감, 의욕과 동기 저하, 건강 약화, 게으름, 낮은 성적, 성과 부족, 인정받지 못함, 미래 기회 감소)

iv. 목표를 끝까지 달성함으로써 얻을 수 있는 **이점**은 무엇인가요? (예: 새로운 가능성, 더 많은 기회, 더 나은 미래, 관계 향상, 더 높은 목표를 달성할 수 있는 능력, 다른 사람을 돕는 능력 강화, 지역사회나 친구, 가족에게 기여 등)

v. 각 목표를 달성했을 때 어떤 감정을 느끼게 될까요? (예: 만족감, 회복탄력성, 결단력, 용기, 자신감, 모험심, 동기 부여, 건강함, 지적 성취감, 재능 발휘, 편안함, 안도감 등)

g) 행동 - 변화는 오직 행동을 통해서만 일어납니다. 이제 목표를 달성하기 위해 어떤 행동을 취해야 하는지 생각해 보세요. 각 목표마다 할 수 있는 일, 하면 좋은일, 반드시 해야 하는 일이 있을 것입니다. 가장 중요한 것에 집중하세요. **반드시 해야 할 일 열**

에 각 목표를 달성하기 위해 꼭 취해야 하는 행동들을 적어 보세요. 반드시 해야 할 일들을 빠짐없이 나열해 보세요.

h) 습관과 루틴 – 목표를 달성하는 가장 좋은 방법 중 하나는 매일 목표를 한 걸음씩 가까워지게 하는 습관이나 의식적인 행동을 만드는 것입니다. 습관 열에 여러분이 매일 해야겠다고 결심한 행동 한 가지를 적어 보세요. 아주 작은 일이더라도 상관없습니다. 그 행동이 목표에 한 걸음 더 다가가게 해 줄 것입니다. 그리고 하루도 빠뜨리지 않겠다고 다짐하세요.

i) 지렛대 활용 – 물리학에서 알 수 있듯이 충분히 긴 지렛대와 그것을 지탱할 수 있는 받침점(지점)이 있다면 아주 무거운 물체도 움직일 수 있습니다. 목표를 달성하기 위해서는 자신에게 '지렛대 효과'를 만들어야 합니다. 이를 위해 두 가지 방법이 있습니다. 내부적으로는 스스로에게 하는 말과 마음속으로 그리는 장면(시각화)을 활용하고 외부적으로는 다른 사람들의 영향을 활용하는 방법입니다.

모든 목표에 대해 표 아래에 다음을 작성해 보세요.

i. 언어 – 목표를 향한 여정을 지속하는 데 도움이 될 수 있도록 스스로에게 자주 해 줄 수 있는 문장이나 슬로건 또는 몇 마디 짧은 말을 만들어 보세요.

ii. 시각화 – 각 목표를 달성하는 순간을 상상해 보세요. 눈을 감고 그 순간을 떠올려 보세요. 그때 여러분이 무엇을 하고 있는지, 자신에게 무엇을 말하고 있는지, 다른 사람들에게 무엇을 말하는지, 어떤 모습인지, 어떤 감정을 느끼고 있는지 상상해 보세요. 그리고 하루에 한 번씩 잠깐이라도 이 장면을 다시 떠올려 이미지를 강하게 마음속에 새기세요.

iii. 다른 사람들 – 여러분이 달성하려는 목표에 대해 가능한 한 많은 사람들에게 이야기하고 목표 달성을 위해 도움과 지지를 부탁하세요.

도구 정리

3f – 수업에 필요한 도구(장비)와 준비물을 가져옵니다.

숙달 수준

매일 학교와 모든 수업에 필요한 책, 펜, 학습 도구 등 모든 준비물을 누구의 도움도 받지 않고 스스로 빠짐없이 준비해 올 수 있다면, 해당 ATL 기능을 사용하는 데 있어 전문가 수준에 도달한 것으로 볼 수 있습니다.

도구 정리는 매우 간단하지만 중요한 기능으로 주로 준비물을 미리 예측하고 물건을 잊어버리는 습관을 극복하는 것과 관련이 있습니다. 학습은 다른 누구도 아닌 여러분 스스로가 책임져야 합니다. 그 누구도 대신해 주지 않습니다. 따라서 필요한 것을 미리 예측하고 집을 나서기 전과 수업에 들어가기 전에 필요한 것을 반드시 챙길 수 있을 만큼 집중력과 체계성을 갖추어야 합니다.

연습 1 – 준비하기

짝과 함께 각 과목별로 수업에 가져가야 할 모든 준비물을 브레인스토밍하세요. 그중에는 모든 수업에 공통으로 필요한 물품도 있을 것입니다.

모든 수업에 필요한 물품	예: 펜, 계획표 또는 다이어리 등
과목별 물품	각 과목 수업에 필요한 준비물

연습 2 – 알람 설정하기

a) 숙제 알림장이나 휴대전화에 주간 학교 수업 시간표를 작성하세요.

b) 연습 1에서 브레인스토밍한 내용을 바탕으로 각 수업에 필요한 수업 준비물을 적어 보세요.

c) 알람 시스템을 설정하세요. 휴대전화, 가방에 붙인 메모지 또는 다이어리(계획표)에 작성하여 매일 아침 무엇을 가져가야 하는지 스스로 기억할 수 있도록 하세요.

d) 자신의 행동에 책임을 지고 다른 사람이 대신 준비해 주기를 기대하지 마세요.

파일 정리

3g – 조직화되고 논리적인 정보 파일/노트 체계를 유지합니다.
3h – 복잡한 정보를 조직화하기 위해 적절한 전략을 사용합니다.

숙달 수준

모든 정보를 체계적으로 정리하고 논리적으로 기록 및 보관한 후 나중에 쉽게 찾을 수 있다면, 해당 ATL 기능을 사용하는 데 있어 전문가 수준에 도달한 것으로 볼 수 있습니다.

학교에서 우리는 매일 많은 정보를 받기도 하고 많은 정보를 스스로 만들어 내기도 합니다. 이러한 정보를 효율적으로 정리하고 보관하는 방법이 필요합니다. 그래야 원하는 정보를 필요할 때 쉽게 찾을 수 있기 때문입니다. 또한 문자 메시지, 이메일, 소셜 미디어 메시지 등을 통해서도 많은 정보를 받게 됩니다. 대부분은 이미 연락처별로 정리되어 있지만 일부 정보는 필요할 때 바로 찾을 수 있도록 따로 저장해 두어야 합니다.

연습 1 – 파일 구조 만들기

컴퓨터에는 저장해 두고 나중에 다시 찾아볼 수 있는 다양한 종류의 정보가 있습니다.

- 웹사이트 주소 – 학업에 유용한 사이트, 동영상, 유익한 뉴스 서비스, 블로그, 다큐멘터리에 대한 링크
- 학교, 선생님, 부모, 친구, 구독 서비스 등에서 받은 이메일 등

이메일의 받은 편지함이나 웹사이트 방문 기록에 모든 정보가 쌓이게 두면 나중에 원하는 정보를 찾기 어렵고 잃어버릴 수 있습니다. 이를 해결하는 가장 좋은 방법은 파일 구조를 만드는 것입니다.

a) 세 가지 파일 구조를 만들어 보세요. 이메일 받은 편지함에 하나, 웹 브라우저에 하나, 워드 프로세서 문서에 하나 설정합니다.

b) 세 가지 경우 모두 보관하고 싶은 정보를 저장할 수 있는 모든 분류 또는 제목을 생각하고 각 분류별로 폴더를 하나씩 만드세요.

c) 각 분류를 더 작은 하위 분류로 세분화하여 폴더 안에 또 다른 폴더를 만드세요.

d) 저장된 모든 이메일, 중요한 URL, 작성된 모든 문서를 적절한 폴더로 옮기세요.

e) 여러분이 이해하고 편리하게 사용할 수 있도록 정보를 정리하는 방식(분류 시스템)을 설정하세요. 새로운 정보를 저장하고 싶을 때, "만약 내가 이걸 어디에 두었는지 잊어버렸다면 가장 먼저 어디를 찾을까?"를 고려하여 저장 위치를 결정하고 적절한 폴더가 없으면 새로 생성하세요.

f) 정보를 찾은 후 사용하고 이를 바로 저장하는 습관을 기르세요.

연습 2 – 과목 노트 정리하기

a) 각 과목 선생님에게 수업 계획서를 요청하거나 학교 웹사이트나 온라인에서 찾아보세요. 수업 계획서를 출력한 후, 상위 주제와 하위 주제를 모두 형광펜으로 표시하세요.

b) 각 과목에서 모은 정보를 잘 저장할 수 있도록 과목별로 저장 시스템을 만들어 보세요. 예를 들어, 고리 바

인더나 느슨한 쪽을 보관할 수 있는 플라스틱 파일을 사용하거나 스스로 작성한 노트를 위한 라벨이 붙은 공책 등을 활용할 수 있습니다.

c) 각 과목의 주요 주제별로 하나씩 파일을 만들고 모든 하위 주제를 분류할 수 있는 체계를 만드세요. 예를 들어, 포스트잇, 색깔이 있는 구분지, 색깔 있는 마커펜 등을 활용할 수 있습니다.

d) 정보를 수집할 때 적절한 위치에 저장하세요.

e) 정보를 찾고, 사용하고, 저장하는 방식으로 모든 정보를 처리하세요.

연습 3 – 복잡한 정보 다루기

모든 과목에서 얻은 정보를 자신에게 가장 적합한 방식으로 요약하는 것은 내용을 잘 이해하고 오래 기억하는 데 있어 중요한 단계입니다. 1.2i – 노트 작성(50쪽), 1.2g – 의역(45쪽), 3i – 학습 선호도(110쪽) 및 6e – 기억 전략(181쪽)을 참고하여 요약 작성을 가장 잘 수행하는 방법을 익혀보세요.

학습 선호도 파악

3i – 감각적으로 선호하는 학습 방식(학습 유형)을 이해하고 사용합니다.
5a – 효과적인 학습을 위한 새로운 기능, 기법 및 전략을 개발합니다.
5b – 자신이 만든 학습 전략의 강점과 약점을 파악합니다(자기 평가).
5c – 학습 접근 방법 선택의 유연성과 학습 전략의 사용을 드러냅니다.
5g – 개인적인 학습 전략을 고려합니다.
6d – 정보에 접근하고, 정보를 처리 및 상기할 때 개인적으로 선호하는 감각적 학습 방식이 갖는 장점과 한계를 이해합니다.

숙달 수준

학교와 집에서 가장 효과적으로 집중하고 학습할 수 있도록 스스로를 준비시키며 새로운 내용을 이해하는 데 어려움을 느낄 때 모든 감각을 활용하여 새로운 정보를 처리할 방법을 능동적으로 찾아보는 경우, 해당 ATL 기능을 사용하는 데 있어 전문가 수준에 도달한 것으로 볼 수 있습니다.

감각 기반 학습 선호도

사람은 정보를 받아들일 때 시각, 청각, 촉각, 미각, 후각의 다섯 가지 감각을 사용하며 이렇게 얻은 정보는 뇌에 저장되어 우리가 본 것, 들은 소리, 만진 느낌, 맛본 것, 냄새 등을 기억할 수 있게 됩니다. 우리는 이 감각들을 활용해 머릿속에서 새로운 생각을 떠올릴 수도 있으며 다섯 가지 감각 중에서도 자신이 더 자주 사용하는 감각이 있다는 걸 느껴 본 적이 있을 것입니다.

정보를 머릿속에서 떠올리는 방식은 흔히 세 가지 주요 감각 유형으로 나뉩니다. 시각형은 그림이나 영상처럼 시각적인 이미지로 생각하는 것을 선호하는 유형, 청각형은 소리를 중심으로 생각하는 것을 선호하는 유형, 운동감각형은 감정, 피부 감각, 온몸으로 느끼는 경험을 통해 생각하는 것을 선호하는 유형입니다. '학습 유형'이라는 개념은 자신의 사고 선호 방식에 맞게 학습을 구성하면 학습의 효율성을 높일 수 있다는 생각에서 비롯되었습니다.

하지만 꼭 기억해야 할 점은 누구도 한 가지 방법으로만 배우지는 않는다는 것입니다. 모든 사람은 시각, 청각, 운동 감각이라는 세 가지 감각 체계를 모두 활용해 학습할 수 있지만 새로운 내용을 배울 때 특정 감각 체계(보기, 듣기, 직접 해보기)가 더 효과적일 수 있습니다. 또한 새로운 것을 배울 때는 단순히 정보를 받아들이는 것뿐 아니라 그 정보를 처리하고 이해하며, 정보를 저장하고, 나중에 그 정보를 꺼내는 등 최소한 네 가지 인지 과정이 머릿속에서 동시에 일어납니다. 이 모든 과정에서 정보는 시각, 청각, 운동 감각이라는 세 가지 주요 감각 체계 중 어느 방식으로든 표현될 수 있습니다.

사람의 사고 과정은 매우 복잡하기 때문에 단순한 모델이나 방법만으로는 완전히 설명하거나 이해하기 어렵습

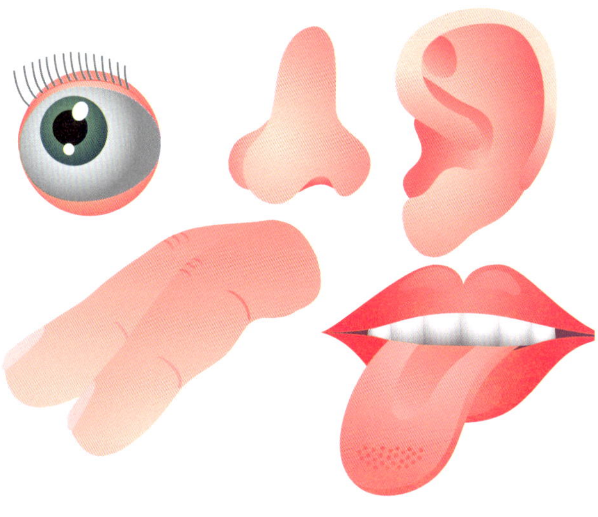

니다. 따라서 새로운 내용을 배우는 데 어려움을 겪을 때 가장 좋은 방법은 세 가지 감각 방식 모두를 활용해 학습하는 것입니다.

- 그림, 도표, 순서도 등을 직접 그려 보거나 이를 설명해 주는 영상을 찾아보세요.
- 누군가에게 또는 혼자서 그 내용을 소리 내어 설명해 보세요. 친구나 선생님에게 설명을 부탁하거나 해당 주제의 팟캐스트를 들어 보는 것도 좋습니다.
- 모형, 플래시카드, 질의응답 형식의 게임, 실험 등을 만들어 내용을 이해하거나 스스로 점검해 보세요.

세 가지 감각 체계를 모두 활용해서 학습해 보면 그중 자신에게 잘 맞는 방식을 통해 '아, 이제 알겠다!' 하는 순간이 올 것입니다. 하지만 자신에게 가장 잘 맞는 학습 방식은 과목마다 또는 정보의 유형마다 달라질 수 있습니다.

연습 1 – 세 가지 감각 체계를 활용한 학습 예시

a) 다음 표를 보고 각 감각 체계를 활용한 학습 예시를 몇 가지 더 추가해 보세요.

시각: 그림을 그리기, 아이디어 맵 만들기, 노트 필기에 색상을 활용하기, 핵심 내용 강조 표시하기
청각: 소리 내어 읽기, 녹음해서 다시 듣기, 다른 사람에게 가르치기, 토론이나 논쟁하기
운동 감각: 모형 사용하기, 실습 활동하기, 플래시카드 활용하기, 질의응답 게임 활용하기

모든 학생에게 가장 효과적인 학습 방법은 새로운 것을 배울 때 세 가지 방식 모두를 시도해 보는 것입니다. 즉, 보고, 듣고, 직접 해 보는 것으로 학습하는 것입니다.

b) 어떤 과목에서든 이해하기 어려운 내용을 공부할 때, 시도해 보고 싶은 학습 방법을 감각별(시각, 청각, 운동 감각)로 한 가지씩 적어 보세요.

새롭거나 어려운 내용을 배울 때, 세 가지 감각 체계를 모두 활용해 학습하겠다고 스스로에게 약속하세요.

연습 2 – 학습 환경 선호도

a) 학교나 집에서 새로운 것을 배울 때 다음 요인들 중 어떤 점이 자신에게 중요한지 생각해 보세요. 각 질문마다 자신에게 해당하는 항목을 한 가지 이상 선택해 보세요.

① 소리 – 수업 시간에 나는 어떤 방식으로 설명을 듣는 것을 선호하는가?

☐ 선생님이 설명해 주는 방식

☐ 내용을 잘 이해한 반 친구에게서 설명을 듣는 것

☐ 다른 친구들과 함께 모둠에서 설명을 듣는 것

☐ 다른 사람의 설명을 듣는 것보다 혼자서 스스로 알아 가는 것

---

② 소리–집에서 숙제를 할 때 나는 어떤 소리 환경을 선호하는가?

☐ 아무 소리도 없는 조용한 환경

☐ 음악처럼 약간의 배경 소음이 있는 환경

☐ 주변에서 계속 들려오는 소리(예: 사람 말소리, TV 소리 등)가 있는 환경

---

③ 조명 – 학교나 집에서 공부할 때 나는 어떤 조명 환경을 선호하는가?

☐ 내가 하는 일에 집중된 밝은 조명

☐ 방 전체를 밝히는 일반 조명

☐ 어두운 조명

☐ 특별히 선호하는 조명은 없음

---

④ 온도 – 학교나 집에서 공부할 때 나는 어떤 온도에서 공부하는 것을 좋아하는가?

☐ 매우 따뜻함

☐ 적당히 따뜻함

☐ 서늘함

☐ 특별히 선호하는 온도는 없음

---

⑤ 학급 환경 – 수업 시간에 나는 어떤 자리에 앉았을 때 가장 집중이 잘 되고 학습 효과가 높은가?

☐ 친구들과 함께 앉았을 때

☐ 친구가 아닌 다른 반 친구들과 함께 앉았을 때

☐ 혼자 앉았을 때

---

⑥ 공부 장소 – 집에서 나는 어떤 자리에 앉아 공부할 때 가장 편안한가?

☐ 단단한 의자와 책상

☐ 푹신한 의자와 테이블

☐ 침대 위

☐ 바닥 위

⑦ 교실 자리 - 나는 수업 시간에 어디에 앉을 때 집중이 가장 잘 되는가?

□ 교실 앞쪽
□ 창가 근처
□ 창문과 먼 곳
□ 교실 중간
□ 교실 뒤쪽

---

⑧ 사람 - 나는 학교 과제를 할 때 누구와 함께하는 것이 가장 좋다고 느끼는가?

□ 혼자
□ 친구와 함께
□ 도움을 줄 수 있는 어른과 함께
□ 모둠으로

---

⑨ 시간 - 학교에서 나는 어느 시간대에 가장 집중이 잘 되는가?

□ 아침 수업 시작 직후
□ 점심 직전
□ 점심 직후
□ 오후 수업 시간

---

⑩ 시간 — 집에서 나는 숙제나 공부를 언제 하는 것이 가장 좋은가?

□ 학교에서 집에 오자마자
□ 저녁 식사 후
□ 늦은 저녁
□ 다음 날 학교가 시작되기 전 이른 아침

b) 지금까지 정리한 자신의 학습 환경 선호를 바탕으로 학교와 집에서 여러분이 학습 효과를 높이기 위해 어떤 일을 할 수 있을까요?

학교에서 나는 이렇게 할 수 있다.

집에서 나는 이렇게 할 수 있다.

연습 3 – 교실 학습

a) 최근 학교에서 새로운 것을 배웠던 두 번의 순간을 떠올려 보세요. 갑자기 무언가가 이해되거나 '아, 알겠다.' 하고 깨달았던 순간을요. 그때 교실에서 어떤 일이 있었는지 생각해 보세요. 선생님은 어떻게 가르치고 있었나요? 말로 설명했나요, 그림을 보여 줬나요, 데이터가 담긴 슬라이드나 영상을 보여 줬나요, 실험이나 모둠 활동을 했나요? 그리고 그때 여러분은 무엇을 하고 있었나요? 글을 쓰고 있었나요, 그림을 그리고 있었나요, 토론하거나 이야기를 나누고 있었나요 아니면 듣고 있었나요?

최근 학교에서 무언가를 잘 배웠다고 느꼈던 두 가지 경험은 무엇인가요?	그때 교실에서는 어떤 일이 있었나요? 선생님은 어떤 방식으로 설명했으며 여러분은 무엇을 하고 있었나요?	그 내용을 이해하는 데 다른 사람이 도와준 적이 있나요?

b) 그리고 최근 학교에서 잘 배우지 못했다고 느꼈던 두 번의 경험을 떠올려 보세요. 그때는 어떤 상황이었나요?

최근 학교에서 잘 배우지 못했다고 느꼈던 두 번의 경우는 언제였나요?	그때 교실에서는 어떤 일이 있었나요? 선생님은 어떻게 가르치고 있었고 여러분은 무엇을 하고 있었나요?	무엇 때문에 배우기가 힘들었나요?

c) 이제 긍정적인 학습 경험과 부정적인 학습 경험을 비교해 보고 교실에서 새로운 것을 배우거나 이해하려고 할 때 여러분에게 가장 중요한 요인이 무엇인지 찾아보세요.

내가 가장 잘 배울 때는

테크놀로지 사용

3j – 테크놀로지를 효과적이고 생산적으로 선택하고 사용합니다.
6j – 테크놀로지 시스템을 이해하고 사용합니다.

숙달 수준

다양한 테크놀로지(도서관, 컴퓨터, 통신 시스템 등)를 이해하고 활용하여 정보를 찾고, 처리하고, 저장하고, 전달할 수 있을 때, 해당 ATL 기능을 사용하는 데 있어 전문가 수준에 도달한 것으로 볼 수 있습니다.

우리는 매일 다양한 정보기술(IT) 시스템에 둘러싸여 있습니다. 이러한 시스템을 활용해 정보를 수집 · 처리 · 저장 · 전달하며 이를 통해 문제, 상황, 사건을 조사하고 문제 해결 방법을 배우게 됩니다. IT 시스템은 하드웨어와 소프트웨어(앱 포함)가 결합된 것으로 이를 가장 효과적으로 활용하기 위해서는 여러분이 사용할 수 있는 도구들을 파악하고 학교 안팎에서 마주하는 문제를 해결하는 데 익숙해지는 것이 중요합니다. IT 시스템은 단지 도구일 뿐이며 어떤 도구든 그 효과는 사용자의 역량에 달려 있습니다.

연습 1 – 내가 사용 할 수 있는 테크놀로지

a) 학교와 집에서 여러분이 사용할 수 있는 기기나 프로그램을 다음 각 목적에 따라 적어 보세요. 그리고 여러분이 그것들을 얼마나 잘 사용할 수 있는지 상, 중, 하 중에서 선택해 표시해 보세요.

b) 그중에서 여러분이 좀 더 익숙해지고 숙련도를 높이면 도움이 될 것 같은 항목도 함께 표시해 보세요.

목적	사용하는 기기나 프로그램 (하드웨어, 소프트웨어, 앱)	각 항목 사용 능력 평가 (상, 중, 하)
조사 – 정보 찾기		
정보 처리 – 이해력을 높이고 정보를 해석하기		
정보 저장 – 자료를 보관하기		
정보 전달 – 발표 시스템		

c) 여러분이 잘 다루고 싶은 테크놀로지 시스템(기기나 앱 등)을 하나 정하고 그 능력을 향상시키는 것을 목표로 세워 보세요.

d) 이 테크놀로지를 더 잘 배우기 위해 도움을 줄 수 있는 사람, 책 또는 온라인 강의를 찾아보세요.

내가 더 잘하고 싶은 테크놀로지는 ....

이를 위해 내가 할 일은 ....

이것이 나에게 도움이 되는 이유는 ....

이 테크놀로지를 더 잘 활용하는 방법을 배우기 위해 내가 활용할 수 있는 자료(예: 사람, 책, 온라인 수업 등)는

....

ATL 기능 자기 평가

해당 쪽을 가장 잘 활용하는 방법으로 161쪽과 162쪽을 참조하세요.

ATL 기능 숙련도에 대한 학생 자기 평가 – 조직화 기능							
ATL 기능	초보자 (관찰)	학습자 (모방)	실행자 (실행)				전문가 (공유)
			시작하기	연습하기	향상하기	이해하기	
마감일							
시험 계획표							
목표 달성							
도구 정리							
파일 정리							
학습 선호도 파악							
테크놀로지 사용							

메모

메모

정서적 기능

한 사람의 '정서'란 그 사람이 감정을 표현하는 방식, 즉 감정을 나타낼 때 사용하는 행동을 의미합니다. 훌륭한 배우들은 자신이 연기하는 인물의 다양한 감정을 적절하게 표현하는 능력이 뛰어납니다. 교육 용어에서 '정서적 영역'은 우리의 감정, 가치관, 열정, 동기, 태도 등이 학습의 성공에 어떤 영향을 미치는지를 의미합니다.

여러분도 잘 알다시피 긍정적이고 관심이 있을 때는 새로운 것을 배우기가 쉽습니다. 반대로, 배우고 싶지 않거나 의욕도 흥미도 없을 때 스스로를 다잡아 다시 배우기 시작하는 것이 훨씬 더 힘듭니다. 바로 이때 정서적 기능이 필요합니다. 정서적 기능들을 연습하면서 여러분은 집중력을 높이고 산만해지지 않는 방법을 배울 수 있습니다. 또한 미루는 습관을 극복하고 끝까지 과제를 완수할 수 있는 끈기를 기르게 됩니다. 이와 함께 감정을 잘 다스리는 법, 스트레스와 불안을 극복하는 법, 분노나 괴롭힘에 대응하는 법 그리고 목표를 달성하지 못했을 때 실패를 건강하게 대처하는 법도 배우게 됩니다.

정서적 기능의 마지막 부분은 회복탄력성, 즉 내면의 강인함을 기르는 것에 관한 것입니다. 내면의 힘이나 정신적인 강인함은 모든 성공한 운동선수, 위대한 공연가, 사업가, 정치인 그리고 각 분야의 리더들이 공통적으로 지닌 특성이며 누구나 연습을 통해 길러 낼 수 있는 기능입니다.

뛰어난 회복탄력성

1982년, 구조대원이었던 마크 잉글리스(Mark Inglis)와 그의 동료 필립 둘(Philip Doole)은 뉴질랜드에서 가장 높은 산인 쿡산(Mt. Cook)에서 갑작스러운 눈보라에 휩쓸렸습니다. 두 사람은 살아남기 위해 눈 동굴을 파고 그 안에서 버텨야 했고 눈보라는 무려 13일 동안 계속되었습니다. 결국 구조되긴 했지만 이로 인해 두 사람 모두 다리에 심한 동상을 입었고 마크 잉글리스는 두 다리를 무릎 아래에서 절단해야 했습니다. 두 다리 모두 잃고 의족을 한 장애인이 된 그가 다시 산을 오를 수 있으리라 생각하는 사람은 많지 않았을 것입니다. 하지만 마크 잉글리스는 2002년, 다시 쿡산 정상 등반에 성공했고 2년 뒤에는 초오유(Cho Oyu) 등정에도 성공했습니다. 그리고 2006년 5월 15일, 40일간의 등반 끝에 마크 잉글리스는 전 세계 최초로 양다리를 잃은 상태에서 세계 최고봉 에베레스트산 정상에 오른 인물이 되었습니다.

마크 잉글리스는 여전히 산을 오르는 것 외에도 백혈병 연구원, 와인 생산자, 동기 부여 연설가로 활동하고 있습니다. 그는 끈기, 결단력, 자기 동기 부여, 회복탄력성 등 핵심 정서적 기능을 통해 무엇을 성취할 수 있는지 보여 주는 훌륭한 역할 모델이자 살아 있는 증거입니다.

마음챙김

4.1a – 초점을 유지하고 집중하는 연습을 합니다.
4.1b – 정신적 초점을 개발하는 전략을 연습합니다.
4.1c – 방해 요소를 극복하기 위한 전략을 연습합니다.
4.1d – 몸과 마음의 연관성을 인지하는 연습을 합니다.

숙달 수준

자신의 모든 감각을 통해 주변 세계와 연결되어 있다는 점을 완전히 인식하고 동시에 언제든 자신의 사고 과정을 자각할 수 있을 때, 해당 ATL 기능을 사용하는 데 있어 전문가 수준에 도달하였다고 볼 수 있습니다. 이때 이러한 자각을 활용해 자신의 사고 과정을 조율하고 어떤 방해 요소도 극복하여 필요할 때마다 수업 시간이나 집에서 완전한 집중과 몰입 상태가 될 수 있습니다.

우리의 감각

우리가 세상으로부터 얻는 모든 정보는 시각, 청각, 촉각, 미각, 후각이라는 오감을 통해 전달됩니다. 우리는 매 순간 이 감각들을 통해 많은 정보를 얻지만 그중 일부에만 의식적으로 주의를 기울이는 경우가 많습니다. 마음챙김을 기르는 중요한 방법 중 하나는 어느 한 순간에 우리에게 들어오는 모든 정보에 주의를 기울이는 방법을 배우는 것입니다.

연습 1 – 감각에 대한 인식

잠시 멈추고 조용히 앉아 모든 감각을 하나씩 차례로 살펴보며 각 감각을 통해 지금 인식할 수 있는 모든 것을 관찰해 보세요. 다음 표를 작성해 보세요.

내가 볼 수 있는 것	
내가 들을 수 있는 것	
내가 냄새 맡을 수 있는 것	
내가 맛볼 수 있는 것	

내가 피부로 느낄 수 있는 것	
지금 나의 기분이나 감정 상태	

우리의 생각

마음챙김을 기른다는 것은 어느 한 순간 머릿속을 스쳐 지나가는 생각들을 더 잘 인식하게 되는 것을 의미합니다. 우리가 의식적으로 생각하는 주요 방식은 단어와 이미지 두 가지입니다. 예를 들어, 지금 이 글을 읽고 있는 순간 여러분은 머릿속에서 스스로에게 어떤 말을 하고 있는지 또한 무엇을 상상하고 있는지 인식할 수 있나요? 아마도 여러분은 제가 쓴 이 글을 머릿속에서 그대로 따라 읽고 있을 것입니다. 이는 아주 자연스러운 읽기 과정입니다. 그렇다면 이 글이 여러분의 머릿속에 어떤 그림이나 장면을 그려 내고 있나요?

연습 2 – 현재의 생각

잠시 멈추고 조용히 앉아 눈을 감아 보세요. 특별히 아무 생각도 하지 않으려고 노력하지 말고 마음을 편안히 한 채 자신의 생각에 주목해 보세요. 특히 자신에게 어떤 말을 하고 있는지 무엇을 상상하고 있는지 있는지 집중해 보세요. 1~2분 후, 눈을 뜨고 다음 표에 여러분이 관찰한 내용을 적어 보세요.

내가 마음속으로 한 말은	
내가 마음속으로 그려본 모습은	

잡념

수업 시간에 머릿속 생각이 선생님이 이야기하는 주제나 아이디어에 맞춰져 있을 때 우리는 '집중하고 있다.'라고 말할 수 있습니다. 반대로 다른 생각이 떠오르기 시작하면 집중이 흐트러진 것입니다. 여러분은 선생님의 설명을 듣거나, 공부하거나 그리고 독서를 하는 동안 집중해야 할 때 가장 빈번히 떠오르는 잡념의 유형을 알아차린 적이 있나요?

연습 3 – 잡념

다음 표를 활용하여 집중해야 할 때 여러분을 가장 방해하는 생각의 유형을 골라 보세요. 각 유형의 예시도 적어 보세요.

나의 집중을 가장 방해하는 생각의 주제	예시
사람	
장소	
내가 해야 할 일	
지금 당장 하고 싶은 일	
기억	
상상	
그 외 주의를 흐트러뜨리는 주제는?	

연습 4 – 잡념을 극복하는 연습

수업 시간에 선생님이 무언가를 설명하고 있을 때 잡념을 이겨 내는 연습을 할 수 있습니다. 여러분의 생각이 평소에 자주 떠오르는 집중을 방해하는 주제로 흘러가고 있다는 것을 알아차릴 때마다 의도적으로 다시 선생님의 설명 내용으로 생각을 되돌리는 연습을 해 보세요. 다음과 같은 방법을 활용할 수 있습니다.

a) 선생님이 말하는 내용을 머릿속으로 따라 말하기

b) 선생님의 말에 집중하며 다음에 무슨 말을 할지 예측해 보기

c) 선생님이 설명하는 내용을 머릿속에서 그림으로 떠올려 보기

집중과 방해 요소

여러분은 가끔 자신이 정말 잘 집중하고 있다는 걸 느껴 본 적이 있나요? 그리고 그렇게 집중이 잘될 때는 새로운 내용을 더 잘 흡수하고, 이해도 훨씬 깊어지며, 집중이 잘 안 될 때보다 같은 시간 안에 2~3배 더 많은 일을 해낼 수 있습니다. 따라서 가장 먼저 해야 할 일은 여러분 스스로가 높은 집중 상태에 들어갈 수 있도록 도와주는 모든 요소를 떠올려 보는 것입니다. 사람마다 집중에 도움이 되는 요소가 다를 수 있습니다.

연습 5 – 방해 요소 통제하기: 환경 설정

다음 표를 작성하여 자신이 가장 집중할 수 있도록 도와주는 방법을 적어 보세요.

환경적 요소	내가 가장 집중이 잘 되는 조건은?
집에서의 학습환경 – 책상, 의자, 조명 등	
온도 – 따뜻한 편, 시원한 편, 더운 편, 추운 편 중 어떤 게 좋나요?	
시간대 – 해 뜨기 전, 학교 끝나고 바로 등 언제 집중이 잘 되나요?	
음악 – 대부분의 사람은 연주 음악이 집중하는 데 도움이 된다고 합니다. 어떤 종류의 음악이 집중을 도와주나요?	
음식 – 공부할 때 어떤 음식이 집중을 도와주나요?	
보상 – 공부 후 어떤 보상이 있으면 더 집중이 잘 되나요?	
그 외에 집중에 도움이 되는 다른 조건이 있다면?	

연습 6 – 방해 요소 통제하기: 소셜 미디어와 인터넷

집에서 숙제나 공부를 할 때 다음과 같은 방법을 시도해 보세요.

a) 이전에 연습한 집중 환경을 다시 떠올려 조용하고 정돈된 공간을 만들어 보세요.

b) 시계를 보고 휴대전화 알람을 정확히 45분 뒤로 설정하세요.

c) 휴대전화를 '비행기 모드'로 전환해 보세요(이것을 '공부 모드'라고 부를 수 있어요).

d) 모든 소셜 미디어 플랫폼과 채팅 앱을 꺼 두세요.

e) 본격적으로 공부를 시작하고 최대한 집중해서 과제에 몰입하세요.

f) 45분이 지나면 알람이 울립니다.

g) 알람이 울리면 '공부 모드'를 해제하고 소셜 미디어와 메시지를 확인하세요. 단, 확인 시간은 15분 이내로 정해 두는 것이 좋습니다.

h) 자기 통제력을 발휘하여 다시 정각에 맞춰 45분 집중하고 15분 동안 메시지를 확인하는 습관을 반복하세요.

내적 대화 점검하기

여기서 말하는 '내적 대화'란 머릿속에서 스스로에게 하는 말이나 떠올리는 생각을 뜻합니다. 수업 시간에 선생님이 설명하실 때 여러분이 얼마나 오랫동안 선생님의 말에 집중하고 있었는지 그리고 얼마나 자주 딴생각으로 주의가 흐트러졌는지를 스스로 점검하는 습관을 길러 보세요. 그리고 집중이 안 될 때 다시 집중 상태로 돌아오는 연습을 하세요.

연습 7 – 수업에 집중하기

a) 선생님이 방금 하신 말씀을 머릿속으로 따라 말해 보세요. 같은 말을 마음속으로 되뇌면 수업에 다시 주의를 기울이고 집중력을 높일 수 있습니다.

b) 집중이 흐트러졌다고 느껴질 때는 머릿속으로 "지금 여기!"와 같은 말을 스스로에게 몇 번 반복해 보세요. 그렇게 하면 주의가 다시 집중해야 할 곳으로 돌아오는 것을 느낄 수 있을 것입니다.

c) 조용한 장소에 앉아 가만히 '내적 대화'를 관찰해 보세요. 이를 통제하거나 바꾸려고 하지 말고 그저 스스로 어떤 말을 하고 있는지 머릿속에서 무엇을 그리고 있는지만 알아차리면 됩니다. 하루 5분씩 연습하면 점점 더 집중력과 주의력을 유지하는 능력이 향상되는 것을 느낄 수 있습니다.

연습 8 – 마음챙김 훈련 연습하기

a) 신체 이완: 조용한 방에서 편안한 의자에 앉아 눈을 감고 조용히 앉아 보세요. 한 번에 신체의 한 부분에 집중하며 시작합니다. 먼저 한쪽 발가락부터 시작해 보세요. 그 부위의 근육을 모두 꽉 조입니다. 10까지 세며 긴장을 유지한 뒤 완전히 힘을 풀어 이완시켜 보세요. 그 부위에서 긴장이 서서히 풀려 나가는 것을 느껴 보세요. 그런 다음, 다른 부위로 옮겨 갑니다. 발 전체, 종아리 근육, 무릎 그리고 반대쪽 발가락 등 순서대로 올라갑니다. 이 과정에서 한 번에 하나의 부위에만 집중하면서 몸 전체를 위로 향해 천천히 이동하며 모든 근육을 차례로 긴장시키고 이완시키세요. 만약 어떤 부위가 다른 부위보다 이완시키기 어렵다고 느껴진다면 그 부위에서는 조금 더 시간을 들여 여러 번 반복하면서 제대로 긴장이 풀릴 때까지 연습해 보세요.

b) 간단한 명상: 간단한 명상은 집중력, 주의력 그리고 자각 능력을 크게 향상시킬 수 있습니다. 하루에 한 번, 가능하다면 이른 아침이나 저녁에 20~30분 동안 잠시 쉬어 보세요. 조용히 앉아 눈을 감고 오직 자신의 호흡에만 집중해 보세요. 호흡에 집중하면서 머릿속에 떠오르는 다른 생각들은 '알아차린 뒤' 그냥 흘려보내세요. 이 연습을 자주 할수록 점점 쉬워지고 필요할 때나 원하는 순간에 집중 상태를 만들기가 훨씬 수월해질 것입니다.

끈기

4.2a – 인내와 끈기를 발휘합니다.
4.2b – 만족을 지연하는 방법을 연습합니다.

숙달 수준

과제를 시작하기 싫은 순간에도 스스로 시작할 수 있고 오랜 시간 동안 하나의 과제에 집중하거나 끝날 때까지 끈기 있게 이어 갈 수 있을 때, 해당 ATL 기능을 사용하는 데 있어 전문가 수준에 도달하였다고 볼 수 있습니다.

끈기를 기르는 것은 방해 요소를 극복하고 집중하는 법(4.1a, 4.1b, 4.1c, 4.1d – 마음챙김 참고), 스스로 동기를 부여하는 법(4.4a, 4.4b, 4.4c – 자기 동기 부여 참고) 그리고 미루는 습관을 극복하고 어떤 일이든 끝까지 해내는 법을 배우는 것을 의미합니다. 먼저, 집중, 동기 부여, 자기 대화와 관련된 연습을 충분히 해 본 뒤 다음 제시된 연습을 시도해 보세요.

연습 1 – 여러분은 지금 어떻게 끈기 있게 해내고 있나요?

여러분은 어떤 일을 끝까지 포기하지 않고 해낸 적이 있나요? 열심히 노력해서 결국 마무리한 경험이 있나요? 그렇다면 그때 여러분은 어떻게 스스로에게 '계속 해 보자.'라고 동기를 주었는지 떠올려 보세요. 어떤 생각이나 행동이 여러분이 끝까지 버틸 수 있도록 도와주었나요?

a) 여러분이 실제로 끈기를 발휘해 과제를 끝까지 해낸 경험을 떠올려 보세요. 숙제나 과제를 해야할 때 시작해서 끝까지 마친 경험을 떠올려 보세요.

b) 눈을 감고 그 경험을 자세히 떠올려 보세요. 그 경험이 있기 전, 중, 후에 어떤 일이 있었나요? 여러분이 끈기를 발휘하고 있었던 순간 마음속에서는 무슨 일이 일어나고 있었나요? 스스로에게 어떤 말을 하고 있었나요? 무엇을 상상했나요? 또한 동시에 어떤 일들이 일어나고 있었나요?

c) 이제 눈을 뜨고 방금 떠올린 것들을 구체적이고, 명확하며, 분석적으로 적어 보세요.

d) 어떤 일을 끝까지 해내기 위해 여러분에게 꼭 필요한 두 가지 핵심 요소는 무엇인가요?

①

②

e) 만약 하고 싶지 않거나 좋아하지 않는 일이라면 어떻게 할 수 있을까요?

f) 여러분의 친구들은 어떻게 하나요? 다른 사람과 이야기해 보고 친구가 쓴 것을 살펴보세요. 그중에서 여러분도 따라 해 볼 수 있는 방법을 찾아보세요. 여러분이 끈기를 발휘할 수 있도록 시도해 볼 수 있는 방법을 적어 보세요.

이 연습을 하면 할수록 점점 더 잘할 수 있게 되고 마침내는 필요할 때 언제든 스스로 '끈기 모드'를 켤 수 있을 만큼 능숙해질 것입니다.

연습 2 – 미루는 습관 극복하기

가장 먼저 알아야 할 점은 누구나 일을 미룬다는 사실입니다. 미루는 습관은 사람들이 목표를 이루지 못하는 가장 큰 이유이기 때문에 자신이 생각하는 성공이 무엇이든 그것을 이루기 위해서는 이 습관을 극복하는 법을 배우는 것이 가장 중요합니다. 미루는 습관을 고치는 일은 쉽게 해결되는 문제는 아닙니다. 이 습관을 극복하려면 여러 가지 전략이 필요합니다. 하지만 여러분도 가끔은 일을 미루지 않고 바로 시작해 본 경험이 있을 것입니다. 이제 여러분이 해야 할 일은 필요할 때마다 의도적으로 미루지 않고 바로 시작하는 방법을 배우는 것입니다.

a) 중요한 학교 과제가 있을 때 막상 시작하려고 하면 갑자기 청소, 정리나 운동 같은 다른 할 일이 떠오르는 경우가 있습니다. 이로 인해 과제를 미루게 되는 경우도 있습니다. 여러분이 과제를 미루는 대신 하게 되는 일들을 적어 보세요(예: 책상 정리, 방 청소, 스트레칭 등).

b) 중요한 학교 과제가 있을 때 혹시 스스로 핑계나 이유를 만들어서 "지금은 시작하지 않아도 된다."라고 생각한 적이 있나요? 예를 들어, "내일 1교시 쉬는 시간에 하면 돼." "조금 더 창의적인 마음가짐이 될 때까지 기다려야 해."와 같은 말로 스스로를 설득하면서 과제를 미루곤 합니다. 여러분이 실제로 자주 하는 핑계나 이유들을 적어 보세요.

c) 해야 할 과제를 생각하지 않으려고 일부러 사용하는 것들이 있나요? 예를 들어, 소셜 미디어나 컴퓨터 게임 같은 것들이 있습니다. 여러분이 과제를 잊기 위해 사용하는 것들을 적어 보세요.

연습 3 – 긴박감 만들기

여러분은 가끔 미루는 습관을 꽤 잘 극복한 적이 있나요? 대부분은 과제가 '다음 날 제출'일 때 그렇습니다. 이는 '늦게 내서 혼날 수 있다.'라는 외재적 동기를 통해 스스로 안에 긴박감을 만들어 내기 때문입니다. 그렇다면 선생님의 재촉 없이도 스스로 그런 긴박감을 의도적으로 만들어 낼 수 있을까요? 이를 위해 다음의 연습들을 먼저 수행해 보는 것이 도움이 될 수 있습니다. 3a–단기 및 장기 과제를 계획합니다. 제출 기한을 맞춥니다. (97쪽) 3d–도전적이고 현실적인 목표를 세웁니다 (97쪽) 3e–개인적·학업적 목표를 달성하기 위한 전략을 계획하고 행동을 취합니다. (103쪽) 이제 다음의 연습을 통해 과제를 해내도록 스스로에게 긴박감을 만들어 보세요.

a) 지금 해야 하지만 계속 미루고 있는 과제 하나를 골라 적어 보세요.

b) 어떤 말을 스스로에게 해 주면 바로 시작할 수 있는 긴박감과 힘을 얻을 수 있을까요?

c) 만약 지금 이 과제를 하지 않는다면 생길 수 있는 가장 안 좋은 결과는 무엇인가요?

d) 반대로, 지금 이 과제를 끝냈을 때 얻을 수 있는 가장 좋은 결과는 무엇인가요?

주의! 보상은 일을 완전히 끝낸 뒤에만 받는 것이 좋습니다. 시작하기 전이나 중간에 보상을 받지 마세요.

연습 4 – 끈기에 대한 성찰

여러분이 끈기를 발휘할 때 가장 도움이 되었던 것들과 방해가 되었던 것들은 무엇인가요? 앞으로 실천할 수 있는 행동에는 어떤 것들이 있을까요? 다음 표에 정리해 보세요.

일을 시작하고 끝내는 데 가장 도움이 되는 다섯 가지	일을 시작하고 끝내는 데 가장 방해가 되는 다섯 가지	각 항목마다 과제를 끝까지 해낼 수 있도록 내가 할 수 있는 한 가지 실천 방법
1.		
2.		
3.		
4.		
5.		

우리는 할 수 있다!

충동과 분노

4.3a – 충동과 분노를 극복하는 전략을 연습합니다.

숙달 수준

자신의 사고 방식을 스스로 조절하여 충동적인 행동을 잘 관리하고, 감정이 점점 분노로 이어지고 있다는 것을 인식하며, 스스로 감정을 진정시키는 전략을 자연스럽게 사용할 수 있을 때, 해당 ATL 기능을 사용하는 데 있어 전문가 수준에 도달했다고 볼 수 있습니다.

어떤 행동을 하기 전에 충분히 생각하지 않고 성급하게 움직인다면 자신을 제대로 조절하고 있다고 보기 어렵습니다. 예로부터 말이나 행동을 하기 전에 열까지 세어 보라는 말이 있는데 이는 충동적인 행동을 줄이는 데 효과적인 방법 중 하나입니다. 이 밖에도 다양한 효과적인 전략들이 있습니다. 또한 괴롭힘을 당하는 특별한 상황이 아니라면 사실 우리를 화나게 만드는 것은 다른 사람이 아니라 바로 자기 자신입니다. 분노는 감정이 점점 강해져 스스로 통제하기 어려운 상태로 이어질 때 생깁니다. 그래서 중요한 것은 자신의 감정을 스스로 인식하고 진정시킬 수 있는 대처 전략을 미리 마련해 두는 것입니다.

분노

화가 난다는 것은 보통 가벼운 짜증에서 시작해 점점 커지면서 생기는 감정입니다. 사람마다 상황에 따라 반응하는 방식은 다르기 때문에 어떤 사람은 쉽게 화를 내고 어떤 사람은 화를 잘 내지 않습니다. 하지만 여러분이 짜증이 분노로 넘어가는 순간의 신호를 알아차릴 수 있다면 화를 훨씬 쉽게 조절할 수 있습니다.

연습 1 – 신호 알아차리기

a) 누군가에게 혹은 어떤 상황에 짜증이 나기 시작하고 그 감정이 점점 분노로 커지고 있을때 여러분의 몸에서는 어떤 변화가 나타나는지 떠올려 보세요. 호흡이 빨라지나요, 느려지나요? 심장 박동은 빨라지나요, 느려지나요? 몸은 편안한가요, 긴장되고 있나요? 몸에서 가장 편안한 부분은 어디이고, 가장 긴장되는 부분은 어디인가요?

b) 누군가에게 혹은 어떤 상황에 짜증이 나기 시작하고 그 감정이 점점 분노로 커지고 있을 때, 여러분의 마음에서는 어떤 변화가 나타나는지 떠올려 보세요. 스스로에게 어떤 말을 하고 있나요? 무엇을 상상을 하고 있나요? 신체적으로나 감정적으로 어떤 느낌이 드나요?

c) 친구 두 명에게 여러분이 화를 내기 시작할 때 겉으로 보이는 모습이 어떤지 물어보세요. 여러분의 얼굴은 어떤가요? 몸은 어떻게 하고 있나요? 목소리는 어떤가요?

d) 큰 종이에 여러분의 몸 윤곽선을 그려 보세요.

i. 윤곽선 안쪽에는 여러분이 화가 날 때 스스로 느끼는 신체 반응을 몸의 해당 부위에 빨간색으로 적어 보세요.

ii. 윤곽선 바깥쪽에는 여러분이 화가 날 때 친구들이 알아차리는 겉모습의 변화를 몸의 해당 부위에 파란색으로 적어 보세요.

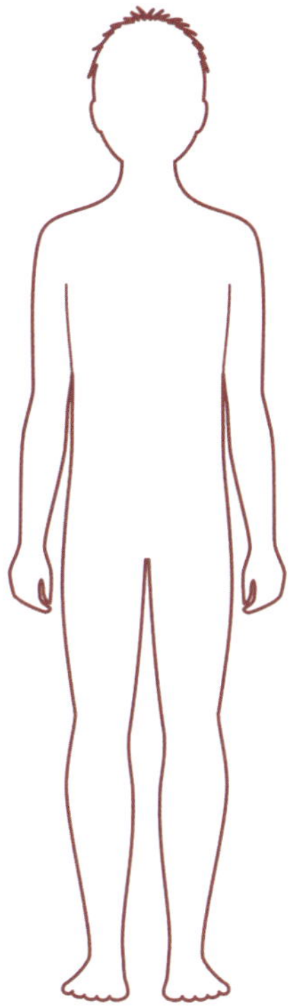

자기 진정

짜증이 점점 화로 번지기 시작하는 신호를 인식할 수 있게 되었다면 이제는 짜증이 분노가 되지 않도록 스스로를 진정시키는 방법을 배워야 합니다. 대부분의 사람들이 활용하는 대표적인 방법은 네 가지가 있습니다.

연습 2 – 자기 진정 연습하기

화가 나지 않았을 때 미리 연습을 해 두면 필요할 때 쉽게 활용할 수 있습니다.

a) 호흡 세기 – 자신의 호흡에 집중하면서 '들이마시고, 내쉬고'를 마음속으로 반복해 보세요. 편안하고 일정한 리듬으로 호흡하며 호흡 횟수도 천천히 세어 보세요.

b) 긴장과 이완 – 몸에서 가장 긴장된 부위를 찾아 힘껏 조였다가 완전히 풀어 주세요. 이렇게 긴장했다가 이완하는 과정을 온몸으로 옮겨 가며 해 보세요.

c) 스트레칭과 이완 – 팔과 몸을 최대한 위와 바깥쪽으로 쭉 뻗은 뒤 힘을 풀어 이완해 보세요.

d) 지금, 여기 – 마음속으로 "지금, 여기!"라고 말하면서 감각에 집중해 보세요. 지금 보이는 것, 들리는 소리, 느껴지는 촉감, 냄새, 맛 등을 하나씩 인식해 보세요.

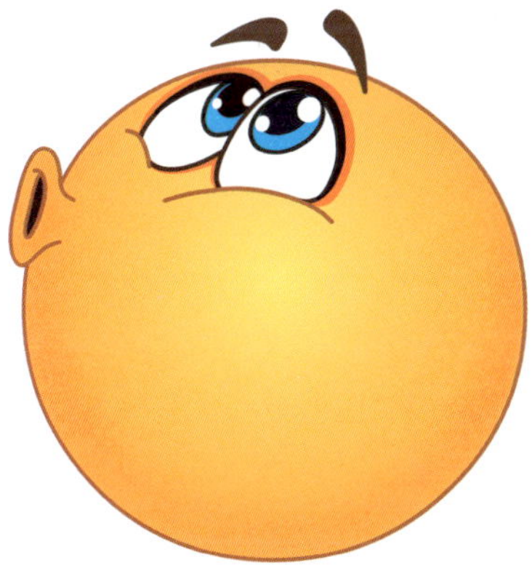

충동성

충동성이란 생각하지 않고 말하거나 행동하는 것을 말하며 때로는 큰 문제를 일으킬 수도 있습니다. 충동적인 행동은 현재 상황이나 주변에서 일어나는 일에 제대로 집중하지 못할 때 나타납니다.

연습 3

a) 짝과 함께 자신이 깊이 생각하지 않고 행동했던 경험을 하나씩 이야기해 보세요. 나중에 '하지 말걸 그랬다.'라고 후회했던 상황이 있다면 그때 어떤 일이 있었는지 떠올려 보세요.

b) 그 행동의 결과에 대해 생각해 보세요. 그 일이 다른 사람들에게 어떤 영향을 주었나요? 그 사람들은 그 순간 어떤 기분이었을 것 같나요?

c) 이번에는 교실에서 다른 친구들이 충동적으로 행동했던 장면을 떠올려 보세요. 그 행동으로 인해 좋지 않은 결과가 생겼던 상황을 다섯 가지 적고 그 행동이 다른 사람에게 어떤 영향을 주었는지도 함께 적어 보세요

어떤 일이 일어났습니까?	그 행동이 다른 사람에게 어떤 영향을 주었나요?
1.	
2.	
3.	
4.	
5.	

d) 앞의 충동적인 행동 사례들에는 어떤 공통점이 있나요? 두세 가지 정도 적어 보세요.

e) 각 사례에서 더 나은 결과를 얻기 위해 그 사람이 무엇을 다르게 할 수 있었을까요?

①

②

③

④

⑤

f) 짝과 함께 이야기해 보며 앞으로 여러분이 자신의 충동적인 행동을 조절하기 위해 실천할 두세 가지 핵심 방법을 정해 보세요.

괴롭힘(따돌림)

4.3b – 따돌림을 방지하고 근절하기 위한 전략을 실천합니다.

숙달 수준

괴롭힘이 발생하고 있다는 것을 즉시 알아차리고 이를 예방하고 멈출 수 있는 전략을 자연스럽게 실행할 수 있을 때, 해당 ATL 기능을 사용하는 데 있어 전문가 수준에 도달한 것으로 볼 수 있습니다.

괴롭힘은 어떤 공동체에서도 결코 용납되어서는 안 되는 매우 심각한 문제입니다. 모든 사람은 자신에 대해 긍정적으로 느끼고 존중받을 권리가 있으며 이 권리를 지키기 위해 괴롭힘이 발생했을 때 즉시 대응해야 합니다. 그냥 두었다고 해서 저절로 사라지지 않기 때문입니다. 괴롭힘이란 한 사람이 자신의 힘이나 영향력을 이용해 다른 사람을 불안하게 만들고 무력하거나 아무것도 할 수 없는 존재처럼 느끼게 하는 행동을 말합니다. 괴롭힘은 신체적 · 정신적 · 정서적 유형으로 나타날 수 있으며 신체적 행동이나 말, 글이나 이미지 등 여러 방식으로 표현될 수 있습니다.

연습 1 – 괴롭힘 알아차리기

a) 짝과 함께 사람들 사이에 일어나는 괴롭힘의 다양한 방법(예: 문자, 메신저, 소셜 미디어 등)에 대해 이야기해 보세요.

b) 여러분이 괴롭힘을 당했던 적이 있나요? 다른 사람이 괴롭힘을 당하는 모습을 본 적이 있나요? 혹은 여러분이 누군가를 괴롭혔던 적은 없나요? 짝과 함께 이야기를 나눈 뒤 그때 여러분이 느낀 감정을 다음 표에 적어 보세요.

c) 시간이 지난 뒤 그 상황에서 '그때 이렇게 했더라면 좋았을 텐데…….'라고 생각한 점을 다음 표에 적어 보세요.

	그때 내가 느낀 감정은……	그 상황에서 내가 다르게 했으면 좋았을 점은……
내가 괴롭힘을 당했던 때는……		
내가 다른 사람이 괴롭힘을 당하는 것을 보았던 때는……		
내가 누군가를 괴롭혔던 때는……		

d) 짝과 함께 이야기 나누고 자료를 찾아보세요. 앞으로 여러분이 괴롭힘을 당하게 된다면 어떻게 행동하는 것이 가장 중요할지 정리해 보세요.

괴롭힘의 유형	어떻게 대응할까?
신체적 괴롭힘 – 밀치거나 때리려고 하는 경우	
정서적 괴롭힘 – 기분을 나쁘게 만들거나, 탓하거나, 깎아내리는 경우	
지적 괴롭힘 – 바보 같다, 못한다 등 무능력하다고 말하는 경우	
사이버 괴롭힘 – 문자나 소셜 미디어, 온라인을 통해 욕하거나 험담하는 경우	

e) 온라인에서 안전하게 활동하고 사이버 괴롭힘의 대상이 되지 않도록 하기 위해 교재 29쪽에 있는 1.1h – 디지털 소셜 미디어 네트워크에 참여하고 기여합니다.와 2a – 소셜 미디어 네트워크를 적절하게 사용하여 관계를 맺고 발전시킵니다. 활동을 먼저 살펴보는 것도 도움이 될 수 있습니다.

연습 2 – 괴롭힘에 대응하기

여러분의 학급은 학교의 새로운 '괴롭힘 방지 정책'을 작성하는 과제를 받았습니다.

짝이나 모둠으로 활동하세요.

a) 먼저, '괴롭힘'과 단순한 '나쁜 행동'을 명확히 구분해야 합니다. 이 두 가지는 같은 것이 아닙니다.

괴롭힘은……

단순한 나쁜 행동은……

b) 다음 표에 있는 모든 항목을 차례대로 살펴보세요.

	학생이 할 수 있는 일		선생님이 할 수 있는 일		학교가 할 수 있는 일	
괴롭힘의 유형	괴롭힘이 발생했을 때	방지 방법	괴롭힘이 발생했을 때	방지 방법	괴롭힘이 발생했을 때	방지 방법
신체적 괴롭힘 						
정서적 괴롭힘 						
정신적 괴롭힘 						
사이버 괴롭힘 						

c) 학교에서 누구나 괴롭힘을 신고할 수 있도록 간단한 신고 시스템을 만들어 보세요. 익명 신고나 비밀 보장이 필요할지 고민해 보세요.

d) 괴롭힘 신고가 접수되면 이를 조사하고 대응할 수 있는 절차도 만들어 보세요.

e) 마지막으로, 학교가 앞으로 어떤 형태의 괴롭힘도 용납하지 않겠다는 태도를 담은 '괴롭힘 방지 정책 선언문'을 작성해 보세요.

우리 학교는 ....

....

....

압박과 스트레스

4.3c – 스트레스와 불안을 줄이는 전략을 연습합니다.

숙달 수준

스트레스나 불안감이 밀려올 때 스스로 그 감정을 의식적으로 가라앉히고 언제든지 안정적이고 차분하며 효과적인 마음 상태로 돌아올 수 있다면, 해당 ATL 기능을 사용하는 데 있어 전문가 수준에 도달한 것으로 볼 수 있습니다.

연습 1 – 압박 다루기

a) 학교에서 매일 느끼는 압박에는 어떤 것들이 있나요? 그 압박은 어디에서 비롯되는지도 함께 적어 보세요.

b) 압박에 잘 대처하는 것은 시간 관리, 동기 부여, 자기 대화 관리와 관련이 있습니다. 이를 더 효과적으로 배우려면 다음 연습들을 함께 해 보는 것이 좋습니다.

97쪽의 3a – 단기 및 장기 과제를 계획하고 제출 기한을 맞추기, 3c – 과제를 위한 주간 계획서를 작성하고 사용하기, 3d – 도전적이며 현실적인 목표를 세우기, 103쪽의 3e – 개인적·학업적 목표를 달성하기 위해 전략을 계획하고 행동을 취하기, 142쪽의 4.4a – 성공과 실패의 원인을 분석하고 파악하는 연습하기, 4.4b – 스스로에게 말하는 것을 관리하는 방법을 연습하기, 4.4c – 긍정적 사고를 연습하기

긍정적으로 생각하세요

물리학에서는 압력(압박)을 어떤 물체에 가해지는 힘을 의미하고 스트레스는 압력(압박)으로 인해 생기는 변형을 뜻합니다. 우리 모두는 늘 크고 작은 압박을 받으며 살아갑니다. 압박은 어떤 일을 해내야 할 때 도움이 되는 긍정적인 힘이 될 수 있습니다. 하지만 그 압박이 스트레스로 바뀌는 순간 우리의 효율성과 효과성은 크게 떨어지고 감정적으로나 정신적으로 힘들어질 수 있습니다. 그래서 높은 기대가 요구되는 오늘날의 학교 환경에서는 압박을 잘 다루고 스트레스를 줄이는 방법은 꼭 배워야 하는 중요한 기능입니다.

연습 2 – 지금 여러분은 어떻게 스트레스를 다루고 있나요?

가끔 스트레스를 잘 이겨 내거나 불안한 기분에서 벗어난 적이 있지 않나요? 때로는 그런 상황을 잘 넘기고 더 긍정적이고 효과적인 마음 상태로 돌아온 경험이 있었을 것입니다. 그렇다면 어떻게 해서 그렇게 할 수 있었을까요?

i. 여러분이 스트레스나 불안을 잘 다루어 더 긍정적이고 효과적인 마음 상태로 회복했던 경험을 하나 떠올려 보세요.

ii. 눈을 감고 그 경험을 자세히 떠올려 보세요. 그 경험이 있기 전, 중, 후에 어떤 일이 있었나요? 무엇을 보았는지, 무엇을 들었는지, 어떤 기분이었는지도 생각해 보세요.

iii. 스트레스나 불안을 잘 다루고 있었던 그 순간 여러분의 마음속에서는 어떤 일이 일어나고 있었나요? 스스로에게 어떤 말을 하고 있었나요? 무엇을 상상하고 있었나요? 또한 다른 어떤 일이 있었나요?

iv. 이제 눈을 뜨고 그때의 경험을 모두 적어 보세요. 구체적이고, 명확하며, 분석적으로 서술해 보세요.

v. 지금 적은 내용을 '나만의 스트레스 해소 전략'이라고 이름 붙여 보세요.

vi. 이제 여러분이 가끔 그렇게 해냈던 방법을 알게 되었으니 다음에 다시 그 기능이 필요할 때는 의도적으로 같은 방법을 연습해 보세요.

vii. 연습을 하면 할수록 점점 더 능숙해져서 결국에는 필요할 때마다 언제든 '스트레스 해소 모드'를 스스로 켤 수 있게 될 것입니다.

연습 3 – 스트레스와 불안을 줄이기 위한 연습

a) 몸을 이완시키는 연습은 마음을 편안하게 만드는 데 큰 도움이 됩니다. 몸의 긴장을 풀면 마음의 스트레스도 줄일 수 있어요. → 122쪽에 있는 마음챙김 활동 참고

b) 걷기, 달리기, 춤추기, 요가, 태극권, 무술 같은 리듬감 있는 움직임은 스트레스와 불안을 줄이는 데 도움이 됩니다.

c) 크게 소리 내어 웃게 만드는 유쾌한 유머는 스트레스와 불안을 줄이는 데 큰 도움이 될 수 있습니다.

d) 음악도 도움이 됩니다. 편안한 음악은 마음을 가라앉히는 데 신나는 음악은 기분 전환에 좋습니다. 하나는 이완용 또 하나는 활기찬 댄스용으로 재생 목록을 만들어 보세요. 두 가지 모두 스트레스와 불안을 줄이는 데 도움이 될 수 있습니다.

e) 심상 훈련은 차분하고 편안하며 집중된 자신감 있는 상태를 의도적으로 떠올리는 훈련을 통해 불안과 스트레스 반응을 극복하는 능력을 키우는 데 활용할 수 있습니다. 이 시각화 연습은 몸 안에 일종의 '스위치'를 만들어 언제든지 그 스위치를 켜기만 하면 차분하고 편안하며 집중된 상태로 전환할 수 있도록 돕기 위한 것입니다. 이 스위치를 사용하면 불안이나 스트레스가 몰려올 때도 바로 극복하고 지금 해야 할 일에 집중할 수 있게 됩니다.

이 연습은 눈을 감고 상상하는 것이기 때문에 설명을 읽으면서 동시에 따라 하기는 어려울 수 있습니다. 먼저, 이 심상 훈련 내용을 처음부터 끝까지 미리 읽고 무엇을 해야 하는지 충분히 파악하세요. 그런 다음, 처음 연습할 때는 친구나 가족 등 누군가에게 이 심상 유도 문구를 읽어 달라고 부탁해 보세요. 그 사람이 읽어 주는 내용을 들으며 심상 훈련을 연습해 보세요. 이 기법을 제대로 활용하려면 한동안 하루에 한 번씩 꾸준히 연습해야 합니다. 처음에는 다른 사람의 도움이 필요할 수 있지만 한두 번 연습해 보면 이후에는 혼자서도 충분히 심상 훈련을 실행할 수 있을 것입니다.

이 연습을 시작하기 전에 두 가지를 준비해야 합니다.

① 자신의 삶에서 차분하고 편안하며, 집중도 잘되고, '나는 이걸 잘해 낼 수 있어.'라는 자신감을 느꼈던 순간을 떠올려 보세요. 예를 들어, 가장 좋아하는 게임을 할 때, 가장 잘하는 수업에 참여하고 있었을 때, 책을 읽거나, 악기를 연주하거나, 스케이트보드를 탈 때처럼 여러분이 즐겁고 자신 있게 잘 할 수 있는 활동을 하고 있었던 순간이면 무엇이든 괜찮습니다. 그때 여러분은 어디에 있었고 무슨 일이 일어나고 있었는지를 기억해 보세요.

② 그런 기분을 다시 떠올릴 수 있도록 도와주는 '특별한 신체 동작'이 필요합니다. 우리가 사용할 동작은 주먹을 꽉 쥔 채로 팔을 몸 쪽으로 당기는 동작입니다. 마치 어떤 일을 멋지게 해냈을 때 '예!' 하고 기뻐하며 하는 동작처럼요. 이 동작은 성공의 상징이기

도 합니다.

그래서 심상 훈련 연습을 하며 차분하고 편안하며 집중된 자신감이 마음속에서 차오르는 것을 느낄 때 그 느낌을 '주먹을 꽉 쥐는 동작' 속에 담는 것입니다. 이 동작을 하루에 한 번씩 약 3주간 반복해서 연습하면 뇌 속에서는 주먹을 쥐는 동작을 조절하는 신경과 자신감을 느끼게 하는 신경 사이에 연결이 만들어집니다. 이 연결이 형성되면 나중에 자신감이 필요할 때마다 같은 방식으로 주먹을 쥐는 것만으로도 그때의 자신감 있는 감정을 빠르게 떠올릴 수 있게 됩니다.

그리고 사람은 불안하거나 긴장한 상태와 자신감 있는 상태를 동시에 가질 수 없기 때문에 이 연습을 통해 긴장감은 사라지고 집중력이 높아져 목표를 이루기 위해 해야 할 일에 몰입할 수 있게 됩니다.

이제 다음에 나올 심상 유도 문구를 친구나 가족 등 누군가에게 읽어 달라고 부탁하세요. 여러분은 그저 편안히 앉아 머리를 책상 위에 기대거나 눈을 감고 몸과 마음을 편하게 이완시키면 됩니다.

[차분하고 부드러운 목소리로 천천히 읽어 주세요]
"우선 편안한 자세를 취합니다. 깊게 숨을 들이쉬고 등과 목을 이완하여 온몸을 편안하게 하세요. 이제 가장 먼저 머릿속에 커다란 빈 TV 화면을 떠올려 보세요. 아직 전원이 켜지지 않았고 화면에는 아무것도 없습니다. 이제 TV를 켜세요. 화면에 처음 나타나는 장면은 여러분이 자신감을 느끼고 있는 순간입니다. 기분이 최고인 순간이죠. 그 순간은 과거의 실제 경험일 수도 있고 상상 속의 장면일 수도 있습니다. 어느 것이든 상관없습니다. 이제 TV 화면 속 장면을 보세요. 그 순간을 느끼고 있는 여러분을 바라보세요. 그리고 잠시 그 장면을 멈추고 화면을 고정하세요. 자신감이 넘치는 그 순간, 여러분은 어디에 있나요? 실내인가요 아니면 야외인가요? 다른 사람들과 함께 있나요 아니면 혼자 있나요? 화면의 배경과 전경을 자세히 채워 넣어 보세요. 그리고 색상을 조절해서 더욱 선명하고 밝게 보세요. 그 장면 속의 소리를 불러와 보세요. 그 순간, 어떤 소리가 들리나요? 그리고 그 순간, 스스로에게 어떤 말을 하고 있었나요? 그 소리를 지금 다시 들어 보세요. 화면 속 장면이 점점 커지고 있습니다. 더 가까이 다가가세요. 장면이 더욱 커지고 있습니다. 자신감이 가득 차오르는 느낌을 온전히 느껴 보세요. 그 자신감이 여러분 안에서 점점 솟아오르는 것을 느끼세요. 이제 주먹을 쥐세요. 그 자신감과 감정을 손에 꽉 쥐고 고정하세요. (한동안 멈춤) 이제 손을 다시 편안하게 펴고 손끝을 쫙 펼쳐 주세요. 천천히 그 감정을 놓아 주고 눈을 뜨세요. 이제 방으로 돌아와 기지개하며 몸을 스트레칭하세요.
[활기차고 또렷한 목소리로] 다시 돌아온 걸 환영합니다!"

지금까지 심상 유도 훈련의 과정을 따라왔습니다. 이 방법을 진짜 여러분의 것으로 만들고 싶다면 매일 하루 한 번씩 약 3주간 꾸준히 연습해야 합니다.

연습 순서는 다음과 같습니다.

i. 차분하고 편안하며 자신감이 느껴졌던 순간을 떠올리세요. 그때의 장면을 머릿속에서 보고, 듣고, 느껴 보세요.

ii. 그 감정을 주먹을 쥐는 동작과 연결해 몸에 새기세요.

iii. 이 연습을 21일 동안 하루에 한 번씩 반복해 연습하세요. 이렇게 연습을 마치면 뇌 속에 '트리거(방아쇠)' 또는 '스위치'가 만들어집니다. 이 스위치는 여러분이 필요할 때마다 사용할 수 있습니다. 마음속에서 차분하고 편안하며 집중된 자신감을 바로 켤 수 있게 해주는 장치인 것입니다.

iv. 그래서 만약 여러분이 과제나 마감일, 시험이나 평가 때문에 스트레스를 받거나 불안해지고 있다는 걸 느낀다면 그때는 단 하나만 하면 됩니다. 바로 그 주먹 쥐는 동작을 실행하는 거예요. 그러면 그때의 차분하고 자신감 있는 느낌이 온몸으로 다시 떠오르고, 불안과 스트레스는 사라지며, 여러분의 뇌 전체를 지금 해야 할 일에 집중할 수 있게 됩니다.

자기 동기 부여

4.4a – 성공과 실패의 원인을 분석하고 파악하는 연습을 합니다.
4.4b – 스스로에게 말하는 것을 관리하는 방법을 연습합니다.
4.4c – 긍정적인 사고를 연습합니다.

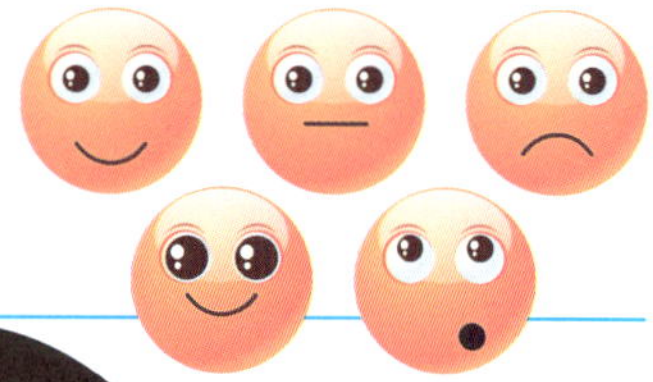

숙달 수준

정말 하기 싫은 일도 적극적이고 긍정적으로 해낼 수 있다면, 이 ATL 기능을 사용하는 데 있어 전문가 수준에 도달한 것입니다.

연습 1 – 목적

여러분은 학교에서 성공하고 싶나요? 성공하고 싶다면, 그 이유는 무엇인가요? 그중 가장 중요한 이유는 무엇인가요?

a) 다음 열두 가지 이유를 자신에게 중요한 순서대로 정리해 보세요. 가장 중요한 이유는 1번 그다음은 2번 이런 식으로 1번부터 12번까지 번호를 매기세요.

- ☐ 좋은 직업을 얻고 많은 돈을 벌기 위해
- ☐ 스스로에게 만족감을 느끼고 자랑스럽기 위해
- ☐ 원하는 대학에 진학하기 위해
- ☐ 지금까지 자신의 학습 성과를 점검해 보기 위해
- ☐ 부모님이 원하시기 때문에
- ☐ 자신의 한계를 시험하고 가능성을 알아보기 위해
- ☐ 똑똑하다는 것을 증명하기 위해
- ☐ 인생에 도움이 되는 지식과 기술을 얻기 위해
- ☐ 똑똑한 친구들과 더 잘 어울리기 위해
- ☐ 지능을 개발하고 사고력을 키우기 위해
- ☐ 부모님을 자랑스럽게 해드리기 위해
- ☐ 집중력, 끈기와 노력하는 태도를 기르기 위해

이처럼 여러분이 성공하고 싶은 이유는 특히 학업이 어려워질 때에도 스스로를 다시 일으켜 세우는 데 큰 힘이 됩니다. 이 목록에 담긴 이유들은 크게 두 가지 유형의 동기 요인으로 나눌 수 있으며 각각 동기에 서로 다른 방식으로 영향을 줍니다.

성공하고 싶은 이유는 두 가지 유형으로 나눌 수 있습니다.

i. 내재적 동기에서 비롯된 이유
- 스스로에게 만족하고 자랑스럽게 느끼기 위해
- 지금까지의 학업 성과를 느껴 보기 위해
- 자신의 한계를 시험하고 무엇을 해낼 수 있는지 알아보기 위해
- 삶에 도움이 되는 지식과 기능을 얻기 위해
- 지능과 사고력을 향상시키기 위해
- 집중력, 끈기와 노력하는 태도를 기르기 위해

ii. 외재적 동기에서 비롯된 이유
- 좋은 직업을 얻고 많은 돈을 벌기 위해
- 원하는 대학에 진학하기 위해
- 부모님이 원하시기 때문에
- 자신이 똑똑하다는 것을 증명하기 위해
- 똑똑한 친구들과 어울리기 위해
- 부모님을 자랑스럽게 해 드리기 위해

외재적 동기는 우리가 가진 아이디어나 포부를 실제 목표로 바꾸는 데 중요한 역할을 합니다. 하지만 연구에 따르면, 이 두 가지 중 더 강력한 것은 내재적 동기입니다.

그 이유는 외재적 동기는 통제하기 어려운 반면, 내재적 동기는 스스로 조절할 수 있기 때문입니다. 힘들고 지치고 모든 걸 그만두고 싶을 때 다시 일어설 수 있게 해주는 가장 강한 힘은 바로 내재적 동기입니다. 자부심이나 해낼 수 있다는 확신 같은 것들이죠. 이런 내적인 동기가 여러분을 다시 일으켜 세우고 결국 끝까지 해내도록 도와줍니다. 외재적 동기는 미래를 꿈꾸고 장기적인 계획을 세울 때 활용하세요. 하지만 그 계획을 현실로 만들고 지금 당장의 어려움과 고비를 이겨 내는 데 필요한 것은 내재적 동기입니다.

정의

👍 성공: 자신이 세운 목표를 실제로 달성했을 때

👎 실패: 자신이 세운 목표를 달성하지 못했을 때

자기 동기는 '귀인'이라는 개념과 밀접하게 연결되어 있습니다. 여기서 귀인이란 어떤 일이 잘되었거나 잘되지 않았을 때 그 원인을 무엇이라고 생각하느냐를 말합니다. 예를 들어, 시험을 잘 봤을 때 "내가 열심히 공부해서 잘 봤어."라고 생각하면 성공의 원인을 자신에게 돌리는 것이고 시험을 망쳤을 때 "운이 없었어."라고 생각하면 실패의 원인을 외부 요인에 돌리는 것입니다.

연습 2 – 성공과 실패 되돌아보기

a) 여러분이 성공했던 순간을 하나 떠올려 보세요. 어떤 종류의 성공이든 괜찮습니다. 스스로 목표를 세우고 그것을 실제로 이루었던 경험이면 됩니다. 예를 들어, 원하는 성적이나 점수를 받았던 순간, 팀이 경기에서 이겼던 순간, 연극에서 대사를 잘 외웠던 순간, 춤이나 노래를 잘 해냈던 순간 혹은 제시간에 일어났던 순간 등 원하던 결과를 얻었던 순간이라면 무엇이든 괜찮습니다.

b) 이번에는 실패했던 순간을 떠올려 보세요. 목표는 세웠지만 원하는 결과를 얻지 못했던 경험이면 됩니다.

c) 이제 그 성공과 실패의 이유가 무엇이라고 생각하는지 다음 표에 적어 보세요.

	무슨 일이 있었나요?	성공과 실패의 이유는 무엇인가요?
한 번 성공했던 경험 – 목표를 세우고 달성했을 때		
한 번 실패했던 경험 – 목표를 세웠지만 달성하지 못했을 때		

성공과 실패의 원인에는 두 가지 유형이 있습니다.

여러분이 통제할 수 있는 원인	여러분이 통제할 수 없는 원인
• 얼마나 노력했는가? • 시간 관리를 어떻게 했는가? • 어떤 학습 전략을 사용했는가? • 집중과 몰입을 얼마나 했는가? • 실수나 실패를 어떻게 받아들이고 대처했는가?	• 선생님 • 학교 환경 • 부모님의 영향 • 운 • 날씨 • 운명

자기 동기를 높이기 위해서는 성공이나 실패의 원인을 '자신이 조절할 수 있는 것들'에 집중하는 것이 중요합니다. 자신이 통제할 수 있는 부분에 집중한다면 앞으로 더 많은 성공을 할 수도 있고 실패를 겪더라도 잘 극복할 수 있는 방법을 스스로 찾아낼 수 있습니다.

d) 110쪽의 3i – 감각적으로 선호하는 학습 방식(학습 유형)을 이해하고 사용하기 연습을 통해 학습을 스스로 통제하고 모든 과목에서 더 많은 성공을 이룰 수 있는 전략을 연습해 보세요.

자기 대화

여러분은 가끔 머릿속으로 스스로에게 말을 거는 경험을 한 적이 있나요? 이것을 '자기 대화' 또는 '내면의 대화'라고 합니다. 누구나 마음속으로 자신과 이야기를 나누며 이는 매우 자연스러운 일입니다. 긍정적인 말도 있고 부정적인 말도 있을 수 있습니다. 자기 대화를 잘 관리하려면 어떤 말에 집중할지를 스스로 선택하는 것이 중요합니다. 부정적인 생각은 회피하지 말고 건강하게 받아들이되 자신에게 솔직해지는 것이 중요합니다. 자신을 속이거나 거짓말해서는 안 됩니다. 머릿속에서 자신에게 하는 말을 스스로 조절하는 방법을 배우는 것은 자기 동기를 높이는 데 있어 중요한 첫걸음입니다. (연습 4.1c – 방해 요소를 극복하기 위한 전략을 연습하기 122쪽 참조).

연습 3 – 자기 대화 관리하기

다음 전략들을 시도해 보세요. 여러 번 반복하고 습관이 될 때까지 연습하세요.

a) 스스로를 방해하는 부정적인 생각이 떠오를 때 그 생각에 사로잡히지 않도록 해 보세요. 그럴 땐 자신에게 하는 말을 바꾸며 관점과 초점을 전환하는 연습이 필요합니다.

i. 과거의 실수나 앞으로 할지도 모르는 실수를 걱정하기보다는 지금 이 순간에 집중하세요. 지금 일어나고 있는 일에 집중하기 위해 스스로에게 어떤 말을 해줄 수 있을까요?

ii. 잘하지 못하는 점(약점)보다는 자신이 잘하는 점(강점)에 집중해 보세요. 여러분이 잘하는 일을 두 가지 적어 보세요.

iii. 결과만 생각하지 말고 지금 하고 있는 과정을 즐기는 것도 중요합니다. 지금 여러분이 하고 있는 일 중에서 재미있거나 열심히 하고 있는 건 무엇인가요?

iv. 날씨, 운, 운명, 선생님 같은 여러분이 통제할 수 없는 것에 신경쓰기보다는 여러분이 통제할 수 있는 것에 집중해 보세요. 학교에서 배우고 이해하는 데 영향을 줄 수 있는 것 중 여러분이 통제할 수 있는 것은 무엇인가요?

v. 완벽하게 하려고 하기보다 지금 할 수 있는 최선을 다하는 게 더 중요합니다. 최선을 다할 수 있도록 스스로에게 어떤 말을 해 줄 수 있을까요?

b) 부정적인 생각이 떠오르면 그것을 인식하고 멈춘 뒤, 긍정적인 생각으로 의도적으로 바꾸어 보세요.

i. 먼저 부정적인 생각을 알아차리세요. 가끔 스스로에게 하게 되는 부정적인 말 세 가지를 적어 보세요(예: "나는 이걸 잘 못 해." "나는 못하겠어.").

ii. 그런 생각이 떠오르면 바로 멈춰 보세요. 마음속으로 큰 소리로 '멈춰!'라고 외치거나 머릿속에 빨간색 정지 표지판을 떠올려 보세요. 조금 이상하게 느껴질 수 있지만 실제로 도움이 됩니다.

iii. 그런 다음, 의도적으로 긍정적인 말로 바꿔 보세요. 예를 들어 "오늘은 내가 해낼 수 있어." "오늘은 끝까지 버틸 수 있어." "나는 이걸 충분히 할 수 있어." "나는 이 정도는 충분히 이겨 낼 수 있어." "나는 강해."처럼 할 수 있다는 가능성에 집중하세요. 앞의 문장 중 하나를 고르거나 스스로 문장을 만들어 보세요.

iv. 이 과정을 여러 번 반복해서 연습하세요. 그러다 보면 습관처럼 몸에 배어 자연스럽게 하게 될 것입니다.

c) 심상 유도 활동을 활용해 지금 이 순간, 과정에 집중해 보세요.

i. 과제, 시험이나 발표를 시작하기 전에 스스로가 그것을 해내는 장면을 떠올려 보세요. 잘 해내고 있는 모습을 상상해 보세요.

ii. 최선을 다해 노력하며 최고의 성과를 내기 위해 몰입하고 있는 자신의 모습을 그려 보세요. 가장 좋은 전략과 가장 효과적인 방법을 사용하고 있는 자신을 떠올려 보세요.

iii. 그리고 '무엇에 집중할지' '집중력과 기법을 어떻게 사용할지' 그리고 '어떻게 잘 해낼 수 있을지' 스스로에게 이야기해 보세요.

d) 자신에 대해 부정적으로 단정 짓지 마세요. 스스로에게 "나는 못 해."라고 말했던 적이 있는지 떠올려 보세요(예: "나는 노래를 못 해." "나는 그림을 못 그려." "나는 수학을 못 해."). 이런 말들은 앞으로도 절대 못 할 거라는 단정적인 생각을 만들고 스스로 자신의 가능성에 한계를 두게 합니다. "나는 못 해."라고 말할 때 실제로는 "이건 나에게 불가능해." "나는 그 능력이 없어." "앞으로도 절대 못 할 거야."라는 의미가 담겨 있습니다. 그런데 정말 그게 사실일까요? 우리는 언젠가 그걸 배울 수도 있고 시도하다가 성공할 수도 있습니다. 가능성은 언제나 열려 있습니다.

i. 그래서 여러분이 해야 할 일은 모든 "나는 못 해."라는 말을 "아직은 하지 못했어."로 바꾸는 것입니다. 그것은 진실이며 그렇게 바꾸는 순간 여러분에게 모든 것이 가능해집니다.

긍정적 사고

긍정적 사고란 스스로를 속이거나 비현실적으로 생각하라는 뜻이 아닙니다. 이는 시각을 조금 바꿔서 자신의 삶과 주변의 삶 속에 있는 긍정적인 부분에 집중하는 습관을 만들어 가는 것입니다.

연습 4 – 긍정적인 사고 연습하기

i. 지금까지 여러분이 이루어 낸 성공들을 목록으로 적어 보세요. 여러분이 이루고자 했던 것을 실제로 이루어 낸 순간이라면 크든 작든 모두 괜찮습니다.

ii. 이번에는 두 번째 목록을 적어 보세요. 여러분의 일상 속에서 감사할 수 있는 긍정적인 요소들을 떠올려 보세요. 예를 들어, 밤에 머물 집이 있다는 것, 식탁 위에 놓인 음식, 여러분을 아껴 주는 사람들, 좋은 교육을 받을 수 있는 기회 등을 적어 보세요. 세상에는 많은 사람들이 누리지 못하지만 여러분은 당연하게 여기고 있는 것들입니다.

앞에서 작성한 두 목록을 빈 종이에 옮겨 적고 방 안의 벽 등 잘 보이는 곳에 붙여 놓으세요. 매일 한 번씩 읽어 보고 새로운 것이 떠오르면 내용을 하나씩 더 추가해 보세요.

iii. 때로는 작은 친절을 베풀어 보세요. 여러분보다 어려운 처지에 있는 사람이거나 무언가에 힘들어하는 사람을 도와줄 수 있습니다. 지금 여러분이 도와줄 수 있는 사람 한 명을 떠올려 보고 어떻게 도와줄 수 있는지 적어 보세요.

iv. 목표를 달성하기 위해 필요한 행동을 항상 스스로 실천해 보려고 노력해 보세요. 올해 여러분이 달성하고 싶은 목표 세 가지를 적고 각 목표를 이루기 위해 지금 하고 있는 일을 하나씩 설명해 보세요.

목표	목표를 위해 내가 실천하고 있는 행동
1.	

2.	
3.	

v. 여러분의 모든 성공과 작은 행운까지도 함께 축하해 보세요. 여러분은 어떤 방식으로 축하받는 것을 가장 좋아하나요? 자신에게 보상으로 주고 싶은 것 세 가지를 적어 보세요.

vi. 긍정적인 미래 계획을 끊임없이 세우고 업데이트해 보세요.

5년 후에 가장 하고 싶은 일 한 가지를 적어 보세요.

10년 후에 가장 하고 싶은 일 한 가지를 적어 보세요.

20년 후에 가장 하고 싶은 일 한 가지를 적어 보세요.

vii. 친구와 주변 사람들이 긍정적인 태도를 갖도록 격려하고 서로 도울 수 있도록 격려해 보세요. 세상을 좀 더 긍정적으로 바라볼 수 있도록 격려가 필요한 사람이 있나요? 그 사람의 이름을 밝히지 말고 그 사람이 더 긍적적인 생각을 할 수 있도록 돕기 위해 여러분이 할 수 있는 일을 적어 보세요.

연습 5 – 지금 여러분은 어떻게 하고 있나요?

a) 여러분이 하고 싶지는 않았지만 꼭 해야만 했던 일을 스스로 동기를 부여해 끝낸 경험을 떠올려 보세요. 무엇이든 괜찮습니다.

b) 눈을 감고 그때의 일을 자세히 떠올려 보세요. 그 일을 하기 전, 하는 동안 그리고 끝난 후에 어떤 일이 있었나요? 여러분의 마음속에서는 어떤 일이 일어나고 있었나요? 스스로에게 어떤 말을 했는지, 어떤 장면을 떠올렸는지, 그 밖에 어떤 상황이 있었는지도 함께 떠올려 보세요.

c) 이제 눈을 뜨고 방금 떠올린 것들을 모두 적어 보세요. 그때의 경험을 구체적이고, 명확하며, 분석적으로 설명해 보세요.

d) 여러분이 동기 부여를 느끼기 위해 꼭 필요한 두 가지 핵심 요소는 무엇인가요?

①

②

e) 만약 여러분이 정말 정말 하기 싫은 일이나 좋아하지 않는 일을 해야 한다면 어떻게 하면 될까요?

f) 여러분의 친구들은 어떻게 할까요? 다른 친구와 이야기를 나눠 보거나 그 친구가 쓴 내용을 살펴보세요. 그리고 여러분이 한번 시도해 보고 싶은 방법이 있다면 적어 보세요.

연습을 많이 할수록 여러분은 점점 더 잘하게 될 거예요. 그러다 보면 필요할 때 언제든 스스로 동기를 불러일으킬 수 있게 될 것입니다.

회복탄력성

4.5a – 역경, 실수, 실패 후 '회복력을 발휘'하는 연습을 합니다.
4.5c – 실망하거나 기대가 충족되지 않은 상황을 다루는 법을 연습합니다.
4.5d – 변화에 적응하는 법을 연습합니다.

숙달 수준

삶에서 어떤 어려움이나 변화가 닥쳐도 잘 극복하고 빠르게 본래의 모습으로 회복해 다시 온전한 실력을 발휘할 수 있다면, 해당 ATL 기능을 사용하는 데 있어 전문가 수준에 도달하였다고 볼 수 있습니다.

회복탄력성은 다양한 정서적 기능이 포함된 복합적인 개념입니다. 이 기능을 효과적으로 기르기 위해서는 먼저 다음과 같은 활동들을 순서대로 실천해 보는 것이 좋습니다. 먼저, 목표 설정과 달성에 관한 연습 활동 부터 실천해 보세요.(3d – 도전적이며 현실적인 목표를 세우는 연습, 97쪽, 3e – 개인적 · 학업적 목표를 달성하기 위해 전략을 계획하고 행동을 취하는 연습, 103쪽) 다음으로, 자기 동기 부여와 관련된 연습을 수행해 보세요(4.4a – 성공과 실패의 원인을 분석하고 파악하는 연습, 4.4b – 스스로에게 하는 말을 관리하는 연습, 4.4c – 긍정적인 사고를 기르는 연습, 142쪽). 마지막으로, 실패를 잘 다루는 방법을 배우는 연습을 수행해 보세요(4.5b – '잘 실패하기'를 연습, 153쪽).

회복탄력성 – 회복탄력성이 있는 학습자는 다음과 같은 특징을 가지고 있습니다.

	회복탄력성이 높은 학습자	회복탄력성이 낮은 학습자
목표	학습 목표를 세움 – 이해하기 위해 배움	수행 목표만 세움 – 좋은 점수를 얻기 위해서만 배움
과제	새로운 과제를 시도하여 자신을 시험하고 실력을 키움	새로운 과제를 맡는 이유가 인정받거나 비난을 피하기 위해서임
도전	적극적으로 새로운 도전을 찾음	모든 새로운 도전을 회피함
성공에 대한 관점	능력보다 노력이 더 중요하다고 믿음	노력보다 능력이 더 중요하다고 믿음
실패에 대한 반응	'잘 실패하기' – 책임을 지고, 과정을 분석하고, 변화를 시도하며 다시 도전함. 실패를 다루는 것이 성공의 중요한 일부임을 이해함	'나쁘게 실패하기' – 책임을 지지 않고 다른 사람이나 제도를 탓함. 같은 방식 반복하거나 노력을 덜 하거나 포기함. 실패에 감정적으로 크게 흔들림
성공에 대한 반응	스스로 성공을 만들어 냈다고 믿음	성공이 다른 사람 덕분이라고만 생각함
지능에 대한 관점	자신의 지능은 유연하며 개발되고 향상시킬 수 있다고 믿음	지능은 고정되어 있으며 바뀔 수 없다고 믿음
학업 수행	높은 성취를 보임	낮은 성취를 보임
미래에 대한 기대	낙관적임	비관적임

연습 1 – 회복탄력성 키우기

a) 특정 시험을 위한 공부가 아니라 이해를 위한 학습을 해 보세요. 이해를 바탕으로 공부하면 더 효과적으로 배우고 기억력도 좋아집니다. 스스로 이해가 부족한 부분이 있는지 점검해 보고 그 부분을 채우기 위해 질문해 보세요(5e – 내용에 대해 성찰하기, 163쪽 활동을 함께 수행해 보면 좋습니다).

b) 집중을 잘하는 방법, 스스로 동기를 부여하는 방법, 정리하는 법, 목표를 설정하고 달성하는 방법을 배워 보세요. 이 모든 것은 효과적인 학습자가 갖춰야 할 핵심 기능입니다. 다음 연습들을 활용해 보세요.(3a – 단기 및 장기 과제를 계획하기, 3c – 과제를 위한 주간 계획표 작성 및 활용하기, 97쪽, 3b – 총괄 평가를 위한 준비 계획 세우기, 100쪽, 4.1a – 초점을 유지하고 집중하는 연습, 4.1b – 정신적 초점을 개발하는 전략 연습하기, 4.1c – 방해 요소를 극복하기 위한 전략 연습하기, 122쪽, 4.2a – 인내와 끈기를 발휘하기, 4.2b – 만족을 지연하는 방법 연습, 128쪽).

c) 스스로 높은 기준을 설정하고 이를 달성하기 위해 최선을 다해 보세요.

d) '잘 실패하는 법'을 배워 보세요. 실패에 감정적으로 휘둘리지 말고, 소중한 피드백으로 활용하세요. 무엇이 잘못되었는지 분석한 뒤 수정하고 다시 도전하세요. 단, 두번째 시도에서는 반드시 이전과는 다른 방식으로 시도해야 합니다.

e) 지능은 유연하고, 다면적이며, 변화, 성장 및 개발이 가능한 것입니다. 지능이 고정되어 있고 변하지 않는다는 생각은 버리세요.

f) 학습 실패의 원인을 자신이 통제할 수 있는 요소에 집중하세요. 예를 들어, 얼마나 노력했는지 어떤 학습 전략을 사용했는지를 점검해 보세요. 새로운 내용을 배울 때 활용할 수 있는 다양한 학습 전략을 갖추는 것이 중요합니다. 다음 연습들을 참고하세요. [3i – 감각적으로 선호하는 학습 방식(학습 유형)을 이해 및 활용하기, 5c – 학습 접근 방법 선택의 유연성과 학습 전략의 사용을 드러내기, 5a – 효과적인 학습을 위한 새로운 기능, 기법, 전략 개발하기, 5b – 자신이 만든 학습 전략의 강점과 약점 파악하기(자기 평가), 5g – 개인적인 학습 전략을 고려하기, 110쪽].

g) 자신만의 긍정적인 미래 계획을 꾸준히 세우고 지속적으로 업데이트하세요.

연습 2 – '다시 일어서기' 연습하기

a) 짝과 함께 다음에 해당하는 경험 한 가지를 적어 보세요. 과제를 하거나, 어떤 일을 맡거나, 게임을 하거나, 새로운 것을 배우려고 할 때 실망하거나, 좌절하거나, 문제를 겪었던 경험을 떠올려 보세요. 단, 그 상황에서 다시 일어나 끝까지 마무리했던 경험이어야 합니다.

b) 그때 무슨 일이 있었는지 자세히 적어 보세요.

c) 이제 눈을 감고 여러분이 '다시 일어섰던' 바로 그 순간을 떠올려 보세요. 그 경험이 있기 전, 중, 후에 어떤 일이 있었는지 가능한 한 자세히 떠올리세요. 그 당시 무엇을 보고, 무엇을 들었으며, 어떤 감정이 들었는지도 생각해 보세요.

d) 다시 일어섰던 그 순간 여러분의 마음속에서는 무슨 일이 일어나고 있었는지 떠올려 보세요. 스스로에게 무엇이라 말하고 있었는지, 무엇을 상상을 하고 있었는지, 그 밖에 어떤 생각과 감정이 있었는지도 함께 생각해 보세요.

e) 이제 눈을 뜨고 방금 떠올린 내용을 모두 적어 보세요. 그때의 경험을 구체적이고, 정확하며, 분석적으로 설명해 보세요.

f) 지금 적은 내용을 '나만의 회복탄력성 전략'이라고 이름 붙이세요.

나만의 회복탄력성 전략

....

....

....

....

....

g) 이제 여러분이 어떻게 다시 일어설 수 있었는지를 알게 되었으니 다음번에 그 기능이 필요할 때마다 지금 떠올린 방법들을 의도적으로 연습해 보세요.

h) 연습할수록 점점 더 잘하게 될 것입니다. 그러다 보면 어느 순간 회복탄력성이 필요할 때마다 스스로 꺼내 쓸 수 있을 만큼 능숙해질 수 있습니다.

잘 실패하기

4.5b – '잘 실패하기'를 연습합니다.

숙달 수준

어떤 목표를 이루지 못했을 때 자동적으로 자신의 수행 과정을 되돌아보고, 과정을 수정한 뒤 다시 시도하며, 목표를 달성할 때까지 계속해 나간다면 이 ATL 기능을 전문가 수준으로 사용하고 있다고 볼 수 있습니다.

'잘 실패하기'는 다양한 정서적 기능이 포함된 다면적인 개념입니다. 이 기능을 효과적으로 기르기 위해서는 먼저 다음의 자기 동기 부여 관련 연습을 해 보는 것이 도움이 됩니다(4.4a – 성공과 실패의 원인을 분석하고 파악하는 연습, 4.4b – 스스로에게 말하는 것을 관리하는 방법 연습, 4.4c – 긍정적인 사고를 기르는 연습).

정의

성공은 목표를 설정하고 이를 달성하는 것입니다. 실패는 목표를 세웠지만 달성하지 못하는 것을 말합니다.

연습 1 – 과거의 경험을 바탕으로 '잘 실패하는 법' 배우기

a) 과거에 세웠지만 달성하지 못했던 목표를 하나 떠올려 보세요. 목표가 크든 작든 상관없지만 지금도 여전히 이루고 싶은 것이어야 합니다.

b) 목표가 무엇이었는지 구체적이고 명확하게 설명하세요.

....

....

c) 목표를 달성하기 위해 무엇을 했는지 구체적인 행동을 적어 보세요.

....

....

d) 결과가 어땠는지 사실에 근거하여 명확하고 구체적으로 설명해 보세요.

....

....

....

e) 목표를 달성하기 위해 사용한 과정을 분석하고 그 과정에서 여러분이 통제할 수 있었던 요인과 통제할 수 없었던 요인을 구분해 보세요. 두 가지 목록을 다음에 작성하세요.

ⅰ. 내가 통제할 수 있었던 요인은 ....

....

ii. 내가 통제할 수 없었던 요인은

f) 여러분이 통제할 수 있었던 요인과 목표 달성을 위해 취했던 행동만을 살펴보고 그중에서 효과가 있었던 행동(목표에 가까워지도록 도와준 것)과 효과가 없었던 행동(목표에 가까워지지 못하게 한 것)을 구분해 보세요. 두 가지 목록을 다음에 작성하세요.

i. 효과가 있었던 행동:

ii. 효과가 없었던 행동:

g) 지난번에 효과가 없었던 행동을 돌아보며 다음번에는 그 행동을 다르게 해 보려면 어떻게 해야할지 계획을 세우세요. 과정에서 어떤 변화를 줄 것인지 두 번째 시도에서는 무엇을 다르게 할 것인지 구체적으로 적어 보세요.

h) g 단계에서 작성한 것을 실제로 적용하여 같은 목표를 다른 방식으로 다시 시도해 보세요.

i) d 단계로 돌아가 그 과정을 반복해 보세요.

j) 해당 목표를 달성할 때까지 이 과정을 계속 반복하세요.

연습 2 – '잘 실패하기'를 활용하여 새로운 목표 달성하기

a) 새롭게 달성하고 싶은 목표를 하나 생각해 보세요. 목표가 크든 작든 상관없습니다.

b) 첫 번째 열의 맨 위부터 시작하여 목표를 명확하게 적어 보세요. 그런 다음, 목표를 달성하기 위해 필요한 행동을 하나씩 실천하면서 첫 번째 열의 칸들을 하나씩 채워 내려가세요. 이 과정은 단기간에 끝나지 않을 수도 있으며, 몇 주에 걸쳐 진행될 수도 있습니다.

c) 첫 번째 열의 맨 아래까지 작성했으면 두 번째 열의 맨 위로 이동해 새로운 목표를 적어 보세요. 이 목표는 처음 목표와 같을 수도 있고 경험을 바탕으로 수정한 목표일 수도 있습니다.

d) 그런 다음, 이번에는 어떤 점을 다르게 할 것인지 그리고 어떤 행동을 할 것인지 구체적으로 적어 보세요.

e) 그 행동을 실제로 실천하면서 두 번째 열을 위에서부터 순서대로 아래 칸을 채워 보세요.

f) 목표를 달성할 때까지 이 과정을 반복하고 반복하세요.

	나의 목표는	수정된 나의 목표는
그 목표를 달성하기 위해 정확히 어떤 행동을 할 것인가요?	나는 이렇게 할 거예요.	나는 이번에는 이렇게 해 볼 거예요.
결과는 어땠나요? 일어난 일을 사실에 근거해 명확하고 구체적으로 적어 보세요.	이런 일이 생겼어요.	이런 일이 생겼어요.
효과가 있었던 행동은 무엇이었나요?	이런 효과가 있었어요.	이런 효과가 있었어요.
효과가 없었던 행동은 무엇이었나요?	이건 효과가 없었어요.	이건 효과가 없었어요.
다음에는 무엇을 다르게 해 볼 건가요?	다음에는 이렇게 바꿔서 해 볼 거예요.	다음에는 이렇게 바꿔서 해 볼 거예요.

연습 3 – 학업 성취를 위한 '잘 실패하기' 활용하기

a) 어떤 과목의 시험이나 과제가 주어지기 전에 스스로 목표를 설정해 보세요. 무엇을 이루고 싶은가요?

b) 자신의 목표를 명확하고 구체적으로 설명하세요.

c) 목표를 달성하기 위해 무엇을 할 것인지 설명하세요.

d) 결과를 받아 본 후 결과가 어땠는지를 사실에 근거하여 설명하세요.

e) 여러분이 설정한 목표를 달성했나요?

- 예 – 잘하셨습니다! 하지만 혹시 목표를 너무 낮게 설정한 것은 아닌지 한번 생각해 보세요. 새로운 학업 목표를 세우고 이 과정을 다시 시도해 보세요.
- 아니요 – 괜찮습니다. 지금이야말로 '잘 실패하기' 기능을 연습할 수 있는 절호의 기회입니다. 다음 단계를 차례대로 진행해 보세요.

f) 시험에서 틀린 문제나 과제에 대해 선생님이 남겨 주신 피드백을 다시 살펴보고 교과서나 자신의 노트를 참고하여 정답을 바르게 다시 작성해 보세요.

g) 다시 작성한 답이 올바른지 선생님이나 정답을 맞힌 친구에게 확인해 보세요.

h) 틀렸던 문제와 유사한 유형의 문제를 교과서에서 찾거나 선생님께 부탁해 하나 더 찾아보세요. 이번에는 선생님이나 교과서의 도움 없이 스스로 풀어 보세요.

i) 새롭게 푼 문제의 답을 선생님께 확인받으세요.

j) 새로운 문제도 올바르게 풀었다면 여러분은 이 경험으로부터 배우고 성장한 것입니다. 그리고 무엇보다 중요한 것은 '잘 실패하기'를 연습했다는 점입니다. 학교에서 진정한 학업 성취를 이루기 위해 할 수 있는 가장 중요한 일은 '잘 실패하기'를 배우고 그것을 실제로 연습하는 것입니다.

ATL 기능 자기 평가

해당 쪽을 가장 잘 활용하는 방법으로 161쪽과 162쪽을 참조하세요.

ATL 기능 숙련도에 대한 학생 자기 평가 – 정서적 기능								
ATL 기능	초보자 (관찰)	학습자 (모방)	실행자 (실행)				전문가 (공유)
			시작하기	연습하기	향상하기	이해하기	
마음챙김							
끈기							
충동과 분노							
괴롭힘(따돌림)							
압박과 스트레스							
자기 동기 부여							
회복탄력성							
잘 실패하기							

메모

성찰 기능

성찰은 자신의 경험을 되돌아보며 그 경험을 통해 무엇을 배웠는지 생각해 보는 과정입니다. 어떤 경험에서든 새로운 사실을 배울 수도 있고, 새로운 기능을 익힐 수도 있으며, 자신이 어떻게 배우는지에 대한 이해를 얻을 수도 있습니다.

효과적인 성찰의 핵심은 경험의 좋고 나쁨을 평가하는 것이 아니라 그 경험을 분석하여 무엇을 배웠고 어떻게 배웠는지에 대한 새로운 이해에 도달하는 것입니다. 성찰하는 학습자는 새로운 이해를 수용하고, 이를 기존의 지식과 연결하며, 자신의 목적에 맞게 조정하고, 생각을 행동으로 옮깁니다.

성찰의 핵심은 메타인지 또는 자신의 생각에 대해 생각하는 것입니다. 효과적인 성찰을 통해 학습자는 자신에게 효과적인 학습 기능, 기법, 전략을 발견하고 새로운 이해를 돕는 요소와 그렇지 않은 요소를 구별할 수 있게 됩니다. 성찰의 목적은 학습을 더 쉽고 효과적으로 만들기 위해 자신의 학습 기능 전반을 향상시키는 데 있습니다.

성찰 기능들을 연습하면 다음과 같은 세 가지 핵심 메타인지 과정을 배우게 됩니다.

1) 아직 모르거나 이해하지 못한 것을 중심으로 교과 내용을 분석하여 자신의 지식에 어떤 빈틈이 있는지 파악하는 방법
2) 자신의 ATL 기능을 정확하게 평가하고 이를 향상시켜 전체 학습의 효과성을 높이는 방법
3) 자신에게 가장 효과적인 학습 전략과 기법이 무엇인지 찾아내는 방법

위대한 성찰

국제연합(UN)은 대화, 토론, 협상을 통해 평화를 증진하기 위해 특별히 설립된 기구입니다. 윈스턴 처칠 경은 철학자 조지 산타야나의 말을 인용하며 이렇게 말했습니다. "역사에서 배우지 못한 자는 그것을 반복할 수밖에 없다."

역사로부터 교훈을 얻는 것은 더 큰 공동의 선을 위해 성찰을 활용하는 훌륭한 사례입니다. 국제연합은 제2차 세계대전이 끝난 후, 또 다시 세계대전이 일어나는 것을 막기 위해 1945년 10월 24일, 51개 연합국을 중심으로 설립되었습니다.

오늘날 UN은 193개 회원국으로 구성되어 있습니다. UN의 주요 목적은 국제 평화와 안전을 유지하고, 인권을 증진하며, 사회 및 경제 발전을 촉진하고, 환경을 보호하는 것입니다. 또한 기근, 자연재해, 무력 분쟁이 발생했을 때 인도주의적 지원을 제공합니다.

모의 유엔(Model United Nations: MUN)활동은 학생들이 외교, 국제 관계 그리고 유엔의 역할에 대해 배울 수 있는 훌륭한 기회입니다. 모의 유엔은 전 세계의 학생들이 함께 모여 실제 세계 문제를 연구하며 비판적 사고, 협상, 토론, 발표, 팀워크, 리더십, 효과적인 성찰을 연습할 수 있는 교육적 시뮬레이션이자 학술 활동입니다. 더 알고 싶다면 https://unausa.org/programs/model-un/*을 방문해 보세요.

*역자 주: 웹사이트는 영어로 제공됩니다. 한국어 번역이 필요한 경우, 웹 브라우저 확장 프로그램인 Immersive Translate를 활용해 보세요.

ATL 기능 개발

5d – 새로운 학습 접근 방법(ATL)을 시도하고 이러한 기능의 효과를 평가합니다.
5f – 학습 접근 방법(ATL)기능 개발을 고려합니다.

숙달 수준

새로운 것을 배울 때마다 다음의 사항을 의식적으로 인식하고 있다면, 해당 ATL 기능 세트를 활용하는 데 있어 전문가 수준에 도달한 것으로 볼 수 있습니다

i. 새로운 내용을 학습하기 위해 사용해야 하는 모든 ATL 기능
ii. 각 ATL 기능에 대한 자신의 숙련도
iii. 이미 숙달한 기능과 새로운 내용을 효과적이고 효율적으로 배우기 위해 더 많은 연습이 필요한 기능

연습 1 – ATL 기능에 대한 자기 평가

a) 지금 학습 중인 단원의 마지막에 있는 ATL 자기 평가표를 찾아보세요. 다음과 같은 형태로 되어 있을 것입니다.

ATL 기능 숙련도에 대한 학생 자기 평가							
ATL 기능	초보자 (관찰)	학습자 (모방)	실행자 (실행)				전문가 (공유)
			시작하기	연습하기	향상하기	이해하기	

b) 첫 번째 열을 살펴보고 현재 선생님이 여러분에게 집중하게 하고 있는 ATL 기능의 이름을 찾아보세요.

c) 이 책에서 해당 ATL 기능이 설명된 쪽으로 넘어가서 상단에 제시된 숙달 수준을 읽어 보세요. 해당 기능을 전문가 수준으로 자유롭게 활용할 수 있으려면 어떤 수행 수준에 도달해야 하는지가 설명되어 있습니다.

d) 다음 체크리스트를 보고 현재 여러분이 해당 ATL 기능 개발에서 어느 수준에 도달했는지 확인해 보세요. 그리고 자기 평가표에서 알맞은 칸에 표시(V 또는 X)하고 오늘 날짜를 써 보세요.

수준 1 – 초보자 (관찰)	수준 2 – 학습자 (모방)	수준 3 – 실행자 (실행)				수준 4 – 전문가 (공유)
		시작하기	연습하기	향상하기	이해하기	
나는 다른 사람들이 해당 기능을 사용할 때 그 사용 방식이 어떻게 나타나는지 알고 있다.	나는 다른 사람이 해당 기능을 사용하는 것을 따라 할 수 있다.	나는 스스로 해당 기능을 사용하기 시작했다.	나는 익숙한 상황에서 혼자 해당 기능을 사용하고 있다.	나는 익숙하지 않은 상황에서도 해당 기능을 사용하는 데 점점 더 나아지고 있다.	나는 필요할 때마다 해당 기능을 사용할 수 있다.	나는 해당 기능을 먼저 생각하지 않고 사용할 수 있다.
나는 해당 기능을 단계별로 나눌 수 있다.	나는 해당 기능을 한 번에 한 단계씩 사용한다.	나는 여전히 해당 기능을 의식적으로 한 단계씩 사용하고 있다.	나는 이제 해당 기능의 모든 단계를 함께 적용하기 시작했다.	나는 과거에 사용했던 방법을 참고하지 않고 해당 기능을 사용할 수 있다.	나는 과거에 사용했던 방법을 참고하지 않고 해당 기능을 자신있게 사용할 수 있다.	나는 다른 학생에게 해당 기능을 사용하는 방법을 가르칠 수 있다.
나는 혼자 해당 기능을 사용할 때 많은 실수를 하고 질문도 많이 한다.	나는 여전히 실수를 하고 도움을 요청하지만 내 실수를 바로잡는 데 점점 능숙해지고 있다.	나는 약간의 도움을 받아 내 실수를 바로잡을 수 있다.	나는 내 실수를 스스로 바로잡을 수 있다.	나는 내 실수를 빠르게 바로잡을 수 있다.	나는 대부분의 실수를 즉각적으로 바로잡을 수 있다.	나는 내가 한 실수를 즉각적으로 바로잡을 수 있다.
나는 해당 기능을 사용하는 데 많은 도움이 필요하다.	나는 익숙한 상황에서 약간의 도움을 받아 해당 기능을 사용할 수 있다.	나는 해당 기능을 사용하는 데 가끔 도움이 필요하다.	나는 익숙한 상황에서 해당 기능을 사용하는 데 더 이상 도움이 필요하지 않다.	나는 익숙하지 않은 상황에서 해당 기능을 사용하는 데 가끔 도움이 필요하다.	나는 해당 기능을 사용하는 데 거의 도움이 필요하지 않다.	나는 익숙하지 않은 상황에서도 다른 사람의 도움 없이 해당 기능을 사용할 수 있다.

e) 그런 다음, 다음 ATL 기능에 대해서도 자기 평가를 해 보세요.

f) 몇 주 뒤(또는 선생님이 요청하실 때), 같은 ATL 기능을 다시 자기 평가해 보고 얼마나 향상되었는지 확인해 보세요.

g) 이 교재 각 쪽에 나와 있는 연습 활동을 집에서 수행하여 해당 ATL 기능의 숙련도를 높여 보세요.

h) 어떤 ATL 기능에서 전문가 수준에 도달했다면 그 기능에서 친구가 실력을 키울 수 있도록 도와줄 수 있는지 살펴보세요. 누구나 모든 ATL 기능을 잘하는 건 아니기 때문에 여러분도 친구를 도와줄 수 있고 친구도 여러분이 다른 기능을 개발하도록 도와줄 수 있을 것입니다. 항상 새로운 ATL 기능을 배우기 위해 스스로에게 도전해 보세요. ATL 기능이 많을수록 모든 과목을 학습이 더 쉬워지고 성과도 더 좋아질 것입니다.

내용에 대한 성찰

5e – 내용을 고려합니다.

i. 오늘 무엇을 배웠는가?
ii. 아직 이해하지 못한 것은 무엇인가?
iii. 현재 가지고 있는 질문은 무엇인가?

숙달 수준

새로운 과제를 받을 때마다 전체 내용을 제대로 이해했는지 스스로 점검하고, 아직 이해하지 못한 부분이 있는지 찾아내며, 그 부족한 부분을 채우기 위한 질문을 만들고, 질문에 대한 답을 반드시 찾으려고 노력한다면, 해당 ATL 기능을 사용하는 데 있어 전문가 수준에 도달했다고 볼 수 있습니다.

성찰은 새로운 이해로 이어질 때 가장 유용합니다. 그러기 위해서는 먼저 자신이 어떤 부분을 이해하고 있는지 그리고 어떤 부분을 아직 이해하지 못했는지를 스스로 분명하게 아는 것이 필요합니다. 여러분도 새로운 주제를 배울 때 처음엔 어렵기만 하다가 어느 순간 아주 작은 한 부분이 이해되면서 전체가 한꺼번에 연결되듯 이해된 경험을 한 적이 있나요? 그건 여러분이 '자신의 이해를 여는 열쇠'를 찾아낸 것이고 그 작은 열쇠 하나가 전체를 이해하는 실마리가 된 것입니다. 이처럼 '이해의 열쇠'는 여러분이 스스로 찾아야 하며 그 열쇠는 사람마다 다를 수 있다는 것도 꼭 기억하세요.

어떤 것을 배우는 데 어려움을 느낄 때 그것을 체계적으로 해결하는 방법을 익히고 싶다면 다음 두 가지 기능이 중요합니다.

1) 첫 번째는 지금 자신이 이해하고 있는 내용을 분석하는 기능입니다. 자신이 무엇을 이해하고 있는지를 분명히 아는 것도 중요하지만 그보다 더 중요한 건 아직 이해하지 못한 부분이 무엇인지 정확히 찾아내는 것입니다.
2) 두 번째는 정확한 질문을 만들어 내는 기능입니다. 이해의 빈틈을 메울 수 있는 질문을 스스로 만들고 그 답을 통해 자신의 이해를 채워 가는 것입니다.

연습 1 – 내가 아직 이해하지 못한 것

a) 방금 마친 학습 내용(수업 하나, 주제 하나, 개념 하나)을 되돌아보며 생각해 봅시다. 먼저, 첫 번째 줄을 작성해 보세요. 그런 다음, 다음 질문 중 자신에게 해당되는 것을 골라 답해 보세요.

i. 내가 잘 이해한 부분은 ....

....

- 하지만 아직 잘 이해가 안 되는 단어는 ....

....

- 아직 이해가 안 되는 아이디어는 ....

....

- 나는 어떻게 해야 ~할 수 있을까? ....

....

- 무엇을 해야 ~할 수 있을까?

- 내가 알아야 할 것은

- 내가 도저히 이해가 안 되는 것은

- 선생님이 말씀하신 '……'의 의미는 무엇일까?

b) 해당 학습 내용에서 이해가 부족한 점을 해결하려면 어떤 질문을 하면 좋을지 생각해 보세요. 그 질문에 대한 명확한 답을 얻을 수 있다면 이해가 더 쉬워질 것입니다. 이 수업(또는 주제, 개념)을 제대로 이해하려면 무엇을 이해해야 하는지 적어 보세요.

c) 자신의 질문에 답할 수 있는 자료나 설명을 찾아보세요. 자신이 이해할 수 있을 만큼 명확한 답을 얻기 위해 어떤 방법이 있을지 생각해 보세요. 예를 들어, 다음과 같은 도움을 받을 수 있습니다.

- 선생님
- 친구
- 선배
- 해당 주제를 잘 아는 어른
- 교과서
- 인터넷

(73쪽의 '2d – 다른 사람의 성공 돕기' 활동을 참고하여 이해를 도와줄 수 있는 반 친구를 찾아보세요.)

d) 자신이 정보를 어떻게 처리하고 있는지에 집중해 보세요. 글을 읽는 방법, 핵심 내용을 요약하고 정리하는 방식, 중요한 개념과 사실을 기억하는 방법 등 여러 가지 학습 방법을 시도해 보면서 자신에게 가장 잘 맞는 이해 방법을 찾아보세요.

e) 이전에 잘 이해하지 못했던 내용을 지금은 어떻게 이해하고 있는지 자신의 말로 설명해 보세요.

f) 선생님이나 다른 학생에게 자신이 새롭게 이해한 내용을 확인받아 보세요.

모방을 통한 창작

5h – 다른 사람의 작품을 모방함으로써 창조 과정에 초점을 맞춥니다.

숙달 수준

다른 사람의 창의적인 사고 과정을 명확히 이해하고 그와 비슷한 방식으로 자신의 활동이나 과제에 적용할 수 있다면, 해당 ATL 기능을 전문가 수준으로 사용할 수 있다고 볼 수 있습니다.

카를 벤츠(Karl Benz)가 처음 자동차를 만들었을 때 그리고 스티브 잡스(Steve Jobs)가 애플의 첫 번째 개인용 컴퓨터를 개발했을 때 그들이 어떤 창의적인 사고 과정을 거쳤을지 생각해 본 적 있나요? 우리는 보통 결과물에만 주목하지 그 결과물이 어떻게 만들어졌는지에 담긴 사고 과정의 흐름에는 별로 집중하지 않습니다. 하지만 모든 것은 하나의 아이디어에서 시작됩니다. 창의적 사고 과정의 첫 번째 단계는 어떤 생각에서 처음 출발했는지를 떠올려 보는 것입니다. 결과물만이 아니라 사고의 과정까지 함께 들여다보면 그 안에 담긴 통찰을 발견할 수 있고 이를 여러분의 작업에 적용해서 더 깊이 있고 완성도 높은 결과물을 만들 수 있습니다.

연습 1 – 기존 발명품 조사하기

짝과 함께 여러분이 함께 조사해 볼 수 있는 발명품이나 제품을 하나 정하세요. 새로운 발명품이든 오래된 것이든 상관없습니다. 예를 들어, 소프트웨어나 앱, 식품, 전자기기, 탈것(자동차 등) 등 어떤 것이든 괜찮습니다. 모든 발명품이나 제품은 어떤 '필요'를 해결하기 위해 만들어졌습니다. 이러한 필요 중에는 명확하게 드러나는 문제도 있고 사람들이 미처 인식하지 못했던 필요도 있습니다.

a) 여러분이 이 물건을 만든 사람이라고 상상해 보세요. 어떤 문제를 해결하려고 했는지 또는 어떤 필요(불편함, 부족함)를 느꼈는지 설명해 보세요.

b) 결국 어떤 해결책을 찾아냈는지 설명해 보세요.

c) 창작은 '상상력'과 '논리적-단계적 전개'가 함께 이루어지는 과정입니다. 이 물건의 발명가가 a에서 b로 가기까지 어떤 단계를 거쳤을지 상상해 볼 수 있나요? 그 과정에서 어떤 문제나 장애물을 마주했을까요? 그리고 그러한 어려움을 어떻게 해결했을까요?

발견한 문제나 필요		
최종 해결책		
단계	문제/장애물	해결 방법
1		
2		
3		
4		
5		

연습 2 – 거인의 어깨 위에 서기

창의력을 발휘하는 한 가지 방법은 기존의 아이디어나 제품을 바탕으로 새로운 문제를 해결하거나 다른 필요를 충족할 수 있도록 개선하는 것입니다. 연습 1에서 설명했던 물건을 바탕으로 자신만의 아이디어를 더해 어떤 방식으로 바꿀 수 있을지 생각해 보세요.

a) 여러분이 새롭게 만든 제품을 만들어 내기 위해 어떤 단계를 거쳐야 할까요? 그 과정에서 어떤 문제나 장애물을 마주하게 될까요?

현재 제품의 상태		
이 제품이 해결할 수 있는 새로운 문제나 필요		
이 제품에 새롭게 추가되어야 할 기능이나 특징		
단계	문제/장애물	해결 방법
1		
2		
3		
4		
5		

연습 3 – 나만의 발명품 만들기

이번에는 짝과 함께 여러분이 직접 발명가가 되어 볼 차례입니다. 연습 1과 2에서 사용한 창의적 사고 과정을 바탕으로 하나의 문제에서 시작해 해결책을 만들어 내는 활동을 해 보겠습니다. 생각이 나아갈 수 있는 방향은 여러 가지일 수 있습니다. 그것은 전혀 문제가 되지 않으며 옳고 그름도 없습니다.

a) 먼저, 학교, 가정, 지역 사회 또는 전 세계에서 아직 충분히 해결되지 않은 문제나 필요를 찾아보세요. 그런 다음, 그 문제에 대한 완벽한 해결책을 상상해 보고 해결책으로 이르기까지 어떤 단계를 거쳐야 할지 하나하나 생각해 보세요.

발견한 문제나 필요		
최종 해결책		
단계	문제/장애물	해결 방법
1		
2		
3		
4		
5		

b) 이러한 과정이 얼마나 어렵거나 쉽게 느껴졌나요?

c) 여러분이 경험한 창의적인 사고 또는 아이디어를 떠올리는 과정을 어떻게 설명할 수 있을까요?

시사점 고려

5i – 윤리적·문화적·환경적 영향을 고려합니다.

숙달 수준
어떤 문제, 상황, 사건이나 행동을 보았을 때 그 안에 담긴 윤리적 · 문화적 · 환경적 의미를 자연스럽게 이해할 수 있다면, 해당 ATL 기능을 전문가 수준으로 사용하고 있다고 볼 수 있습니다.

'시사점 고려하기'란 어떤 문제나 상황, 사건 또는 행동으로 인해 어떤 결과, 결론 혹은 후속 행동이 일어날 수 있는지 생각해 보는 것을 의미합니다. '윤리적 시사점'은 그 상황이나 행동이 옳고 그름, 평등, 공정성과 같은 도덕적인 질문들을 고려하는 것입니다. '문화적 시사점'은 그것이 특정 문화의 가치나 믿음과 어떻게 어울리거나 충돌할 수 있는지에 대해 생각해 보는 것입니다. '환경적 시사점'은 그 일이 환경에 미치는 영향을 고려하는 것입니다.

연습 1 – 지역 정치

a) 최근에 여러분이 살고 있는 지역 시의회나 시/도 또는 국가 정부에서 내린 결정 하나를 떠올려 보세요. 그 결정으로 인해 어떤 행동들이 이어질 수 있는지 그리고 그 결정과 관련된 윤리적·문화적·환경적 시사점은 무엇인지 분석해 보세요.

결정 내용을 설명해 보세요				
결정으로 인해 가장 많이 일어날 것으로 예상되는 네 가지 행동	행동 1	행동 2	행동 3	행동 4
윤리적 시사점 이 행동들이 모두에게 공정하고 평등하며 도덕적으로 옳은가요?				
문화적 시사점 이 행동들이 서로 다른 문화권 사람들에게 다르게 영향을 미치나요? 혹시 특정 문화가 불리해지지는 않나요?				
환경적 시사점 이 행동들이 환경에 영향을 미치나요? 그렇다면 어떻게 영향을 미치나요?				

연습 2 – 학교에서

a) 최근 학교에서 내린 결정이나 현재 시행 중인 학교 규칙 하나를 떠올려 보세요. 그 결정이나 규칙으로 인해 어떤 행동들이 일어나는지 그리고 그 결정에 따른 윤리적·문화적·환경적 시사점은 무엇인지 분석해 보세요.

결정이나 규칙을 설명해 보세요				
결정과 관련해 학생이나 교사가 취하는 네 가지 행동	행동 1	행동 2	행동 3	행동 4
윤리적 시사점 이 행동들이 모두에게 공정하고 평등하며 도덕적으로 옳은가요?				
문화적 시사점 이 행동들이 서로 다른 문화권 사람들에게 다르게 영향을 미치나요? 혹시 특정 문화가 불리해지지는 않나요?				
환경적 시사점 이 행동들이 환경에 영향을 미치나요? 그렇다면 어떻게 영향을 미치나요?				

b) 여러분이 집중해서 살펴본 결정에 대해 어떤 결론을 내릴 수 있나요?

c) 만약 그 결정을 다시 검토할 필요가 있다고 생각한다면 그 내용을 결정하는 사람들이 여러분의 의견을 듣고 고려할 수 있도록 보고서를 어떻게 작성하면 좋을까요?

학습 일지

5j – 성찰 내용을 기록하기 위해 일지를 작성합니다.

숙달 수준

학습에 도움이 되는 유용하고 실천 가능한 성찰을 꾸준히 기록하게 되었을 때, 해당 ATL 기능을 전문가 수준으로 사용하고 있다고 볼 수 있습니다.

가장 유익한 성찰은 학교 안팎에서 더 나은 학습과 성공을 위해 도움이 되는 성찰입니다. 이를 위해서는 자신의 사고, 감정, 행동 등 지금 이 순간의 내적 과정을 인식하고 자신에게 가장 효과적인 것이 무엇인지 기록하는 습관이 필요합니다. 가장 간단한 원칙은 효과가 있는 것은 더 많이 하고 효과가 없는 것은 적게 하는 것입니다. 이 원칙을 삶의 모든 영역에 적용한다면 여러분은 분명 성공할 수 있을 것입니다.

연습 1 – 학습 일지 쓰기

a) 먼저 학습 일지를 어디에 그리고 어떤 형태로 작성할지 정해야 합니다. 종이, 일기장, 휴대전화, 노트북, 태블릿 PC에 기록할 수 있습니다. 어디에 기록하든지 중요한 것은 가능한 자주, 되도록 매일 기록하는 것입니다. 또한 모든 기록이 여러분에게 실질적으로 도움이 되도록 작성해야 합니다. 즉, 학습을 향상시키고 여러분이 생각하는 성공에 가까워지는 데 도움이 되는 내용을 담아야 합니다.

연습 2 – 태도와 행동에 대한 성찰

a) 짝과 함께 브레인스토밍을 해 보세요. 끈기 있고 적극적인 학생이라면 학교, 집, 지역 사회에서 어떤 긍정적인 태도와 행동을 보일지 생각나는 것을 모두 적어 보세요.

b) 학습 일지 쓰기를 습관으로 만들기 위해 일주일 동안 자신이 이러한 긍정적인 태도와 행동을 보일 때마다 기록해 보세요.

연습 3 – 성공과 실패에 대한 성찰

a) 먼저, ATL 기능 4.4a, 4.4b, 4.4c - 자기 동기 부여(142쪽)와 4.5a, 4.5c, 4.5d - 회복탄력성(150쪽)을 살펴보는 것이 도움이 됩니다. 이를 통해 긍정적인 마음을 유지하는 방법과 잘 실패하는 법을 배울 수 있습니다.

b) 다음 표를 활용해 성공과 실패를 겪었을 때의 자신의 생각, 감정, 행동을 하나씩 기록해 보세요. 각 경험에서 무엇을 배웠는지에 집중하는 것이 중요합니다.

나의 만족스러운 경험 - 성공하거나 달성한 목표	그때 내가 했던 생각	그때 내가 느꼈던 감정	그때 내가 했던 행동	그 경험에서 배운 점
1.				
2.				
3.				
4.				
5.				

나의 아쉬운 경험 - 실패하거나 달성하지 못한 목표	그때 내가 했던 생각	그때 내가 느꼈던 감정	그때 내가 했던 행동	그 경험에서 배운 점
1.				
2.				
3.				
4.				
5.				

연습 4 – 학습 과정에 대한 성찰

a) 이제는 학습한 내용과 학습 방법을 효과적으로 되돌아보고 이를 통해 모든 영역에서 학습을 향상시키는 방법을 배우는 것이 도움이 될 것입니다. 이를 위해 다음을 연습해 보세요. 110쪽의 학습 선호도에 관한 ATL 기능 연습(3i, 5a, 5c, 5g, 6d), 161쪽의 ATL 기능 개발 연습(5d, 5f), 163쪽의 내용에 대한 성찰(5e)

d) 그런 다음, 학습 일지를 습관으로 만들기 위해 매일 하루를 돌아보며 오늘 여러분이 성공했다고 느낀 일 한 가지와 다음번에는 다르게 해 볼 수 있을 것 같다고 느낀 일 한 가지를 기록해 보세요.

ATL 기능 자기 평가

해당 쪽을 가장 잘 활용하는 방법으로 161쪽과 162쪽을 참조하세요.

ATL 기능 숙련도에 대한 학생 자기 평가 – 성찰 기능							
ATL 기능	초보자 (관찰)	학습자 (모방)	실행자 (실행)				전문가 (공유)
			시작하기	연습하기	향상하기	이해하기	
ATL 기능 개발							
내용에 대한 성찰							
모방을 통한 창작							
시사점 고려							
학습 일지							

메모

정보 활용 기능

정보 활용이란 언제 정보가 필요한지 그리고 어떤 정보가 필요한지를 인식할 수 있는 기능을 말합니다. 또한 필요한 정보를 검색하고, 찾아내고, 평가하며, 검증하고, 확인한 뒤, 마지막으로 그 정보를 효과적으로 활용할 수 있는 기능을 의미합니다.

1994년 인터넷이 전 세계적으로 보급된 이후, 정보 활용 기능은 현대 교육, 연구 그리고 비즈니스에서 가장 중요한 핵심 기능 중 하나가 되었습니다. 높은 수준의 정보 활용 기능을 가진 사람들은 모든 산업과 분야에서 매우 높은 수요가 있으며 인터넷 기반 서비스가 우리 삶의 모든 영역으로 확장됨에 따라 그 가치는 앞으로 더욱 커질 것입니다. 이러한 기능을 갖추지 못한 사람은 미래사회에서 단순 노동을 제외한 어떤 직업에서도 일하기 어려울 것입니다.

인터넷에 점점 더 의존하게 되면서 발생하는 가장 큰 문제는 정보가 여과 없이 제공된다는 점입니다. 이는 정확성, 진위 여부, 타당성, 신뢰성에 대한 의문을 불러일으킵니다. 정보의 양이 아무리 많더라도 그 자체만으로 더 많은 지식이나 더 나은 정보 사회를 만들어 주지는 않습니다. 정보를 효과적으로 활용할 수 있는 보완적 기능이 뒷받침되어야 합니다.

정보 활용 기능들을 연습하면 조사 기능이 향상됩니다. 검색할 때 정확히 필요한 정보만 찾을 수 있도록 결과를 좁혀 주는 올바른 도구를 사용하는 방법을 배우게 됩니다. 또한 찾은 정보의 정확성을 검증하는 법, 정보를 분석하고 처리하며 서로 연결하는 법 정보를 바탕으로 올바른 결정을 내리는 데 활용하는 법, 그리고 보고서나 문서에서 정보를 올바르게 인용하는 법도 배우게 됩니다. 정보 활용 기능에는 여러분이 선호하는 사고의 감각 체계를 활용해 정보를 처리하는 기능과 시험이나 평가를 위해 필요한 정보를 오래 기억할 수 있도록 돕는 기능들도 포함되어 있습니다.

이 모든 기능은 여러분이 효과적으로 조사할 수 있는 능력과 스스로 조절하며 독립적으로 일하는 능력을 크게 향상시켜 줄 것입니다. 이것은 여러분이 혼자서 일할 때는 물론 팀으로 협력할 때에도 도움이 됩니다.

유용한 정보

인터넷이 원활히 작동하려면 정보를 저장하고 데이터를 빠르게 전송하는 기능이 매우 중요합니다. 이를 위해 수많은 정보를 처리하고 저장할 수 있는 수천 개의 CPU가 필요한 초대형 컴퓨터 센터, 즉 '데이터 팜(data farm)'이 만들어집니다. 이러한 데이터 팜의 성능은 작동 중에 발생하는 열을 얼마나 효과적으로 식힐 수 있는지에 따라 좌우됩니다. 그래서 가장 큰 데이터 팜 중 일부는 추운 기후 지역에 세워졌으며 자연의 찬 공기를 이용해 CPU를 냉각시킵니다. 예를 들어, 페이스북의 데이터 팜은 북극권 가장자리에 위치한 스웨덴 북부에 건설되었습니다.

수집, 기록 및 검증

6a – 데이터를 수집, 기록 및 검증합니다.

숙달 수준

원하는 정보를 언제든지 정확히 찾아내고 그 정확성을 검증할 수 있을 때, 해당 ATL 기능을 사용하는 데 있어 전문가 수준에 도달했다고 볼 수 있습니다.

21세기 대부분의 조사는 검색 엔진을 통해 이루어지지만 책이나 학술지와 같은 인쇄 자료를 활용한 조사 방법도 이해하고 있어야 합니다. 모든 도서관은 듀이 십진분류법을 이용하여 전자 자료, 문서, 도서 등 모든 정보를 주제와 분류별로 정리한다는 점을 알아야 합니다. 온라인 자료를 찾을 때는 검색어를 신중하게 선택하여 검색 범위를 좁히고 검색 결과를 이해하며, 근거를 찾고 데이터의 정확성을 확인할 수 있는 방법을 익혀야 합니다. 인터넷에서 얻은 자료는 항상 신뢰할 수 있는 것은 아니며 인터넷에는 누구나 정보를 게시할 수 있기 때문에 그 출처를 파악하거나 의견과 사실을 구분하는 것도 쉽지 않습니다. 따라서 인터넷에서 수집된 모든 정보를 평가하고 검증하는 책임은 사용자에게 있습니다.

연습 1 – 도서관과 듀이 십진 분류법

a) 도서관에 직접 가 보거나 도서관 사서 선생님을 초청해 듀이 십진분류법이 어떻게 작동하는지 설명을 요청해 보세요.

b) 듀이 십진분류법에서 정보는 열 가지 주요 범주로 나누어 정리됩니다. 이 열 가지 범주는 무엇인가요?

1.	2. ....
3.	4. ....
5.	6. ....
7.	8. ....
9.	10. ....

c) 다음 주제들에 해당하는 분류 코드를 작성해 보세요.

1. 물리학 관련 주제	2. 『바람과 함께 사라지다』 ....
3. 페루	4. 레오나르도 다빈치 ....
5. 컴퓨터 코딩	6. 정신 건강 ....
7. 피라미드	8. 프리스비 ....
9. 불교	10. 학습 심리학 ....

d) 사서 선생님께 여러분이 조사한 정보의 정확성과 신뢰성을 확인하는 가장 좋은 방법에 대해 물어보세요.

연습 2 – 인터넷 검색

a) 여러분은 현재 인터넷에서 정보를 어떻게 검색하나요?

....

b) 평균적으로 몇 개의 검색 결과가 나오나요?

....

c) 그중에서 실제로 몇 개의 결과를 살펴보나요?

효과적인 인터넷 검색은 적절한 검색어를 선택하고, 검색 범위를 좁히며, 검색 결과를 이해하고, 찾은 정보의 신뢰성과 정확성을 검증하는 기능들이 함께 필요합니다.

연습 3 – 검색 범위 좁히기

a) 인터넷에서 '불리언 연산자' '검색 제한자' '고급 검색 팁'에 대해 검색해 보세요.

불리언 연산자		검색 제한자		고급 검색 팁	
연산자	사용 방법	제한자	사용 방법	검색 팁	사용 방법

b) 짝과 함께 결과를 비교해 보세요. 여러분이 놓친 것이 있는지 확인하고 짝에게 배운 유용한 예시가 있다면 표에 추가하세요.

연습 4 – 데이터 검증하기

a) 짝과 함께 지난 연습에서 배운 검색 범위 좁히기 기능을 활용하여 다음에 제시된 인터넷 자료의 신뢰성을 확인할 수 있는 방법을 조사해 보세요. 찾은 내용을 표에 채워 넣으세요.

확인하고 검증할 사항	확인 및 검증 방법 – 어떤 근거가 필요할까?
작성자(들)	
목적 – 왜 이 글이 작성되었을까?	

객관성 – 이 정보는 사실인가, 의견인가, 혹은 특정 관점인가?	
신뢰성 – 이 정보는 충분히 조사·연구된 것인가?	
최신성 – 정보는 얼마나 최신인가?	
링크 – 지금도 열리는 유효한 링크인가?	
결론 – 타당한 근거로 뒷받침되는가?	

b) 다른 짝과 함께 결과를 비교하고 서로 동의하는 내용을 확인하세요.

c) 다시 4명이 팀을 이루어 결과를 함께 비교해 보세요.

d) 여러분이 동의한 내용을 바탕으로 데이터를 검증하는 가장 좋은 방법을 정리해 보세요.

e) 정리한 내용을 팁 목록 형식으로 작성해 교실 벽에 붙이고 다른 친구들의 의견을 받아 보세요.

연습 5 – 나의 조사 활동

a) 다음에 인터넷으로 정보를 조사할 때에는 검색 범위를 좁히는 방법과 찾은 정보를 검증하는 가장 효과적인 방법들을 꼭 연습해 보세요.

접근 및 연결

6b – 다른 사람에게 정보를 얻고 주기 위해 정보에 접근합니다.
6c – 다양한 출처의 정보를 연계합니다.

숙달 수준

정보 사이의 연결과 비교를 통해 패턴을 쉽게 파악할 수 있을 때, 해당 ATL 기능을 사용하는 데 있어 전문가 수준에 도달했다고 볼 수 있습니다.

정보에 접근하는 목적 중 하나는 다른 정보와 연결하여 더 많은 것을 알게 되고 다른 사람에게도 전달하기 위함입니다. 어떤 주제에 대한 이해를 확장하려면 관련된 정보를 더 많이 수집하여 시야와 관점을 넓히는 것이 필요합니다.

연습 1 – 국제 뉴스

a) 짝과 함께 활동하세요.
b) 최근 국제 뉴스 주제 하나를 정하고 해당 사건을 보도한 서로 다른 여섯 곳의 자료를 찾아보세요.
c) 같은 사건에 대한 서로 다른 보도를 분석하여 서로 일치하는 점과 서로 다른 점을 설명해 보세요.

뉴스 사건 (제목과 날짜)		
자료 출처	이 보도들은 어떻게 연결되어 있나요? 어떤 점에서 일치하나요?	각 보도는 어떤 점이 다른가요?
출처 1		
출처 2		
출처 3		
출처 4		
출처 5		
출처 6		

연습 2 – 주제 간 연결

a) 짝과 함께 각자 관심 있는 서로 다른 주제를 하나씩 선택해 조사하세요.

b) 각자 조사한 내용을 바탕으로 누가, 무엇을, 어디서, 언제, 왜, 어떻게에 대한 정보를 해당 열에 정리하세요.

c) 조사가 끝나면 함께 표의 가운데 열을 활용하여 두 주제 사이에서 연결될 수 있는 부분을 찾아 선으로 이어 보세요. 선 위에는 어떤 관련성이 있는지 간단히 적습니다. 어떤 연결이든 괜찮으니 자유롭고 창의적으로 생각해 보세요!

	주제 1	연결	주제 2
누가			
무엇을			
어디서			
언제			
왜			
어떻게			

기억 전략

6e – 장기 기억력을 발달시키기 위해 암기 기법을 사용합니다.

숙달 수준

필요할 때마다 기억 기법과 복습 주기를 자동으로 활용하여 정보를 잘 기억할 수 있을 때, 해당 ATL 기능을 사용하는 데 있어 전문가 수준에 도달했다고 볼 수 있습니다.

학습한 내용을 잘 기억하기 위해서는 여러 가지 ATL 기능을 함께 사용해야 합니다. 먼저, 기억의 핵심은 '이해'라는 것을 인식해야 하며 이해를 키우는 첫 단계는 자신만의 말로 요약·정리를 하는 것입니다. 내용이 충분히 이해가 되었다면 이제 주요 내용을 정기적으로 복습하며 장기 기억으로 옮겨야 합니다. 자신의 말로 핵심 내용을 다시 설명해 보는 연습이 효과적입니다. 마지막으로, 단순히 암기해야 하는 사실이 있다면 거기에 적절한 기억 기법을 활용할 수 있습니다.

연습 1 – 공부를 위한 복습 계획 세우기

a) 먼저, 자신에게 가장 효과적인 요약 노트나 학습 노트 작성 방법을 찾아보세요. 이를 위해 50쪽에 있는 1.2i – 수업 시간에 효과적으로 메모하기와 1.2j – 공부를 위해 효과적으로 요약 메모 작성하기를 먼저 수행해 보세요.

b) 그리고 나서, 모든 과목에서 중요한 내용을 규칙적으로 요약 정리하는 습관을 들이세요. 이것은 시험을 준비할 뿐만 아니라 자신만의 복습 계획에도 도움이 됩니다.

c) 어떤 주제에 대해 좋은 요약 정리를 했다면 이제 그 내용을 제대로 이해하고 있는지 확인해야 합니다. 요약한 내용을 소리 내어 읽고 자신의 말로 다시 문장으로 풀어서 설명해 보세요.

d) 아직 잘 이해되지 않는 부분이 있다면 교과서나 원래 필기한 내용을 다시 확인하고 필요한 단어나 내용을 더 보충해서 요약문에 추가하세요. 그리고 다시 스스로 설명해 보세요.

e) 요약한 지 24시간 이내에 다시 확인하고 자신의 말로 설명해 보세요.

f) 요약한 지 일주일 뒤에도 다시 확인하고 자신의 말로 설명해 보세요.

g) 요약한 지 한 달 뒤에도 다시 확인하고 자신의 말로 설명해 보세요. 이 단계까지 오면 그 내용은 장기 기억속에 자리 잡게 됩니다.

h) 마지막으로, 배운 주제와 관련된 기출 문제를 풀어 보며 스스로를 점검하세요. 노트를 보지 않고 답안을 작성해 본 뒤 자신의 답을 노트와 비교해 보세요.

연습 2 – 기억 기법

기억을 도와주는 다양한 기법이 있으며 그중 세 가지 기법을 예시로 소개합니다.

a) 숫자 연결 기법

ⅰ. 숫자 1부터 10까지의 숫자를 특정 이미지와 연결해 보세요. 예를 들면, 다음과 같습니다.

1 드럼	2 신발	3 나무	4 문	5 벌집	6 막대기	7 천국	8 대문	9 표지판	10 암탉

이 이미지를 몇 번 반복해서 되새기며 머릿속에 확실히 자리 잡도록 하세요.

이제 이렇게 외운 '숫자 연결 이미지'들을 활용해 역사 속 중요한 연도를 기억해 보세요. 예를 들어, 특정 역사적 사건을 생각할 때 그 장면 속에 해당 연도를 나타내는 숫자 연결 이미지를 함께 넣어 기억하는 방식입니다.

ii. 예시: 인쇄기의 발명 - 1439년

1439년을 숫자 연결 기법으로 표현하면 드럼 → 대문 → 나무 → 표지판 입니다. 사실 대부분 학교에서 외워야 하는 연도는 1로 시작하므로 1에 해당하는 이미지는 생략해도 괜찮습니다. 즉, 439만 기억하면 됩니다 - 대문, 나무, 표지판 (단, 반드시 올바른 순서를 지켜야 합니다.) 이 기법의 핵심은 머릿속에 떠올리는 그림을 최대한 생생하고 구체적이게 상상하는 것입니다. 예를 들면, 이렇게 상상해 보세요.

"여러분은 중세 시대의 더럽고 연기가 자욱한 어느 유럽 마을에 있습니다. 커다란 공장 건물 앞에 서 있는데 안에서 기계가 요란하게 쾅쾅 소리를 내며 돌아가는 소리가 들려옵니다. 힘겹게 커다란 나무 문을 열고 들어가 보니 거대한 인쇄가 미친 듯이 돌아가며 수백 권의 책을 바닥에 쏟아 내고 있습니다. 마치 폭발 직전처럼 보이죠. 그런데 그 기계를 책임져야 할 감독자는 공장 한가운데 커다란 참나무 아래에서 곤히 잠들어 있습니다. 나무 옆에는 '위험, 날아다니는 책 조심!'이라는 표지판이 세워져 있네요."

이 장면에서 대문 - 나무 - 표지판을 인쇄기와 연결해 순서대로 떠올리면 1439년이라는 연도를 쉽게 기억할 수 있습니다.

iii. 이제 여러분만의 재미있는 그림 이야기를 만들어 보세요.

망원경의 발명(1608년) → 막대기 - 암탉 - 대문

재봉틀의 발명(1790년) → 하늘 - 표지판 - 암탉

잔디깎기의 발명(1830년) → 대문 - 나무 - 암탉

b) 장소 기억 기법

이 방법은 자신에게 익숙한 장소를 활용하여 기억해야 할 정보를 떠올릴 수 있도록 도와주는 기억법입니다.

예시	
장소	물건
뒷문 식탁 벤치 가스레인지 싱크대 식기세척기	달걀 초콜릿 소시지 버터 생선 탄산음료

i. 먼저 해야 할 일은 여러분이 잘 아는 장소들의 목록을 만드는 것입니다. 집 안을 걸어 다닌다고 상상해 보세요. 뒷문, 식탁, 벤치, 가스레인지, 싱크대, 식기세척기처럼 여러분이 보게 될 열 가지를 차례로 적어 보세요. 이제 그것들을 아래 표의 '장소' 열에 적으세요.

ii. 이제, 슈퍼마켓에서 살 수 있는 물건 열 가지를 떠올려 각 장소와 짝지어 주세요(예: 달걀, 초콜릿, 소시지, 버터, 생선, 탄산음료 등). 각 장소에 하나씩 대응해서 다음 표의 '물건' 열에 적어 보세요.

장소	물건	장소	물건

iii. 이제 해야 할 일은 집 안을 걸어 다니는 장면을 상상하면서 각 장소에 슈퍼마켓 물건을 하나씩 두는 것입니다. 단, 가능한 한 과장되고 엉뚱한 그림으로 떠올려야 합니다. 예를 들면, 이렇게 상상해 보세요.

"뒷문을 열었더니 달걀 더미에 부딪혔어요. 달걀이 다 깨져서 끈적끈적하고 질퍽한 액체가 현관 앞 계단에 흘러내렸습니다. 그래서 조심스럽게 그 위를 넘어 주방으로 들어갔어요. 제일 먼저 보인 건 주방 식탁이었는데 그 식탁이 초콜릿으로 만들어져 있어서 한 조각을 떼어 먹었지요. 그리고 벤치를 보니 수백 개의 소시지가 차곡차곡 쌓여 의자가 되어 있었어요. 그다음 가스레인지에는 냄비가 있었는데 그 안에서 녹은 버터가 넘쳐 흘러 뜨거운 불판 위에서 타고 있었어요. 그래서 물을 가져오려고 싱크대로 갔더니 싱크대 안에는 물고기들이 헤엄치고 있었어요. 마지막으로 식기세척기를 열었더니 탄산음료가 콸콸 쏟아져 나와 바닥을 흥건하게 적셨습니다."

iv. 집 안의 각 장소에 순서대로 슈퍼마켓 물건들이 놓여 있다고 상상해 보세요. 가능한 한 생생하게 떠올려야 합니다. 그런 다음, 표를 가리고 눈을 감고 마음속으로 집 안을 걸어 다니며 물건들이 다 있는지 확인해 보세요.

v. 이제 눈을 뜨고 다시 테스트해 보세요. 물건을 순서대로 기억할 수 있나요? 그렇다면 이번에는 마지막 물건부터 거꾸로 기억해 볼 수 있나요?

c) 그림 이야기로 물리 개념 기억하기

i. 한 물리학과 학생이 지구에 존재하는 에너지의 모든 형태와 종류를 기억하기 위해 만든 방법입니다. 여러분도 직접 시도해 보고 효과가 있는지 확인해 보세요.

"하늘에 있는 전기 콘센트에 태양이 꽂혀 점점 더 뜨거워지고, 더 뜨거워지고, 더 뜨거워지다가 결국 너무 뜨거워져서 하늘을 가로질러 날아가며 구름에게 "비켜!" 하고 외칩니다. 태양은 질주하다가 하늘 끝자락에 다다라서 급정거를 하지요. 그곳은 깊은 낭떠러지라서 태양은 발에 번지 점프 줄을 묶고 그대로 뛰어내립니다. 몇 번이나 위아래로 튕겨 오르내리다가 너무 뜨거워서 줄이 타 끊어져 버리고 태양은 끝없이 떨어져 결국 산성 용액이 가득한 통 속으로 빠져들어갑니다. 그러자 커다란 거품이 일고, 지글지글 소리를 내며, 고약한 냄새의 화학 반응이 일어나더니 마침내 거대한 핵폭발로 터져 버립니다."

ii. 이 이야기를 통해 알 수 있는 건 다음과 같습니다.

① 활동 에너지: 태양(태양 에너지)이 하늘의 전기 콘센트(전기 에너지)에 꽂혀 점점 더 뜨거워지고(열에너지) 결국 너무 뜨거

워져서 하늘을 가로질러 질주하며(운동 에너지) 구름에게 “비켜!” 하고 외치는 소리(소리 에너지)를 냅니다. 그러다 하늘 끝에 다다라 급정거하는 장면까지 이어집니다.

② 잠재 에너지: 태양이 발에 번지 점프 줄을 묶고 뛰어내리며(중력 에너지) 줄에 매달려 위아래로 튕겨 오르내리는(탄성 에너지) 동안 너무 뜨거워 줄이 타서 끊어지고 아래로 계속 떨어져 내려갑니다.

③ 화학 에너지: 결국 태양이 산성 용액이 가득한 통 속에 빠져들고, 커다란 거품, 지글지글 끓는 소리와 고약한 냄새가 나는 화학 반응(화학 에너지)을 일으킵니다. 그리고 마침내 거대한 핵폭발(핵 에너지)로 터져 버립니다.

d) 기억의 성 – 자신만의 기억의 성 만들기

이 활동은 각 과목의 내용을 정확하고 쉽게 기억하는 데 도움이 되는 시각적 사고 기법입니다. 276쪽의 ‘시각적 사고 – 연습 2’로 가서 여러분만의 기억의 성을 만드는 방법을 확인해 보세요.

e) 이제 무엇을 암기해야 할지 정했다면 자신에게 맞는 기억 기법을 온라인에서 찾아보세요. 누군가는 이미 그것을 효과적으로 암기할 수 있는 방법을 만들어 두었을 것입니다. 여러분은 그 방법을 찾아내기만 하면 됩니다.

형식 및 플랫폼

6f – 다양한 형식과 플랫폼으로 정보를 제시합니다.
1.2l – 다양한 매체를 사용해 학문적, 통합교과적 탐구를 위한 정보를 찾습니다.

숙달 수준

정보를 제시할 때 가장 적절하고 효과적인 형식과 플랫폼을 자신 있게 선택할 수 있다면, 이 ATL 기능을 전문가 수준으로 사용할 수 있다고 볼 수 있습니다.

정보는 크게 인쇄물 형태와 비인쇄물 형태, 두 가지로 나눌 수 있습니다. 인쇄물 형태에는 책, 기사, 보고서, 학술지 등이 포함되고 비인쇄물 형태에는 이미지, 영상, 녹음된 음성, 팟캐스트, 시청각 자료, 멀티미디어 등이 포함됩니다. 플랫폼은 정보를 청중에게 전달할 때 사용하는 기술, 소프트웨어, 앱 등을 말합니다. 오늘날에는 정보를 혁신적이고 흥미롭게 표현할 수 있는 다양한 기술 플랫폼들이 계속 등장하고 있습니다. 여기서 '매체(미디어)'라는 단어는 두 가지 의미로 쓰일 수 있습니다. 즉, 메시지를 표현하는 형식과 그 메시지를 전달하는 플랫폼을 통틀어 말할 때 사용합니다.

연습 1 – 멀티미디어로 학교 과제 표현하기

a) 짝과 함께 활동해 보세요.

b) 각자 한 과목에서 한 가지 간단한 사실을 선택하고 그 사실이 얼마나 다양한 방식(매체 형식)으로 표현되어 있는지 찾아보세요.
누가 더 많이 찾았는지 비교해 보세요.

c) 이번에는 한 가지 전체 주제를 정해서 같은 방식으로 찾아보세요.

d) 여러 가지 표현 방식 중에서 여러분에게 가장 이해하기 쉬웠던 정보의 매체 형식을 표시해 보세요.

	어떤 매체 형식에서 찾았는가?						나에게 가장 이해가 잘 된 매체 형식
학생 1: 내가 선택한 사실은……							
학생 2: 내가 선택한 사실은……							
학생 3: 내가 선택한 주제는……							
학생 4: 내가 선택한 주제는……							

연습 2 – 매체 형식 바꿔 보기

a) 자신이 이전에 만든 발표 자료를 하나 선택해 다른 발표 플랫폼(예: 프레지, 파워포인트, 구글 슬라이드, 키노트 등)으로 바꿔 보세요.

b) 그런 다음, 동일한 발표를 인쇄 매체 형식(예: 책, 그림 시리즈, 스토리보드 등)으로도 다시 표현해 보세요.

c) 각각 정보 전달 매체에 대해 장점, 단점, 청중에게 미치는 영향을 생각해 보며 평가해 보세요.

d) 자신이 가장 선호하는 정보 전달 매체는 무엇인지 선택해 보세요.

	장점	단점	청중에게 미치는 영향	내가 선호하는 정보 전달 매체는……
내가 처음 사용한 발표 매체는……				
내가 바꾼 발표 플랫폼은……				
내가 바꾼 인쇄물 매체 형식은……				

연습 3 – 멀티미디어 활용하기

a) 발표에서 멀티미디어를 효과적으로 활용하는 연습을 하기 위해 22쪽의 '1.1e – 다양한 미디어와 형식을 사용하여 여러 대상과 효과적으로 소통하기'와 16쪽의 '1.1c – 다양한 말하기 기법을 사용해 다양한 대상과 소통하기' 활동을 수행해 보세요.

출처 및 도구

6i – 정보의 출처와 디지털 도구를 특정 과제에 적절한지에 기반하여 평가하고 선택합니다.

숙달 수준

각 학업 과제에 맞추어 정보를 처리하기 위해 가장 적절한 정보 출처와 디지털 기술을 자신 있게 선택할 수 있을 때, 해당 ATL 기능을 사용하는 데 있어 전문가 수준에 도달했다고 볼 수 있습니다.

필요한 정보를 얻기 위해 여러분은 다양한 출처를 활용할 수 있습니다. 예를 들어, 웹사이트, 블로그, 신문, 책, 잡지 등이 있으며 중요한 것은 자신이 필요한 것에 가장 적합한 출처를 평가하고 선택하는 능력입니다. 또한 각 출처에서 어떤 정보를 눈여겨봐야 하는지도 판단할 수 있어야 합니다. 학습을 위해 사용할 수 있는 디지털 도구도 다양합니다. 예를 들어, 정보를 생성하고, 처리하고, 저장하는 다양한 앱, 정보 공유 플랫폼, 의사소통 도구, 소셜 미디어 등이 있습니다. 여러분은 앞으로 해야 할 과제에 맞는 최적의 도구와 출처를 선택하는 능력을 키워야 합니다.

홈 포트폴리오 블로그 연락처

연습 1 – 조사하고 검증하기

a) 먼저, 176쪽에 있는 6a –데이터를 수집, 기록 및 검증하기 활동을 수행해 보면 좋습니다. 이 연습을 통해 필요한 정보를 어떻게 찾을 수 있는지 또한 정보의 정확성과 신뢰성을 어떻게 검증하는지 배울 수 있습니다.

연습 2 – 정보 과제와 필요

a) 현재 진행 중인 과제나 프로젝트에 대해 생각해 보세요. 각 과제를 위해 어떤 정보가 필요한지 스스로 점검해 보세요. 지금 하고 있는 학습 활동 중 두 가지를 선택하여 다음과 같은 방식으로 분석해 보세요.

각 과제에 제목을 붙이세요.	1.	2.
여러분이 답변하려는 질문은 무엇인가요?		
그 질문에 답하기 위해 어떤 정보를 찾아야 하나요?		

해당 정보를 찾을 수 있는 서로 다른 두 가지 출처를 생각해 보세요.				
각 출처의 장점 한 가지와 단점 한 가지는 무엇인가요?				
그 정보를 가지고 어떤 작업을 해야 하나요? 분석, 요약, 복사 중 무엇이 필요한가요?				
이 작업을 수행하는 데 사용할 수 있는 두 가지 디지털 도구(앱 또는 프로그램)를 생각해 보세요.				
각 디지털 도구의 장점 한 가지와 단점 한 가지는 무엇인가요?				
각 과제에 가장 적합한 출처와 디지털 도구의 조합은 무엇인가요?				

분석 및 해석

6k – 비판적 문해력을 사용하여 미디어를 통한 의사소통을 분석하고 해석합니다.
7b – 사건과 아이디어에 대한 미디어(디지털 소셜 미디어 등)를 해석하고 이해했음을 보입니다.
7e – 여러 가지 다양한 출처에서 다양한 관점을 살펴봅니다.

숙달 수준

정보의 정확성, 타당성, 해석 그리고 잠재적 편향 여부를 스스로 분석하고 그에 따라 가장 적절한 미디어를 찾아 활용할 수 있을 때, 해당 ATL 기능을 사용하는 데 있어 전문가 수준에 도달했다고 볼 수 있습니다.

다양한 매체에서 수집한 정보를 처리할 때, 여러 가지 ATL 기능이 함께 활용되며 서로 연결되어 작동합니다. 이 과정의 목적은 정보를 분석하는 능력을 기르고, 제시된 주장 속에서 강점과 약점을 파악하며, 데이터의 타당성을 확인하고, 근거 없는 가정이나 편향(치우친 관점)을 인식하며, 나아가 경향, 패턴 또는 타당한 예측을 찾아내는 것입니다.

먼저, 223쪽의 8c, 8e, 8g, 8h – 가정 평가하기, 221쪽의 8b, 8f – 논증(주장) 구성하기, 그리고 226쪽의 8r – 추세(트렌드)를 파악하고 가능성을 예측하기 활동을 먼저 살펴보면 도움이 됩니다.

연습 1 – 편향(치우친 관점) 조사하기

a) 최근 있었던 주요 국제 뉴스 사건 하나를 골라 해당 뉴스가 서로 다른 4개의 언론 매체에서 어떻게 보도되고 있는지 살펴보세요. 한 가지 출처는 여러분의 나라에서 가장 큰 신문사 웹사이트를 사용하고 다른 세 가지는 알자지라(Al Jazeera), BBC, 폭스(Fox), RT 가운데에서 고르세요.

b) 각 언론 매체가 누구를 대표하는지, 즉 누가 소유하고 있으며 주요 독자층은 누구인지 조사해 보세요.

c) 다음 표를 활용해 해당 뉴스를 분석해 보세요.

선택한 언론 매체	1.	2.	3.	4.
각 매체는 누가 소유하고 있나요?				
각 매체의 주된 독자층(대상)은 누구인가요?				
선택한 뉴스는 어떤 내용인가요?				
각 매체의 기사 제목(헤드라인)은 무엇이었나요?				
각 매체의 주요 기사 내용은 무엇이었나요?				

어떤 근거(증거)가 제시되었나요?				
기사를 통해 결론이 내려지거나 어떤 예측이 제시되었나요?				
보도 내용에서 편향(치우친 관점)이나 가정을 찾아볼 수 있었나요?				
이 사건이나 이슈에 대해 양쪽 입장을 공평하게 다루었나요?				
기사에서 제시한 주장은 얼마나 타당하다고 생각하나요?				
어떤 언론 매체가 가장 균형잡히고 잘 조사된 보도를 했다고 생각하나요?				

연습 2 – 다른 미디어의 표현 방식

a) 동일한 뉴스 보도에 대한 댓글을 서로 다른 소셜 미디어 및 사진 공유 플랫폼에서 찾아보세요.

b) 각 미디어 플랫폼이 독자에게 제공하고자 하는 정보의 유형과 형태는 무엇인가요?

c) 각 미디어 플랫폼은 뉴스의 어떤 측면에 초점을 맞추고 있나요?

d) 만약 이 뉴스에 대해 접할 수 있는 정보가 이것뿐이라면 사건에 대해 어떤 결론을 내릴 수 있을까요?

선택한 플랫폼(소셜 미디어 또는 사진 공유)	제공된 정보의 유형과 형식은?	댓글이나 사진이 초점을 둔 부분은?	여러분이 내릴 수 있는 결론은?
1.			
2.			
3.			
4.			
5.			

지식 재산권 표기

6l – 지식 재산권을 이해하고 적용합니다.
6m – 인정되는 규약에 따라 출처 표기와 인용을 만들고, 각주/미주를 사용하고 참고 문헌을 구성합니다.

숙달 수준

다른 사람의 지식 재산권을 자동적으로 인식하고 이를 존중하며 참고문헌에 정확한 출처를 작성할 수 있을 때, 해당 ATL 기능을 사용하는 데 있어 전문가 수준에 도달했다고 볼 수 있습니다.

지식 재산권은 저작권, 특허권, 상표권 등처럼 원작에 부여되는 보호 권리를 말합니다. 이러한 창작물에는 글, 예술 작품, 음악, 발명품, 디자인, 이미지, 상징, 이름 등 사람이 만든 모든 창의적인 결과물이 포함됩니다. 무언가를 새롭게 만들어 내는 순간 그것은 저절로 저작권의 보호를 받게 됩니다. 즉, 여러분의 허락 없이 다른 사람이 그것을 복사하거나 사용하는 것은 허용되지 않으며 만약 그렇게 한다면 법적으로 대응할 수 있습니다. 여러분이 어떤 정보를 책이나 인터넷에 공개할 경우 그 정보를 누구나 자유롭게 사용할 수 있도록 할 수도 있고 반대로 지식 재산권 보호 대상으로 지정할 수도 있습니다. 책, 잡지, 인터넷 등에서 정보를 복사해 사용하고 싶을 때는 먼저 그 정보가 저작권 보호 대상인지 아닌지 확인해야 합니다. 만약 그대로 복사하지 않고 다른 사람의 아이디어를 참고하여 자신의 방식으로 표현하는 경우에는 저작권 침해에 해당하지는 않습니다. 그러나 아이디어나 이미지가 자신이 만든 것이 아닐 경우 그 출처와 창작자를 반드시 밝혀야 합니다. 다른 사람의 글이나 작품을 자신의 글에 포함시키고 출처를 밝히는 것을 인용이라고 합니다. 이때 사용한 모든 인용은 나중에 모아서 참고 문헌에 정리해야 합니다. 출처를 밝히지 않고 다른 사람의 지식 재산을 사용하는 것은 표절이라고 합니다.

연습 1 – 지식 재산권

a) 음악이나 영상을 다운로드하면 자동으로 저작권법을 위반하게 되나요? ☐ 예 ☐ 아니요

b) 동일한 자료를 스트리밍하는 경우에도 자동으로 저작권법을 위반하게 되나요? ☐ 예 ☐ 아니요

c) 다운로드와 스트리밍은 어떻게 그리고 왜 서로 다른가요?

....

....

....

....

d) 저작권법을 위반하지 않고 자료를 다운로드하거나 스트리밍할 수 있는 상황은 어떤 경우인가요?

....

....

....

e) 웹사이트에서 글이나 이미지를 복사해 붙여 넣으면 자동으로 저작권법을 위반하게 되나요? ☐ 예 ☐ 아니요

f) 웹사이트에서 가져온 정보를 사용할 때 저작권을 위반하지 않기 위해 무엇을 해야 하나요?

....

....

....

연습 2 – 참고 문헌 작성하기

a) 여러분 학교에서 사용하는 참고 문헌 작성 방식의 규칙을 찾아보세요.

b) 다음에 나열된 다양한 정보 유형별로 예시를 하나씩 찾아보고 a 단계에서 확인한 규칙을 따라 해당 정보를 다음 표에 정리하세요. 각 항목에는 찾은 정보와 작성한 참고 문헌을 모두 포함해야 합니다.

정보 유형 및 출처	어떤 정보인가요?	전체 참고 문헌 작성
비문학 책에서 발췌한 사실 하나		
소설에서 인용한 문장 하나		
과학 학술지에서 찾은 논문 결론 한 문장		
신문에서 발췌한 기사 제목(헤드라인) 하나		
TV 뉴스 프로그램에서 직접 인용한 문장 하나		
웹사이트에서 직접 인용한 문장 하나		
블로그에서 직접 인용한 문장 하나		
소셜 미디어에서 찾은 의견 하나		
저작권이 없는 동영상 클립		
저작권이 없는 노래		

출처 식별

6n – 1차 및 2차 출처를 파악합니다.

숙달 수준

1차 출처와 2차 출처를 쉽게 구분할 수 있을 때, 해당 ATL 기능을 사용하는 데 있어 전문가 수준에 도달했다고 볼 수 있습니다.

1차 출처는 어떤 상황, 사건, 쟁점에 대한 직접적인 경험이나 최초 기록을 담은 자료입니다. 예를 들어, 일기, 연설문, 편지, 개인 일지, 인터뷰 등 작성자가 자신의 경험을 직접 서술한 것이 이에 해당합니다. 2차 출처는 1차 출처를 해석하거나 분석한 자료입니다. 2차 출처는 1차 자료를 바탕으로 비교, 대조, 분석을 통해 결론이나 예측을 제시하는 자료입니다. 여기에는 학술지에 실린 논문, 잡지 기사, 책, 블로그 글, 다큐멘터리, 영화 등이 포함됩니다. 교과서는 항상 2차 출처에 해당합니다. 정확한 참고 문헌 작성법은 191쪽의 6l, 6m – 지식 재산권 및 인용법에서 확인하세요.

연습 1 – 교과서 분석

a) 교과서 한 권을 선택하세요.

b) 해당 교과서의 한 단원을 훑어보면서 저자가 다른 사람의 연구, 발견, 발명 등을 인용하고 출처를 밝힌 부분(인용문)을 찾아보세요.

- 교과서 제목과 저자명(전체 참고 문헌 형식으로 작성)
- 인용 문헌(전체 참고 문헌 형식으로 작성)
- 교과서에 인용된 저자가 주장하는 내용은 무엇인가요?

c) 이제 해당 인용문에서 언급된 원문 자료를 찾아서 훑어보고 다음 질문에 답하세요.

- 교과서의 이 인용문은 1차 출처인가요 아니면 2차 출처인가요?
- 만약 2차 출처라면 그 자료가 인용한 원래의 1차 출처는 누구인가요? (인용이 계속 이어질 수 있으므로, 최초의 출처까지 추적해 보세요.)
- 최종적으로 확인한 1차 출처(전체 참고 문헌 형식으로 작성)

• 교과서가 이 자료를 정확하게 인용했나요?

d) 이 연습을 다른 교과서를 가지고 한 번 더 수행해 보세요.

연습 2 – 나의 과제에서 출처 추적하기

a) 최근에 작성한 과제 중에서 2개 이상의 출처를 인용한 글을 하나 선택하세요. 과목은 어떤 것이든 괜찮습니다.

b) 각 인용문(참고 자료)에 대해 그것이 1차 출처인지 2차 출처인지 판단해 보세요.

c) 만약 2차 출처라면 조사 기능을 활용하여 그 정보가 처음 나온 1차 출처를 찾아보세요.

d) 해당 자료가 1차 출처임을 증명할 수 있는 근거는 무엇인가요?

참조	주장의 내용	1차 또는 2차 출처	2차 출처라면 관련된 1차 출처는?	1차 출처임을 증명하는 근거는?
참고 자료 1				
참고 자료 2				

ATL 기능 자기 평가

해당 쪽을 가장 잘 활용하는 방법으로 161쪽과 162쪽을 참조하세요.

ATL 기능 숙련도에 대한 학생 자기 평가 – 정보 활용 기능							
ATL 기능	초보자 (관찰)	학습자 (모방)	실행자 (실행)				전문가 (공유)
			시작하기	연습하기	향상하기	이해하기	
수집, 기록 및 검증							
접근 및 연결							
기억 전략							
형식 및 플랫폼							
출처 및 도구							
분석 및 해석							
지식 재산권 표기							
출처 식별							

메모

매체 문해력 기능

'매체(미디어)'라는 단어는 두 가지 의미를 모두 포함합니다. 하나는 메시지를 전달받는 방식(예: 글, 말, 음악, 시각 이미지, 영상, 애니메이션 등) 다른 하나는 메시지를 전달하는 플랫폼(예: 책, 신문, 블로그, 잡지, 메신저, 소셜 미디어, TV, 웹사이트 등)입니다.

오늘날 매체를 통해 정보가 표현되는 방식은 사람들의 삶에 매우 큰 영향을 주며 우리가 세상을 인식하는 방식에도 깊이 작용합니다. 따라서 학생이 비판적이고 주체적인 매체 소비자가 되기 위해서는 매체 문해력 기능과 습관을 증진시켜야 합니다.

매체 문해력이란 21세기 교육에서 필수적인 핵심 기능들의 집합으로 학생이 다양한 형태의 매체(출판물, 영상, 인터넷 등)를 접근하고, 분석하고, 평가하고, 참여하며, 창작하는 방법을 배우도록 돕습니다. 이러한 기능은 현대 사회에서 매체가 어떤 역할과 영향력을 갖는지를 이해하도록 돕고 모든 형태의 매체를 비판적으로 소비하고 능동적으로 생산할 수 있는 사람으로 성장시키는 데 중요한 역할을 합니다. 즉, 보고 듣는 메시지를 그대로 받아들이는 것이 아니라 그 메시지를 해석할 수 있는 힘을 길러 주는 것입니다. 이번 매체 문해력 기능에서는 효과적인 매체 소비를 위한 다양한 기능들을 배우게 됩니다. 여기에는 다양한 매체에 접근하는 방법, 메시지와 매체 자체를 출처, 신뢰성, 해석방식, 전제, 편견의 관점에서 비판적으로 분석하는 방법 그리고 전달되는 정보의 진위성과 신뢰도를 평가하는 방법이 포함됩니다.

또한 효과적인 매체 제작자가 되기 위해서는 매체가 미치는 영향에 대한 인식, 매체의 적절한 선택, 메시지 구성, 디자인 창의성, 제작 기능 등을 함께 익혀야 합니다.

위대한 매체

인류 역사상 사람과 사람 사이의 소통을 위해 만들어진 가장 강력한 매체 기반 수단은 바로 소셜 미디어입니다. 오늘날 대부분의 사람들은 소셜 미디어를 당연하게 여기지만 이 개념이 등장한 지는 불과 15년 정도밖에 되지 않았습니다. 그중에서도 가장 큰 영향력을 가진 플랫폼인 페이스북은 2004년에 만들어졌습니다. 그 이후 페이스북은 전 세계 13억 명 이상의 사람들이 서로 소통할 수 있는 거대한 플랫폼으로 성장했습니다. 인류 역사상 어떤 통신 수단이나 매체도 이처럼 많은 사람을 연결시킨 적은 없었습니다.

소셜 미디어는 기술 발전의 영향을 받아 발전해 왔으며 특히 모바일 기술의 급속한 확산(사진과 영상 공유 중심)에 따라 스냅챗, 인스타그램, 포스퀘어, 페이스북과 같은 성공적인 소셜 미디어 플랫폼들이 스마트폰 기능을 중심으로 만들어지고 발전해 왔습니다. 소셜 미디어는 우리의 소통 방식을 완전히 바꾸어 놓았습니다. 그리고 그 변화는 부디 더 나은 방향으로 바꾸었기를 바랍니다.

윤리적 연구

7a – 다양한 출처와 미디어(디지털 소셜 미디어, 온라인 네트워크 등)의 정보를 찾고, 조직화하고, 분석하고, 평가하고, 종합하고 윤리적으로 사용합니다.

숙달 수준

디지털 매체를 포함한 다양한 출처에서 정보를 수집하고 매체 문해력의 요소를 독립적이고 윤리적으로 활용해 주제를 탐구할 수 있을 때, 해당 ATL 기능을 사용하는 데 있어 전문가 수준에 도달했다고 볼 수 있습니다.

윤리적 연구 기능은 하나의 탐구 과제를 수행하는 과정에서 여러 다른 ATL 기능을 통합해 활용하는 것을 포함합니다. 이 기능들을 완전히 수행하려면 먼저 연구 프로젝트가 필요하며 가능하다면 개인 프로젝트나 공동체 프로젝트처럼 의미 있는 과제가 적합합니다. 그런 다음, 제시된 모든 ATL 기능들을 실제로 적용하고 연습해 보아야 합니다. 각 기능은 다음과 같은 방식으로 활용됩니다.

a) 필요한 정보를 찾기 위한 기능

1.2l – 다양한 미디어를 활용해 정보를 찾기(207쪽)

6a – 검색 결과를 원하는 정보로 좁혀 가기(176쪽)

6i – 과제에 가장 적합한 출처와 디지털 도구 선택하기(187쪽)

b) 정보를 조직, 분석, 평가하는 기능

6h, 6g – 데이터를 처리하고 근거 있는 결정을 내리기(226쪽)

6k, 8c – 편향, 전제, 해석 요소를 파악하기(189쪽, 223쪽)

8e, 8g, 8h – 수집한 정보를 분석하여 주장에 타당성이 있는지 평가하기(223쪽)

8r – 경향을 파악하고 가능성을 예측하기(226쪽)

c) 자신만의 관점을 종합하는 기능

8b, 8f – 타당한 주장을 구성하기(221쪽)

d) 프로젝트를 작성할 때 필요한 기능

6m – 인용, 참고 문헌, 참고자료 목록을 작성하기(191쪽)

e) c단계에 도달했을 때는 정보를 윤리적으로 사용하는 데 집중해야 합니다.
이를 위해 먼저 다음 기능을 이해하고 연습해 보세요.

6l – 지식 재산권 이해하기(191쪽)

1.1h, 2a – 디지털 소셜 미디어를 책임감 있게 사용하기(29쪽)

또한 이어지는 연습 활동도 완료해야 합니다.

연습 1 – 정보의 윤리적 사용

정보를 윤리적으로 사용한다는 것은 정보를 의도적으로 남에게 해를 끼치는 방식으로 사용하지 않는다는 뜻입니다. 대부분의 사람들은 다른 사람이나 환경에 해를 끼치는 것을 비윤리적인 사용으로 간주합니다. 그러나 이 정의는 더 넓게 해석되어 기업이나 산업, 동물, 식물, 심지어 곤충에 해를 끼치는 것도 포함할 수 있습니다. 정보의 윤리적 사용에 대한 기준은 보통 학교의 정책 문서에서 정의됩니다.

a) 여러분의 학교에서 정한 정보의 윤리적 사용에 대한 정책을 찾아보세요.

b) 30쪽의 1.1h 활동에서 만들었던 '안전하고 책임감 있는 소셜 미디어 사용을 위한 열 가지 규칙'과 비교해 보세요.

c) 학교의 윤리적 사용 정책에 추가할 수 있는 아이디어가 있다면 적어 보세요.

연습 2 – 미디어 윤리

우리에게 정보가 전달되는 모든 방식을 생각해 보고 각각의 전달 형태가 사람과 환경에 미치는 영향을 생각해 보세요. 예를 들어, 식품 광고는 일반적으로 식품 포장지에 인쇄되어 제공되는 정보입니다. 그러나 이 포장은 나중에 폐기해야 하므로 환경에 대한 폐기물 처리 문제가 발생하고 사람들에게 시간, 노력, 토지 낭비라는 영향을 미칩니다. 정보가 전달되는 다양한 방식을 고려하고 각 방법의 윤리적 의미를 고려하세요. 그런 다음, '정보 전달의 윤리성'이라는 기준에 따라 모든 미디어를 우선순위 목록으로 정리해 보세요.

정보는 여러분에게 어떻게 전달되나요?	해당 전달 방식이 환경에 미치는 영향은?	해당 전달 방식이 사람들에게 미치는 영향은?	각 매체의 윤리성을 1~10으로 평가해 보세요. (1 = 가장 해로움, 10 = 가장 윤리적이고 해롭지 않음)
신문 			
책 			

잡지			
식품 포장			
광고 우편물			
옥외 광고판			
이메일			
온라인 스트리밍			
라디오			
TV			

매체 선택

7c – 개인적인 시청 경험에 대해 정보에 근거한 선택을 합니다.

숙달 수준

자신이 달성하고자 하는 목적에 가장 적합한 매체를 능동적이고 정확하게 선택할 수 있을 때, 해당 ATL 기능을 사용하는 데 있어 전문가 수준에 도달했다고 볼 수 있습니다.

우리가 어떤 정보에 접근할 때는 그에 따른 분명한 이유가 있습니다. 자신이 무엇을 알고 싶은지 목적을 명확히 하고 서로 다른 매체가 제시하는 다양한 관점을 인식하게 되면 그 목적에 가장 적합한 시청 방식을 선택할 수 있게 됩니다. 하나의 사건이나 이야기에 대해 제공될 수 있는 다양한 관점을 이해하기 위해서는 먼저 다음 기능들을 연습해 보는 것이 도움이 됩니다. 6k–비판적 문해력을 사용하여 미디어를 통한 의사소통을 분석하고 해석하기, 7b–사건과 아이디어에 대한 미디어(디지털 소셜 미디어 등)의 해석을 이해하기, 7e–여러 가지 다양한 출처에서 다양한 관점을 살펴보기(189쪽)

연습 1 – 여러분의 선택은 무엇인가요?

다음 표를 하나씩 살펴보며 활동해 보세요.

a) 각 과제에 대해 여러분의 실제 목표와 목적이 무엇인지 생각해 보세요. 왜 그것을 하고 싶은가요?

b) 각 과제에 가장 적합하다고 생각되는 웹사이트, 앱 또는 미디어 플랫폼을 하나 선택하세요.

c) 왜 그것을 선택했는지 이유를 써 보세요. 선택한 도구의 장점 한 가지, 단점 한 가지 그리고 대안이 될 수 있는 다른 도구 두 가지를 함께 생각해 보세요.

보기 활동 – 내가 찾고 싶은 것이 있다면……	나의 목표 또는 목적은……	이 활동에 가장 적합한 선택은……	장점	단점	대안 두 가지
영화					
게임					
음악					

국제 뉴스					
채팅					

보기 활동 – 내가 찾고 싶은 것이 있다면……	나의 목표 또는 목적은……	이 활동에 가장 적합한 선택은……	장점	단점	대안 두 가지
우리 반 친구들이 하고 있는 활동					
어떤 쟁점에 대한 다른 사람들의 생각					
정보를 찾고 싶은 과목(여러분이 배우는 주요 과목 여섯 가지를 적어 보세요.)					
1.					
2.					
3.					
4.					
5.					
6.					

인터넷을 사용하는 다른 과제					
1.					
2.					
3.					

매체의 영향력

7d –미디어 표현과 표현 방식이 미치는 영향을 이해합니다.

숙달 수준

특정 매체(미디어) 표현이 만들어 내는 영향력을 항상 인식하고 그 영향 너머에 있는 사실을 찾아낼 수 있을 때, 해당 ATL 기능을 사용하는 데 있어 전문가 수준에 도달했다고 볼 수 있습니다.

'매체(미디어)'라는 단어는 두 가지 의미가 있습니다. 하나는 청중에게 메시지를 전달하는 수단으로서의 의미로 말하기, 시각 이미지, 동영상, 애니메이션, 파워포인트 등이 여기에 포함됩니다. 또 다른 하나는 메시지를 전달하기 위해 사용하는 플랫폼으로서의 의미로 신문, 잡지, TV, 전화, 인터넷 등이 그 예입니다. 개인에게 매체가 미치는 영향은 정서적 몰입을 통해 나타나며 미디어 표현에 대한 정서적 반응이 클수록 개인적 영향도 커집니다. 한 집단 전체에 미치는 영향은 도달 범위를 통해 나타나며 정보에 노출되는 사람이 많을수록 그 영향도 커집니다. 사회 전체의 주요한 변화는 매체와 메시지 둘 다 유발하며 이는 강한 정서적 몰입과 대규모 도달 범위가 결합될 때 가능해집니다.

연습 1 – 다양한 미디어 플랫폼의 영향

짝과 함께 다음 표를 작성해 보세요.

a) 1열 – 다음에 제시된 각 미디어 플랫폼을 조사하여 매일 얼마나 많은 사람들이 그것을 사용하거나 보는지(도달 범위)를 찾아보세요.

b) 2열 – 짝과 함께 각 매체가 주는 정서적 몰입 정도를 1부터 9까지 순위를 매겨 보세요(9 = 가장 강한 정서적 연결, 1 = 가장 약한 정서적 연결).

c) 3~6열 – 각 매체가 다음 네 가지 영역에서 어떤 주요 영향을 주었는지 표에 정리해 보세요.

i. 사람 간 의사소통

ii. 교육

iii. 사생활

iv. 가족 생활

매체	도달 범위	정서적 몰입 정도 (1~9 척도)	사람 간 의사소통에 주는 영향	교육에 주는 영향	사생활에 주는 영향	가족 생활에 주는 영향
인쇄 도서						
전화						

라디오						
신문						
잡지						
텔레비전						
휴대전화						
인터넷						

연습 2 – 다양한 발표 매체의 영향

짝과 함께 다음 표를 작성해 보세요.

a) 1열 – 다음에 제시된 각 발표 매체를 조사하고 매일 얼마나 많은 사람들이 그것을 이용하거나 보는지(도달 범위)를 찾아보세요.

b) 2열 – 짝과 함께 각 매체가 주는 정서적 몰입 정도를 1에서 9까지 순위를 매겨 보세요(9 = 가장 강한 정서적 연결, 1 = 가장 약한 정서적 연결).

c) 3~6열 – 각 매체가 다음 네 가지 영역에서 어떤 영향을 주었는지 표에 정리해 보세요.

i. 사람 간 의사소통

ii. 교육

iii. 사생활

iv. 가족 생활

매체	도달 범위	정서적 몰입 정도 (1~9 척도)	사람 간 의사소통에 주는 영향	교육에 주는 영향	사생활에 주는 영향	가족 생활에 주는 영향
이메일						

문자 메시지						
사진 문자 (MMS)						
실시간 영상 통화						
메신저						
동영상 스트리밍						
음악 스트리밍						
팟캐스트						
블로그						

매체 형식

7f – 다양한 미디어를 사용하여 다양한 대상과 소통합니다.
1.2l – 다양한 미디어를 사용해 학문적·통합교과적 탐구를 위한 정보를 찾습니다.
7g – (멀티)미디어 자료들을 비교, 대조 및 연계합니다.

숙달 수준

여러 매체를 통해 자신의 메시지를 능숙하게 표현할 수 있고 매체 간에 메시지를 정확하게 '변환'할 수 있을 때, 해당 ATL 기능을 사용하는 데 있어 전문가 수준에 도달했다고 볼 수 있습니다.

정보를 찾거나 누군가에게 메시지를 전달하는 방법은 얼마나 다양할까요? 그리고 메시지의 형식에 따라 그 의미가 달라질 수도 있을까요?

이 ATL 기능을 발표를 준비하면서 연습하고 있다면 먼저 다음 활동들을 해 보는 것이 좋습니다.

1.1e – 다양한 미디어를 사용하여 다양한 대상과 소통하기(22쪽)
1.1c – 다양한 말하기 기법을 사용해 다양한 대상과 소통하기(16쪽)
1.1j – 다양한 디지털 환경과 미디어를 사용하여 여러 대상과 아이디어 공유하기(31쪽)

이제 다음을 연습해 보세요.

연습 1 – 정보를 찾아내는 다양한 방법

짝과 함께 활동해 보세요. 한 명은 정보를 찾고 다른 한 명은 기록을 하세요. 역할을 자주 바꿔 가며 진행하세요.

a) 과목을 정해 아이디어나 사실을 하나씩 찾아보세요. 가능하면 아직 잘 이해되지 않는 내용을 고르세요.
b) 그 사실을 설명하는 표현이나 관련된 자료를 다음 제시된 모든 형태에서 찾아보세요.
c) 각각의 표현을 분석하여 전달되는 메시지가 동일한지 혹은 다른 측면에 초점을 맞추고 있는지를 살펴보세요.
d) 어떤 형태가 그 사실을 가장 잘 이해하는 데 도움이 되었는지 결정해 보세요.
e) 다른 사실을 하나 더 골라서 같은 방식으로 반복해 보세요.

	사실 1		사실 2	
그 사실을 찾을 수 있는 형태	출처 – 어디에서 찾았나요?	메시지의 초점은 무엇인가요?	출처 – 어디에서 찾았나요?	메시지의 초점은 무엇인가요?
종이책				
전자책				

웹사이트				
블로그				
동영상				
팟캐스트				
쌍방향 수업				
게임				
온라인 신문				
영화				

연습 2 – 학교 공부 주제 찾기

a) 과목을 정해 주제 하나를 선택하세요.

b) 학교 과목과 관련된 웹사이트 네 곳을 찾아서 해당 주제에 대한 설명을 살펴보세요.

c) 다음 표를 사용해 각 웹사이트를 분석한 후 가장 좋은 것을 선택하세요.

내가 선택한 주제는……

어떤 자료를 제공하나요?	웹사이트 1	웹사이트 2	웹사이트 3	웹사이트 4
동영상 자료가 있나요?				
음성 자료나 팟캐스트가 있나요?				
글로 된 설명이 있나요?				
애니메이션 자료가 있나요?				
게임을 할 수 있나요?				
소셜 미디어로 연결되는 링크가 있나요?				
다른 학생들과 연결되는 링크가 있나요?				
어떤 것이 여러분에게 가장 잘 맞나요?				

d) 여러분이 배우는 각 과목에서 하나씩 주제를 골라 앞에서와 같은 활동을 반복해 보세요.

연습 3 – 가장 적합한 전달 매체는 무엇일까요?

발표에서 어떤 매체를 활용할지는 전달하려는 메시지와 대상 청중의 특성에 따라 달라집니다. 짝과 함께 활동해 보세요.

a) 표 왼쪽에 있는 각각의 정보 전달 목적에 대해 가운데 열에서 청중 그룹 하나를 선택해 선을 이어 연결하세요.

b) 다양한 전달 매체를 논의한 뒤 오른쪽 열에서 가장 적절하다고 생각되는 매체를 선택해 선을 이어 연결하세요.

c) 각 메시지의 청중을 바꿔 보면서 그에 따라 선택하는 전달 매체가 달라지는지 확인해 보세요.

메시지(목적)	대상(청중)	매체(미디어)
정보 전달	유아	파워포인트 발표 자료
재미	초등학생	토론
교육/학습	중고등학생	실시간 질의응답
광고	대학생	서면 질의응답
코칭	아버지	소셜 미디어
판매	어머니	동영상
사회적 연결	남자아이	음악
예술 감상	여자아이	강의
정치적 메시지	노년층	이미지
		조작 가능한 교구(손으로 다룰 수 있는 것)
		온라인 게임
		신체 활동 게임
		화상 통화
		독립적인 조사

연습 4 – 멀티미디어 자료

멀티미디어는 전통적으로 영상, 정지 이미지, 오디오, 텍스트 등이 상호작용하여 청중에게 특별한 경험을 만들어 내는 것을 의미합니다. 하지만 여기에 더해 냄새, 맛, 뜨겁거나 차가운 피부 감각, 신체 움직임, 전기 자극처럼 감각에 기반한 정보까지 포함될 수 있습니다. 홀로그램이나 가상현실(VR)이 등장하면서 멀티미디어 발표는 청중에게 완전한 몰입을 경험하게 하고 현실과 가상의 경계를 흐리게 할 수 있습니다.

a) 멀티미디어에 대해 조사해 보세요. 다섯 가지 서로 다른 멀티미디어 플랫폼 또는 프레젠테이션 시스템(예: 홀로그램, 가상현실 등)을 찾아보고 각각의 특징을 설명해 보세요.

b) 각 멀티미디어가 어떤 종류의 발표, 청중 또는 과제에 가장 적합한지 설명하고 장점과 단점을 함께 정리해 보세요.

멀티미디어 시스템 또는 플랫폼 각각의 특성을 설명하세요.	각 멀티미디어가 어떤 발표, 청중, 과제에 가장 적합한지 설명하세요.	장점	단점
1.			
2.			
3.			
4.			
5.			

ATL 기능 자기 평가

해당 쪽을 가장 잘 활용하는 방법으로 161쪽과 162쪽을 참조하세요.

ATL 기능 숙련도에 대한 학생 자기 평가 – 매체 문해력 기능							
ATL 기능	초보자 (관찰)	학습자 (모방)	실행자 (실행)				전문가 (공유)
			시작하기	연습하기	향상하기	이해하기	
윤리적 연구							
매체 선택							
매체의 영향력							
매체 형식							

메모

메모

비판적 사고 기능

비판적 사고를 한다는 것은 모든 것에 대해 비판적인 태도를 갖거나 아이디어나 사람을 비난할 거리를 항상 찾는다는 뜻이 아닙니다. 비판적 사고를 하는 사람도 충분히 긍정적일 수 있지만 다른 사람이 제시하는 아이디어, 신념이나 주장에 대해 그 근거가 무엇인지 알고 싶어 하며 그 증거를 신중히 따져 보려는 태도를 가집니다. 주장에 대한 찬반 양쪽의 논리를 살펴보며 진실에 다가가려는 것입니다. 비판적 사고를 하는 사람은 정보를 수동적으로 받아들이기보다는 스스로 질문하고 배우며 무엇이 진실이라고 믿을지를 주체적으로 판단합니다.

훌륭한 비판적 사고자가 되기 위해서는 논리적이고 분석적인 사고 기능을 꾸준히 연습해야 합니다. 여기에는 다음과 같은 능력들이 포함됩니다.

- 관찰과 자료 수집을 객관적으로 수행하는 것
- 외부인의 시각에서 주제나 아이디어에 대해 이성적으로 생각해 보는 것
- 주제나 아이디어에 내재된 근본적인 논리를 분석하는 것
- 특정 주제나 아이디어에 대한 찬성과 반대 주장(논증)을 파악하는 것
- 모든 주장(논증)에 내재된 전제, 편향, 모순을 확인하고 타당성을 평가하는 것
- 모든 증거를 종합적으로 검토하는 것
- 증거에 기반하여 결론을 도출하는 것
- 자신이 내린 결론이나 입장을 논리적으로 설명하고 뒷받침할 수 있는 근거를 제시하는 것

비판적 사고는 훌륭한 문제 해결자가 되기 위해 꼭 필요한 사고 방식 중 하나입니다. 또 다른 하나는 창의적 사고입니다. 창의적 사고는 기존 문제에 대해 새로운 해결 방법을 생각해 내는 능력을 말합니다. 비판적 사고가 없다면 창의적 사고로 떠올린 아이디어는 실용성이 떨어지고 현실에서 작동 가능한 해결책이 되기 어렵습니다. 반대로 창의적 사고 없이 비판적 사고만 있다면 '분석만 하다 아무것도 해결하지 못하는' 상황에 빠질 수 있습니다. 비판적 사고 기능들을 연습하면 더 나은 비판적 사고력을 기를 수 있으며 이는 곧 더 뛰어난 문제 해결력을 갖추는 데 밑바탕이 됩니다.

세상을 바꾼 위대한 비판적 사고자

➔ 알베르트 아인슈타인 - 가정이 아닌 사실에 근거한 판단, 상대성 이론 제시

➔ 찰스 다윈 - 증거에 기반한 자연 선택 이론으로 진화

론 설명

➜ 갈릴레오 갈릴레이 - 지구가 태양 주위를 돈다는 주장을 증거로 입증

➜ 마틴 루서 킹 - 「나는 꿈이 있습니다」라는 연설로 강력한 설득력 발휘

➜ 시몬 드 보부아르 - 여성의 평등을 위한 이성적이고 근거 기반의 설득력 있는 주장

➜ 에드윈 허블 - 우주가 팽창하고 있다는 부정할 수 없는 증거 제시

➜ 마리 퀴리 - 올바른 질문을 던지고 실험을 통해 결정적인 증거 수집

➜ 아이작 뉴턴 - 철저한 실험과 검증을 통해 중력의 존재 발견

➜ 스타니슬라프 페트로프 - 주어진 사실을 신뢰하여 소련의 핵 반격을 막음

➜ W. E. B. 듀보이스 - 평등을 법적 권리와 맞바꾸지 않겠다는 입장을 고수하며 미국의 시민권 운동에 영감을 줌

관찰

8a – 문제를 인식하기 위해 주의 깊게 관찰하는 것을 연습합니다.

숙달 수준

관찰과 추론을 쉽게 그리고 저절로 구분하며 관찰에만 근거해 어떤 문제든 인식할 수 있다면, 해당 ATL 기능을 전문가 수준으로 사용할 수 있다고 볼 수 있습니다.

증거는 우리의 오감을 통해 직접 얻거나 감각의 범위나 정밀도를 확장해 주는 도구의 도움을 받아 관찰을 통해 얻을 수 있습니다. 예를 들어, 돋보기를 사용해 사물을 확대하는 것은 관찰의 질을 향상시키는 질적 확장입니다. 저울을 사용해 물체의 무게를 재는 것은 수량에 대한 정보를 제공하는 양적 확장입니다. 추론은 증거를 바탕으로 내리는 결론, 설명 또는 판단을 의미합니다. 추론에는 두 가지 유형이 있습니다. 귀납적 추론은 주어진 증거를 바탕으로 규칙을 도출하는 것이며 연역적 추론은 이미 알고 있는 규칙이나 배경지식을 바탕으로 증거를 분류하거나 해석하는 것입니다. 이 두 가지 추론 방식은 모두 연구에서 중요한 역할을 합니다.

관찰과 추론의 차이

연필을 하나 들어 보세요. 관찰할 수 있는 특징으로는 길고 가늘며, 겉면이 노란색이고 속은 갈색이며 중심에는 검은색이 있고, 한쪽 끝은 뾰족하고 다른 쪽은 무딘 모양일 수 있습니다. 이러한 관찰을 바탕으로 우리는 이 물체가 나무, 흑연과 페인트 등으로 만들어졌다고 추론할 수 있습니다. 또한 이 물체는 연필이라고 불리며 글을 쓰거나 그림을 그리는 데 사용된다는 사실도 추론할 수 있습니다.

연습 1 – 관찰 가능한 사항

a) 보기만으로 관찰할 수 있는 것은 무엇인가요?

색상, 모양, 크기, ...

b) 만져 보기만 할 수 있다면 어떤 관찰을 할 수 있을까요?

날카롭다, 거칠다, 매끄럽다, ...

c) 다양한 냄새를 어떻게 묘사할 수 있을까요? 다양한 냄새를 표현하는 단어를 찾아보세요.

향기로운, 퀴퀴한, 톡 쏘는 냄새, ...

d) 다양한 맛을 어떻게 묘사할 수 있을까요? 다양한 맛을 표현하는 단어를 찾아보세요.

달콤한, 신맛이 나는, ...

e) 다양한 소리를 어떻게 묘사할 수 있을까요? 다양한 소리를 표현하는 단어를 찾아보세요.

맑게 울리는, 쿵 하고 울리는, 쾅 하는, ...

연습 2 – 눈을 감고 하는 관찰

a) 짝과 함께 활동하세요. 각자 이 연습에 사용할 수 있는 물건 하나를 준비하되 상대방에게는 보여 주지 마세요. 만져도 괜찮고 날카롭지 않으며 더럽거나 불쾌하지 않은 물건이어야 합니다. 도토리, 마른 잎, 특이한 펜, 전자 기기 등 조금 낯선 것이면 더 좋습니다.

b) 준비한 물건을 상자 안에 넣거나 천으로 덮어 상대방이 보지 못하게 하세요.

c) 상대방의 물건을 보지 않고 만져 보며 관찰하세요. 크기, 모양, 표면의 특징, 질감, 밀도 등을 설명해 보세요. '이건 무엇으로 만들어졌어.' 또는 '이건 ~야.' 같은 문장은 관찰이 아니라 추론이라는 점을 기억하세요.

d) 아직 보지 못한 상태에서 만져 본 물건을 그림으로 그려 보세요.

e) 이제 그 물건에 대해 가능한 한 많은 추론을 해 보세요. 무슨 색인지, 어디에서 볼 수 있는지 어떤 용도로 쓰일 수 있을지 등을 생각해 보세요.

f) 이제 물건을 꺼내서 실제로 보고 만졌을 때는 알 수 없었던 특징들을 기록하세요.

g) 자신이 했던 추론이 얼마나 정확했는지 확인해 보세요.

h) 이 활동을 통해 관찰과 추론에 대해 어떤 점을 배웠는지 정리해 보세요.

연습 3 – 만화

a) 짝과 함께 활동하세요. 각자 신문에서 의미를 이해할 수 있는 만화를 하나 찾아 오리고 말풍선이나 설명글 등 글자를 가리거나 잘라 내어 그림만 남기세요.

b) 서로 만화를 바꿔 붙인 후 상대방의 만화를 보고 관찰할 수 있는 점과 그림에서 어떤 일이 벌어지고 있는지 추론해 보세요. 어떤 점이 단순한 관찰이고 어떤 점이 추론인지 구분해서 적어 보세요.

여기에 만화를 붙이세요(신문에서 오린 만화를 이 공간에 붙입니다).	
관찰 (보이는 것은 무엇인가요?)	추론 (이 만화에서 어떤 일이 일어나고 있다고 생각하나요? 이 만화는 무엇을 의미한다고 생각하나요?)

원래 캡션(말풍선이나 설명글)은 무엇이었을까요? 이 만화가 실제로 말하고자 하는 바는 무엇인가요?

c) 이제 원래 캡션(말풍선이나 설명글)을 확인하고 이 만화가 어떤 내용을 담고 있는지 이야기해 보세요.

d) 여러분의 추론은 실제 의미와 얼마나 비슷했나요? ....

e) 만화를 다시 보면서 처음에는 놓쳤지만 지금은 보이는 새로운 부분이 있나요? 그것이 만화를 이해하는 데 필요한 정보를 주었나요?

f) 이 활동을 통해 관찰과 추론에 대해 새롭게 알게 된 점은 무엇인가요?

연습 4 – 적극적인 관찰

a) 짝과 함께 활동하세요.

b) 학교에서 학생들이 모여 이동하는 상황 중 하나를 생각해 보세요. 예를 들면, 점심시간, 쉬는 시간, 수업 시간 사이, 하교 시간 등이 될 수 있습니다. 그리고 다음 두 가지 관점에서 생각해 보세요.

i . 학생들이 그 상황에서 이루고자 하는 목적은 무엇인가요?

ii . 학교가 그 상황에서 이루고자 하는 목적은 무엇인가요?

두 집단의 목적을 각각 적어 보세요.

c) 팀을 이루어 b 단계에서 정한 상황이 일어나는 시간에 학생들의 움직임을 잘 관찰할 수 있는 서로 다른 장소에 서세요. 그리고 b 단계의 i과 ii에서 정리한 목적과 관련 있는 모든 것들을 일정 시간 동안 관찰하고 기록하세요. 얼마나 많은 학생들이 있는지, 무엇을 하고 있는지, 어떻게 이동하는지, 이동을 방해하는 요소는 무엇인지 등을 자세히 적어 보세요.

d) 관찰한 내용을 바탕으로 추론을 해 보고 b 단계에서 정리한 각 목적을 달성하는 데 있어 어떤 문제가 있었는지 찾아보세요.

e) 짝과 기록한 내용을 비교해 보세요. 서로 같은 문제를 발견했나요?

f) 이번 활동을 통해 관찰과 추론 그리고 그것을 사용해 문제를 찾아내는 능력에 대해 무엇을 알게 되었나요?

<table>
<tr><td colspan="2">학생들의 이동 상황과 주요 시간대를 구체적으로 설명하세요.</td><td>학생들의 목적은 무엇인가요?</td><td>학교의 목적은 무엇인가요?</td></tr>
<tr><td colspan="2"></td><td></td><td></td></tr>
<tr><td>관찰 내용</td><td>추론</td><td>이것이 학생들의 목적달성에 도움이 되나요? (V 또는 X)</td><td>이것이 학교의 목적달성에 도움이 되나요? (V 또는 X)</td></tr>
<tr><td>1.</td><td></td><td></td><td></td></tr>
<tr><td>2.</td><td></td><td></td><td></td></tr>
<tr><td>3.</td><td></td><td></td><td></td></tr>
<tr><td>4.</td><td></td><td></td><td></td></tr>
<tr><td colspan="4">관찰과 추론을 바탕으로 발견한 문제를 정리하세요.</td></tr>
</table>

논증(주장) 구성

8b – 논증(주장)을 형성하기 위해 관련 정보를 수집하고 조직화합니다.
8f – 명제를 인식하고 평가합니다.
1.2m – 정보를 논리적으로 조직하고 묘사합니다.

> **숙달 수준**
> 관련 정보를 쉽게 활용하여 어떤 쟁점의 양쪽 입장 모두를 고려한 설득력 있는 논리적 주장을 펼칠 수 있다면, 해당 ATL 기능을 전문가 수준으로 사용할 수 있다고 볼 수 있습니다.

논증은 글이나 말로 이루어진 구조화된 표현으로 하나 또는 여러 개의 전제를 뒷받침하기 위해 근거(증거)를 제시하고 이를 통해 결론에 도달하는 것을 말합니다. 각 전제는 참 또는 거짓으로 판단할 수 있는 명제의 형태로 표현되며 그 명제가 참인지 판단할 수 있도록 증거가 함께 제시됩니다. 이러한 진리의 논리적 흐름이 결론으로 이어지게 됩니다.

연습 1 – 타당한 논증 구성하기

다음 표를 따라가며 타당한 논증을 하나 만들어 보세요.

a) 여러분이 논증을 전개하려는 주제는 무엇인가요? 그 주제는 탐구할 주제인가요, 답을 찾아야 할 질문인가요, 아니면 옳다고 증명해야 할 주장인가요?

b) 이 주제에 대해 어떤 것이 사실이라고 알고 있나요?

c) 여러분은 특정한 주장이 참임을 증명하기 위해 논증을 세웁니다. 그렇다면 여러분의 논증이 지지하려는 핵심 주장은 무엇인가요? 궁극적으로 도달하게 될 결론은 무엇인가요? 처음에는 이 부분이 확실하지 않아도 괜찮습니다. 주제에 대해 여러 측면을 조사해 본 후, 자신의 입장과 결론을 정하고 그 결론을 뒷받침하는 논증을 구성하면 됩니다.

d) 원하는 결론으로 이어지기 위해 사실로 증명되어야 하는 논리적 전제(주장, 진술, 명제)의 순서는 무엇인가요?

e) 각 전제에 대해 조사를 해 보세요. 전제를 뒷받침하는 근거(증거)는 무엇인가요? 반대로 전제를 부정하거나 반대 입장을 지지하는 근거(증거)는 무엇이 있나요?

f) 각 전제를 뒷받침하고 반대되는 근거(증거)를 넘어서기 위해 논리적인 설명이나 관점, 구체적인 예시, 질문 등을 생각해 보세요.

g) 논증을 만들 때에는 '상관관계'와 '인과관계'를 정확히 구분해야 합니다.

  ⅰ. 상관관계는 두 현상이 함께 일어나는 것을 말합니다. 이것은 특정 관점을 강조하는 데는 도움이 되지만 두 현상 사이에 인과적 연결을 증명하지는 못합니다.

  ⅱ. 인과관계는 한 현상이 다른 현상을 실제로 일으킨다는 것이 증명된 경우를 말합니다.

h) 짝과 함께 활동하세요. 여러분이 만든 전체 논증과 결론을 짝에게 설명해 보세요. 그리고 짝에게 여러분의 논증에서 허점을 찾아보도록 요청하세요. 예를 들어, 다음과 같이 질문할 수 있습니다.

  ⅰ. '그건 그렇지만, 만약 ……은 어떨까?'

  ⅱ. '만약 ……라면 어떻게 될까?'

iii. 짝이 여러분의 논증에서 약한 부분을 찾아냈다면, 그 부분을 보완할 수 있도록 더 조사해 보고 전제와 결론을 뒷받침해 줄 수 있는 근거(증거)를 찾아보세요.

<table>
<tr><td>주제 설명, 질문 또는 논제</td><td colspan="3"></td></tr>
<tr><td>이 주제에 대해 여러분이 사실이라고 알고 있는 것은 무엇인가요?</td><td colspan="3"></td></tr>
<tr><td>전개할 결론</td><td colspan="3"></td></tr>
<tr><td>결론에 이르는 전제의 순서</td><td>전제를 뒷받침하는 근거(증거)</td><td>반대되는 근거(증거)</td><td>반대 근거를 넘어서고 전제를 지지하는 논증</td></tr>
<tr><td>1.</td><td></td><td></td><td></td></tr>
<tr><td>2.</td><td></td><td></td><td></td></tr>
<tr><td>3.</td><td></td><td></td><td></td></tr>
<tr><td>4.</td><td></td><td></td><td></td></tr>
<tr><td>5.</td><td></td><td></td><td></td></tr>
</table>

가정 평가

8c – 암묵적 추측과 편견을 인식합니다.
8e – 증거와 주장을 평가합니다.
8g – 합리적인 결론과 일반화를 도출합니다.
8h – 일반화와 결론을 시험합니다.
8m – 대조되거나 상충하는 주장을 개발합니다.

숙달 수준

어떤 진술 속에 숨어 있는 가정을 쉽게 파악하고 논증이 타당한지 아닌지 구별할 수 있다면, 해당 ATL 기능을 전문가 수준으로 사용할 수 있다고 볼 수 있습니다.

가정이란, 우리가 논증을 펼칠 때 그 논리의 바탕이 되는 믿음을 말합니다. 즉, 증거 없이 사실이라고 여기는 생각들을 뜻합니다. 우리가 갖는 가정은 개인의 관점, 사고의 틀, 문화적 배경에 따라 달라질 수 있습니다. 예를 들어, "캐나다는 세계의 위쪽일까, 아래쪽일까?" 이 질문에 대한 답은 여러분이 지구 어디에 살고 있는지에 따라 달라질 수 있습니다.

우리가 갖고 있는 가정은 다음과 같은 세 가지로 나눌 수 있습니다.

- 전제: 논리적으로 말이 되려면 반드시 사실이어야 하는 조건
- 공리(자명한 이치): 굳이 증명하지 않아도 당연히 옳다고 여겨지는 생각
- 당연하게 여기는 것: 상식이나 교육이나 경험을 통해 자연스럽게 믿게 된 것 논증 속에 숨어 있는 가정을 탐구하면 그 논증이 타당한지 여부를 판단하는 데 도움이 됩니다.

연습 1 – 가정 찾아내기

어떤 논증(주장)의 다양한 구성 요소를 이해하기 위해 논란이 있는 지역 또는 국제 사건에 대한 토론이나 특정한 결론을 주장하는 신문 사설을 찾아보세요. 그런 다음, 분석 단계를 따라가며 정리해 보세요.

a) 글에서 사용된 전제, 각 전제를 뒷받침하는 근거(증거) 그리고 결론을 구분해서 정리해 보세요.

b) 각 문장이나 주장을 따로 분석하면서 그 안에 담긴 가정을 찾아보세요. 예를 들어, 다음과 같은 표현 속에서 전제를 찾을 수 있습니다.

　i . 보편적 진술 – "우리는 모두 알다시피……."
　ii . 집단 일반화 – "교육 수준이 높은 사람이라면 모두 동의할 것입니다."
　iii. 일반화 – "그렇게 가정해도 무방할 것입니다."

c) 겉으로 드러나지 않지만 진술이나 생각 사이에 암묵적으로 가정된 연결이 있는지 찾아보세요. 다음과 같은 유형을 찾아보면 도움이 됩니다.

　i. 필요조건 – A가 사실이 되려면 B도 사실이어야 합니다.
　ii. 충분조건 – A이면 언제나 B입니다.
　iii. 인과관계 – A는 B를 초래합니다.
　iv. 순차적 연결 – A가 먼저 발생한 뒤에는 B가 발생합니다.

v. 암묵적으로 가정된 사례 – A는 B의 한 사례입니다.

vi. 사실처럼 표현된 의견 – 나는 ……가 분명하다고 생각합니다.

vii. 일관된 편향(치우친 관점)이나 특정한 관점

viii. 숨겨진 의도

d) 각 전제에 대해 만약 사실이라고 가정된다면 그 전제를 반박할 수 있는 내용으로 무엇이 있는지 생각해 보세요.

e) 각 전제가 얼마나 타당한지 혹은 사실에 가까운지 판단해 보세요.

f) 글쓴이의 결론 말고 여러분이 보기에 사실에 더 잘 맞는 새로운 결론을 생각해 볼 수 있을까요?

g) 여러분도 의식하지 못한 가정이나 편향(치우친 관점)이 이번 논증 분석에 어떤 영향을 주었는지 성찰해 보세요.

논증의 결론			
결론에 이르는 전제의 순서	가정 분석하기		
	이 전제가 사실이 되려면 무엇이 사실어이어야 할까요?	만약 사실이라면 그 전제를 반박할 수 있는 것은 무엇일까요?	이 전제가 얼마나 타당하거나 사실에 가깝다고 생각하나요?
1.			
2.			
3.			
여러분이 본 사실에 근거하여 글쓴이의 결론과는 다른 어떤 결론을 도출할 수 있습니까?			
여러분은 이 결론이 얼마나 타당하거나 사실에 가깝다고 생각하나요?			

여러분의 관점이나 드러내지 않은 가정 또는 편향이 이번 분석에 어떤 영향을 주었다고 생각하나요?			

연습 2 – 타당한 결론 도출하기

a) 먼저, 8b – 논증(주장)을 형성하기 위해 관련 정보를 수집하고 조직화하기(221쪽)를 참고하여 여러분만의 논증과 결론을 직접 구성해 보세요.

b) 앞에서 배운 a부터 g까지의 모든 단계를 따라가며 결론을 뒷받침하는 전제를 세우는 과정을 객관적으로 분석해 보세요.

c) 여러분은 스스로 내린 결론을 뒷받침하기 위해 충분히 강한 논증을 세웠다고 생각하나요?

데이터 분석

8d – 데이터를 해석합니다.
8r – 추세(트렌드)를 파악하고 가능성을 예측합니다.
6g – 데이터를 수집하고 분석하여 해결책을 파악하고 정보에 기반한 결정을 내립니다.
6h – 데이터를 처리하고 결과를 보고합니다.

숙달 수준

자신의 데이터를 정확하게 분석하고 타당한 결론에 도달할 수 있다면, 해당 ATL 기능을 사용하는 데 있어 전문가 수준에 도달하였다고 볼 수 있습니다.

데이터 해석 방법 – 핵심 사항

a) 데이터를 수집하는 목적을 분명히 하세요. 여러분은 과학적으로 객관적인 분석을 하려는 것인가요, 아니면 이미 정해진 결론을 입증하려고 하는 건가요?

b) 여러분이 가진 데이터는 어떤 종류인가요? 또는 어떤 데이터를 수집하고 싶나요?

  i. 정량적 데이터 – 시간, 거리, 무게, 부피, 온도, 수량 등 숫자로 측정할 수 있는 데이터

  ii. 정성적 데이터 – 사람들이 어떤 것에 대해 어떻게 생각하고, 느끼고, 이해하는지에 대한 데이터

정성적 데이터는 정량적 데이터보다 수집이 쉬운 경우도 있지만 정성적 데이터는 더 모호하고 부정확할 수 있으며 정확한 분석이 훨씬 더 어렵습니다.

c) 여러분이 무엇을 측정하려고 하는지를 분명히 하세요. 대부분의 경우 두 가지 변인을 다루게 됩니다. 먼저, 독립변인은 연구자인 여러분이 의도적으로 변화시키려는 것이고 종속변인은 그에 따라 변화가 예상되는 것입니다.

d) 데이터를 수집한 후에는 요약, 표, 그래프, 도표 등의 형태로 정리하세요. 그래야 전체 데이터를 한눈에 볼 수 있습니다. 그런 다음, 공통점이나 차이점 같은 패턴을 찾아보세요. 예를 들어, 어떤 응답이 서로 같거나 비슷했는지 또한 어떤 응답이 달랐는지를 살펴보는 것입니다.

e) 데이터 분석의 핵심은 패턴을 찾는 것입니다. 무엇이 무엇과 관련되어 있는지를 살펴보는 것입니다.

  i. 그래프 분석은 데이터를 시각적으로 표현해 줍니다. 이를 통해 숨겨진 패턴이 드러날 수도 있으며 스프레드시트(엑셀) 도구를 사용하면 쉽게 만들 수 있습니다.

  ii. 통계 분석은 수학적 도구를 사용해서 데이터 속에 패턴이 존재하는지 확인하는 방법입니다. 평균, 최빈값, 중앙값, 범위(산포도 또는 변동성) 같은 간단한 분석부터 선형 회귀 분석이나 상관관계 분석과 같은 복잡한 분석까지 포함됩니다.

f) 데이터를 분석할 때는 '상관관계'와 '인과관계'를 명확히 구분해야 합니다.

  i. 상관관계란 두 가지 일이 함께 발생하는 경우를 말

합니다. 특정 관점을 강조하는 데는 유용하지만 두 가지 사이에 원인과 결과가 있다는 증거는 되지 않습니다.

ii. 인과관계란 한 가지 일이 다른 일의 원인이라는 것이 입증된 경우입니다. 즉, 하나가 다른 하나를 실제로 일으킨다는 것을 의미합니다.

g) 모든 형태의 데이터를 분석할 때는 통계 도구를 활용하세요.

h) 유의미성이라는 개념을 이해하는 것도 중요합니다. 통계에서 어떤 결론이 유의미하다는 말은 그 결과가 우연히 나왔을 가능성이 매우 낮다는 뜻입니다. 예를 들어, 통계 분석 결과 1% 유의 수준에서 유의미하다고 하면 100번 중 1번은 우연일 수 있지만 99번은 실제로 의미 있는 결과라는 뜻입니다. 0.1% 유의 수준이라면 1,000번 중 단 1번 우연일 수 있다는 의미이므로 그 결론은 훨씬 더 신뢰할 수 있는 결과가 됩니다. 더 자세한 내용은 수학이나 통계 선생님께 물어보세요.

i) 여러분의 결론이 타당한지 점검해 보세요.

i. 내적 타당성 – 다른 사람이 여러분의 연구를 같은 방법으로 다시 수행했을 때도 같은 결론에 도달할 수 있을까요? 그렇다면 여러분은 신뢰도 또는 내적 타당성이 확보된 것입니다.

ii. 외적 타당성 – 여러분의 결론이 다른 사람, 다른 문화 또는 다른 나라에도 똑같이 적용될 수 있을까요? 그렇다면 여러분은 일반화 가능성 또는 외적 타당성이 있는 것입니다.

j) 추세(트렌드)와 예측: 데이터가 시간에 따라 어떻게 변하는지를 분석하고 앞으로 어떻게 변할지를 예측하는 방법에는 여러 가지가 있습니다. 이런 분석을 시계열 모델이라고 합니다. 시계열 모델은 추론 통계를 활용해서 과거에 나타난 데이터의 변화 양상을 살펴보고, 일부 요인을 그대로 유지한 채 미래에 같은 데이터가 어떻게 변할지를 예측합니다. 대표적인 방법은 다음과 같습니다.

i. 대부분의 스프레드시트(엑셀)나 검색 도구에 내장된 추세(트렌드) 분석 기능

ii. 그래프를 활용한 방법에는 최적선이나 이동 평균선을 그려서 미래 방향으로 그래프를 연장하여 예측하는 방식

iii. 과거의 데이터에서 일정한 관계가 있었던 두 데이터 집합 사이의 규칙이나 공식을 수학적으로 찾아내어 미래를 예측하는 데 사용하는 방법

iv. 선형 회귀 분석 및 예측

v. 다중 요인 최적화(여러 가지 요인을 동시에 고려해서 가장 좋은 결과를 찾아내는 방법)

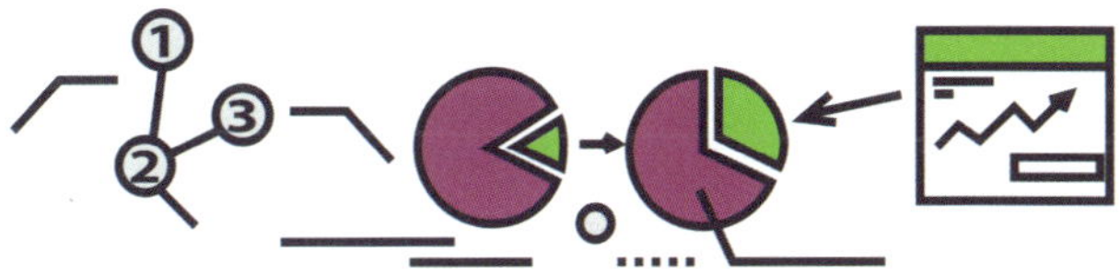

여러분의 연구 제목은 무엇인가요?	
처음에 세운 연구 목표는 무엇이었나요?	

데이터를 분석하면서 어떤 패턴을 발견했나요? 요인들 사이에 어떤 연결을 찾을 수 있었나요?	
이 데이터를 바탕으로 어떤 결론을 도출했나요?	
이 결론을 연구에 참여하지 않은 다른 사람들에게도 적용할 수 있을까요? 그럴 경우 어떤 점이 달라질 수 있을까요?	
이 결론을 다른 나라나 문화에도 적용할 수 있을까요? 그럴 경우 어떤 점이 달라질 수 있을까요?	
데이터 속에서 어떤 추세(트렌드)를 발견했나요?	
앞으로 어떤 예측을 할 수 있나요?	
여러분이 내린 예측에 대해 얼마나 확신하고 있나요?	

수정

8i – 새로운 정보와 증거에 근거해 이해를 수정합니다.

숙달 수준

자신이 어떤 내용을 이해하지 못하고 있다는 것을 알아차릴 수 있을 때, 현재 자신의 생각과 다른 정보나 아이디어를 인식할 수 있을 때 그리고 필요할 경우 증거를 검토하고 자신의 이해를 기꺼이 수정할 수 있는 태도를 갖추었다면, 해당 ATL 기능을 사용하는 데 있어 전문가 수준에 도달하였다고 볼 수 있습니다.

이 ATL 기능은 모든 학습의 기초가 되는 능력입니다. 무엇을 모르는지 깨닫는 것에서 시작해 자신의 이해를 수정하고 새로운 이해를 만들어 가는 행동으로 이어집니다. 먼저, 교재의 1.2i, 1.2j – 노트 작성하기(50쪽)와 4.5b –잘 실패하기(153쪽) 활동을 해 보면 도움이 될 것입니다. 그리고 이해와 기억에 가장 좋은 방법은 주요 내용을 자기 말로 바꾸어 표현하는 것입니다.

연습 1 – 나에게 진실한 것은 무엇일까?

다음 표를 채우며 스스로를 돌아보는 연습을 해 보세요.

예전에는 사실이라고 믿었지만 지금은 생각이 바뀐 것은……

내 생각이 바뀌게 된 계기는……

이제 내가 사실이라고 이해하고 있는 것은……

연습 2 – 근거(증거) 수집하기

a) 다른 사람이 사실이라고 믿고 있지만 여러분은 동의하지 않는 주장을 하나 골라 보세요. 그 주장의 근거(증거)를 평가하며 다음 표를 채워 보세요.

내가 사실이 아니라고 생각하는 주장			
결론에 이르는 전제의 순서	각 전제를 뒷받침하는 근거(증거)	각 전제에 반대되는 근거(증거)	내가 사실이라고 생각하는 방식으로 전제를 다시 표현하기
1.			
2.			
3.			
지금 보이는 사실을 바탕으로 여러분이 새롭게 도출하는 결론은 무엇인가요?			
제시된 근거(증거)를 살펴본 뒤 여러분의 입장에 어떤 변화가 있나요?			

연습 3 – 학교 공부 이해하기

a) 여러분이 배우는 내용 중에서 아직 충분히 이해하지 못한 부분을 하나 선택하세요. 교재 163쪽 '5e – 내용을 고려하기'를 참고하세요. 그리고 다음 표를 채워 보세요.

내가 아직 잘 이해하지 못한 내용은……		
내가 답을 얻어야 할 질문은……		
설명을 얻기 위해 확인해 볼 곳 • 선생님 • 친구 • 선배 • 다른 어른 • 교과서 • 인터넷	내가 알아낸 내용은……	
내가 새롭게 이해한 내용(자신의 말로 표현해 보세요)		

위험

8j – 위험 요소를 평가하고 관리합니다.

숙달 수준

여러분이 자신의 행동을 선택해야 하는 상황에서 사실, 조사 그리고 타당한 분석을 바탕으로 위험과 이득을 저절로 판단할 수 있다면, 해당 ATL 기능을 사용하는 데 있어 전문가 수준에 도달하였다고 볼 수 있습니다.

이 연습을 가장 효과적으로 활용하려면 먼저 교재의 다음 ATL 기능들을 먼저 수행해 보면 좋습니다.

4.5a, 4.5c, 4.5d – 회복탄력성(150쪽)

4.5b – 잘 실패하기(153쪽)

4.4a, 4.4b, 4.4c – 자기 동기 부여(142쪽)

위험이란 소중한 무언가를 잃을 수도 있는 가능성을 말합니다. 위험 관리란 발생할 수 있는 위험을 정확하게 판단하고 그에 맞는 적절한 행동을 취하는 것을 의미합니다.

위험 감수는 청소년이 자신의 한계를 시험해 보고, 새로운 기능을 배우며, 역량과 자존감을 키우고, 자신의 삶에 더 큰 책임을 지도록 돕는 과정입니다. 하지만 다음과 같은 이유로 한 위험 감수 행동은 건강이나 안전에 위험할 수 있습니다.

- 알지 못함: 비슷한 행동을 해 본 경험이 없는 경우
- 충동성 또는 스릴 추구
- 그 행동이 어떤 결과를 가져올 수 있는지에 대한 정보 부족
- 소외감이나 부족함을 느끼며 어울리고자 하는 욕구

위험을 정확하게 판단하려면 먼저 자신이 왜 이 행동을 하려는지를 분명히 알고 그 행동이 가져올 수 있는 단기적·장기적인 이익과 손실을 잘 따져 보아야 합니다. 이런 판단을 '비용-편익 분석'이라고 하는데 의견이 아니라 사실에 근거한 정확한 조사와 정보가 필요합니다.

연습 1 – 청소년 행동에서의 위험 평가하기

a) 다음 표의 예시 1(예: 담배 흡연)을 참고해 빈칸을 채워 보세요. 관련 내용을 조사해서 표에 있는 비용(손실)과 이득이 실제 조사 결과와 맞는지 확인해 보세요.

b) 아직 해 본 적은 없지만 앞으로 해 볼 수도 있다고 생각하는 행동 두 가지를 골라서 같은 방식으로 위험과 이득을 분석해 보세요.

	예시 1	예시 2	예시 3
행동	예: 담배 흡연		
나의 목적, 이유, 동기	이 행동을 하는 다른 사람들과 어울리기 위해		
개인적 비용	돈 낭비, 구취, 옷과 머리에 밴 냄새, 호흡 곤란, 체력 저하		
비용에 대한 조사			
즉각적인 이득	소외감을 느끼지 않음		
이득에 대한 조사			
가장 좋은 결과	살아남는다.		

가장 좋은 결과에 대한 조사			
가장 나쁜 결과	폐암 같은 질병으로 젊은 나이에 죽는다.		
가장 나쁜 결과에 대한 조사			
결정하기: 이 행동은 할 가치가 있는가?	아니다.		
그 이유는 무엇인가요?	장점은 없고, 단점이 많다.		

보호 요인은 위험 요인이나 위험 행동으로 인한 부정적인 영향을 줄여 주는 완충 역할을 합니다. 청소년의 질병 발생률과 건강 문제를 줄이는 데 가장 효과적인 보호 요인은 가족, 학교, 또래 집단과의 연결감과 소속감입니다.

연습 2 – 위험 관리하기

a) 여러분이 주말에 사람들의 집을 방문해 자동차를 세차해 주는 개인 사업을 시작한다고 상상해 보세요. 위험을 잘 관리하고 있는지 판단하기 위해 다음 분석을 수행해 보세요.

b) 그다음, 예시 2를 분석해 보거나 스스로 하나를 정해 보세요. 아직 시도해 보지는 않았지만 해 보고 싶은 행동 또는 앞으로 해볼까 생각 중인 행동 하나를 선택해 위험과 이득을 분석해 보세요.

	예시 1	예시 2	예시 3
여러분이 하고 싶은 상황이나 행동은 무엇인가요?	나만의 사업을 시작한다.	번지 점프를 한다.	
위험 요소는 무엇인가요?	많은 시간과 돈을 투자했는데 사업이 실패할 수도 있다.		
어떤 투자가 필요한가요?	기획과 고민에 100시간, 자전거 가방과 세차 장비에 7만원		
가장 나쁜 결과는 무엇인가요?	아무도 내 서비스를 원하지 않는다. 투자한 시간과 돈이 낭비되고 예기치 못한 문제를 겪는다.		
가장 좋은 결과는 무엇인가요?	사업이 크게 성공해서 다른 사람을 고용해야 한다.		
위험과 이득에 대해 어떤 조사를 했나요?			
일을 함께 하거나 위험을 나눌 수 있는 사람은 누구인가요?			
위험 요소나 문제 발생 시 조언을 구할 수 있는 사람은 누구인가요?			
계획대로 되지 않을 경우, 그 투자를 다른 방식으로 활용할 수 있는 대안은 무엇인가요?			

우리가 하는 모든 일에는 위험이 따릅니다. 그 위험은 신체적, 정서적, 사회적 또는 인지적인 측면일 수 있으며 때로는 여러 요소가 함께 작용하기도 합니다. 이러한 위험은 자기 자신에게 영향을 줄 수도 있고 수행하려는 과제의 결과에 영향을 미칠 수도 있습니다. 결국 모든 일에는 위험이 존재합니다. 위험을 효과적으로 관리하려면 먼저 자신이 이루고자 하는 목표를 분명히 해야 합니다. 그런 다음, 그 목표에 도달하는 다양한 경로에 어떤 위험이 있는지 꼼꼼히 분석하고 감당하기 어려운 위험은 최소화하면서 목표를 달성할 수 있는 실행 계획을 세워야 합니다.

연습 3 – 목표 달성을 위한 위험 관리하기

a) 먼저, 자신이 이루고자 하는 목표를 분명히 정리하세요. 목표를 구체적으로 정의하고 여러 단계 또는 단계별 행동으로 나누어 보세요.
b) 각 단계마다 목표를 달성하기 위해 취할 수 있는 행동을 두 가지 이상 생각해 보세요.
c) 각 행동에 대해 가장 나쁜 결과는 무엇인지 고민해 보세요.
d) 그 위험이 감수할 만한 가치가 있는지 판단해 보세요.
e) 목표를 달성하기 위한 가장 좋은 실행 경로를 계획하고 실행한 뒤, 그 결과를 평가해 보세요.

다음 표를 작성해 보세요.

나의 목표는 ……………………………………

이 목표를 이루기 위해 필요한 단계는 다음과 같습니다.	각 단계에서 내가 취할 수 있는 두 가지 행동	각 행동에서 일어날 수 있는 가장 나쁜 결과는 무엇인가요?	실제로 내가 선택할 행동은 무엇인가요?
1.			
2.			
3.			
4.			
5.			

f) 자신의 위험 관리 과정을 되돌아보세요. 여러분의 판단은 얼마나 정확하고 효과적이었나요? 이번 경험을 통해 효과적인 위험 관리에 대해 어떤 것을 배울 수 있었나요?

....

....

연습 4 – 활동 계획에서의 위험 관리하기

a) 이 활동은 어떤 목적을 위한 것인가요? 무엇을 하고싶나요?

b) 예상되는 위험 요소는 무엇인가요? 자신과 다른 사람들에게 미칠 수 있는 신체적 · 사회적 · 정서적 · 지적 위험을 모두 분석해 보세요.

c) 각 위험이 생명이나 신체 안전에 어떤 위협이 될 수 있는지 평가해 보세요.

d) 각 위험에 대해 그 위험을 줄이거나 피하거나 관리할 수 있는 실행 계획을 세워 보세요.

e) 실제로 활동을 진행한 후, 자신의 위험 관리가 얼마나 효과적이었는지 평가해 보세요. 이번 경험을 통해 무엇을 배웠나요?

다음 표를 작성해 보세요.

내가 해 보고 싶은 활동은 ....

생길 수 있는 모든 위험은 다음과 같습니다.	각 위험이 초래할 수 있는 위험 수준은 다음과 같습니다.	각 위험을 줄이거나, 피하거나, 관리할 수 있는 방법은 다음과 같습니다.
1.		
2.		
3.		
4.		
5.		

f) 여러분의 위험 관리 과정을 성찰해 보세요. 여러분의 판단은 얼마나 정확하고 효과적이었나요? 이번 경험을 통해 효과적인 위험 관리에 대해 무엇을 배울 수 있었나요?

질문

8k – 사실적 · 주제적 · 개념적 · 논쟁적 질문을 형성합니다.

숙달 수준

질문의 유형이나 순서에 상관없이 스스로 좋은 질문을 만들어 낼 수 있다면, 해당 ATL 기능을 사용하는 데 있어 전문가 수준에 도달하였다고 볼 수 있습니다.

사실적 질문은 사실과 그 사실을 뒷받침하는 증거에 대한 질문입니다.

주제적 질문은 현재 세상에서 실제로 벌어지고 있는 일에 대한 질문입니다.

개념적 질문은 '큰 그림'을 보는 질문으로 자료에서의 패턴, 사실과 주제 간의 연결, 윤리, 영향, 예측, 결과 등을 탐구합니다.

논쟁적 질문은 사람들의 다양한 의견이나 관점을 이끌어 낼 수 있는 질문으로 가능하다면 두 가지 상반된 입장이 형성되어 토론할 수 있는 질문이 이상적입니다.

연습 1 – 좋은 질문 만들기

짝과 함께 활동하세요.

a) 최근의 주요 국제 뉴스 기사 중 하나를 선택하세요.

b) 여러분이 TV의 인터뷰 진행자라고 상상해 보세요. 해당 뉴스 속 핵심 인물을 단독으로 인터뷰할 기회를 얻었지만 단 네 가지 질문만 할 수 있습니다. 다음은 질문 유형별 예시입니다.

  i . 사실적 질문 – 얼마나 많은가요? 얼마나 높은가요?

  ii . 주제적 질문 – 이것이 여러분의 지역, 학교, 공동체에 어떤 영향을 미칠 수 있을까요?

  iii. 개념적 질문 – 여기서 얻을 수 있는 의미나 중요성은 무엇일까요?

  iv. 논쟁적 질문 – 사람들이 서로 의견이 갈릴 수 있는 쟁점은 무엇인가요?

c) 다음 표에 각 질문을 작성하세요.

	뉴스 사건 1번 제목(헤드라인) .... 핵심 인물	뉴스 사건 2번 제목(헤드라인) .... 핵심 인물 ....
사실적 질문		
주제적 질문		

개념적 질문		
논쟁적 질문		

d) 다른 뉴스 이야기를 선택해 앞과 같은 과정을 한 번 더 반복해 보세요.

좋은 질문을 만드는 법 배우기

자신의 삶에서 변화시키고 싶은 분야에서 성과를 높이는 가장 좋은 방법은 올바른 질문을 던지는 것입니다. 올바른 질문을 통해 원하는 변화를 이루는 데 필요한 정보를 얻을 수 있습니다.

연습 2a – 필요 파악하기

여러분은 어떤 것에 대해 더 알고 싶나요? 무엇을 더 잘하고 싶나요? 어떤 것을 바꾸고 싶나요? 이러한 생각들은 모두 질문을 통해 탐색할 수 있는 주제입니다. 먼저, 무엇에 대해 질문하고 싶은지와 그 이유를 명확히 정해야 합니다. 그런 다음, 그에 맞는 적절한 질문을 설계할 수 있습니다. 다음 표를 작성해 보세요.

어떤 것에 대해 더 알고 싶나요?	무엇을 더 잘하고 싶나요?	여러분의 삶에서 어떤 부분을 바꾸고 싶나요?

연습 2b – 자원 찾기

앞의 표에서 가장 중요한 세 가지를 골라 다음 표에 작성해 보세요.

나에게 가장 중요한 세 가지 항목	각 항목을 바꾸고 싶은 이유	이와 관련된 정보를 더 많이 찾을 수 있는 곳	이와 관련해 내가 질문할 수 있는 사람
1.			
2.			
3.			

좋은 질문이란?

- 생각하게 만듭니다.
- 즉각적인 대답이 나오지 않습니다.
- 이전 지식과 연결되어 사고를 요구합니다.
- 단순한 '예' 또는 '아니요'로 답할 수 없습니다.
- 정보를 탐구하여 이해를 찾도록 이끕니다.

연습 2c – 좋은 질문하기

우리는 정보의 출처나 사람을 탐구하고 이해를 얻고 의미를 만들어 내기 위해 질문을 사용합니다. 다음 표를 활용하여 이전 연습 2a에서 선택한 주제에 대해 관련성 있는 질문을 만들어 보세요. 표의 왼쪽에 있는 단어(예: 누가, 무엇을 등) 중 하나를 선택하고 위쪽에 있는 질문 단어들(예: ~인가요?, ~했나요? 등)과 결합하여 주제에 대한 가능한 질문을 구성해 보세요. 그중 관련성이 있다고 생각되는 질문을 칸에 적으세요. 왼쪽 열의 모든 단어에 대해 같은 방식으로 해 보세요. 가능하다면, 각 행마다 각 주제에 대한 좋은 질문을 하나씩 작성해 보세요.

	~인가요?	~했나요?	~할 수 있나요?	~하시겠어요?	~할 건가요?
누가					
무엇을					

어디에서					
언제					
왜					
어떻게					

연습 2d – 답 찾기

연습 2c에서 만든 질문을 활용하여 필요한 정보를 얻기 위한 좋은 질문을 해 보세요. 만약 그 질문만으로 원하는 답을 충분히 얻지 못했다면 연습 2b에서 정한 도움이 될 만한 사람에게 직접 질문해 보아야 합니다. 질문을 하기 전에 무엇을 알고 싶은지 그 답변이 어떤 방향으로 이어지기를 원하는지 생각해 보세요. 좋은 질문에 유용한 팁은 다음과 같습니다.

- 단순히 '예' 또는 '아니요'로 답할 수 있는 질문은 피하고 생각을 유도하는 질문을 하세요.
- 한 질문에 대한 답변을 바탕으로 더 깊이 파고드는 후속 질문을 던져 보세요.
- 질문 후 잠시 침묵하며 기대하는 표정을 지으면 상대가 더 자세하게 이야기할 가능성이 높아집니다.
- 대답이 끝나기 전에 끊지 말고 상대가 충분히 말할 수 있도록 기다려 주세요.

관점

81 – 여러 관점에서 아이디어를 고려합니다.

숙달 수준

어떤 문제, 쟁점, 상황, 사건 또는 과제를 여러 가지 다른 관점에서 자연스럽게 바라볼 수 있을 때, 해당 ATL 기능을 전문가 수준으로 활용하고 있다고 볼 수 있습니다.

어떤 아이디어든 더 많은 관점에서 바라볼수록 그 아이디어에 대한 다양한 해석이 생겨납니다. 하나의 아이디어를 여러 관점에서 바라보면 그 아이디어의 장점과 약점을 모두 고려할 수 있게 됩니다.

연습 1 – 위대한 아이디어

a) 다음에 제시된 '위대한 아이디어'에 대해 여러분이 지금까지 그 아이디어가 아직 떠오르지도 실현되지도 않은 시대에 살고 있다고 상상해 보세요. 이 아이디어가 최근에 도입되어 점차 현실에서 구현되기 시작하면서 그 결과 세상이 변하고 있다고 상상해 보세요.

b) 이 아이디어로 인해 세상에서 어떤 변화들이 보이기 시작했을까요?

c) 오늘날의 관점에서 이 아이디어가 처음 등장했던 시기를 되돌아보았을 때 이 아이디어는 세상에 긍정적인 영향과 부정적인 영향을 모두 주었다고 생각하나요?

	이 아이디어가 도입되면서 직접적 또는 즉각적으로 어떤 변화가 일어났나요?	이 아이디어가 세상에 가져온 긍정적인 영향은 무엇인가요?	이 아이디어가 세상에 끼친 부정적인 영향이 있다면 무엇인가요?
농업			
진화론			
전기			
여성주의(페미니즘)			
인권			
개인용 컴퓨터			
인터넷			
인쇄술			
화폐			
휴대전화			
자동차			
비행기			

연습 2 – 학교에서

a) 여러분이 학교를 다시 설계해서 자신에게 딱 맞는 학교를 만들 수 있다고 상상해 보세요. 무엇을 바꾸고 싶나요?

b) 여러분이 바꾸고 싶은 모든 것을 실제로 바꿀 수 있다면 그 변화가 학생, 교사, 학교 관리자, 학부모에게 각각 어떤 영향을 줄 것이라고 생각하나요?

내가 바꿀 수 있는 것	이렇게 바꾸고 싶다	그 변화가 학생에게 줄 영향	그 변화가 교사에게 줄 영향	그 변화가 학교 관리자에게 줄 영향	그 변화가 학부모에게 줄 영향
1.					
2.					
3.					
4.					
5.					

문제 해결

8n – 복잡한 개념과 프로젝트를 구성 요소로 분석하고 이를 종합하여 새로운 이해를 형성합니다.
8o – 다양한 해결책을 제시하고 평가합니다.
8p – 장애물과 도전 과제를 파악합니다.
8q – 모델과 시뮬레이션을 사용하여 복잡한 체계와 이슈를 탐구합니다.
8s – 시스템과 응용 문제를 해결합니다.

숙달 수준

문제를 효과적으로 해결할 수 있는 사람이 되었을 때, 해당 ATL 기능을 사용하는 데 있어 전문가 수준에 도달하였다고 볼 수 있습니다.

문제에 대한 최선의 해답이나 해결책을 찾기 위해서는 먼저 문제를 세부 요소로 나누고 증거를 살펴보는 분석적 사고와 여러 가지 가능한 해결책이나 답을 만들어 내는 창의적 사고가 모두 필요합니다. 해결책을 찾고 문제를 해결하려면 먼저 그 문제를 충분히 이해하고 실제 핵심 문제가 무엇인지 분명하게 파악하는 것이 중요합니다. 현실 세계의 많은 문제는 대부분 딱 하나의 정답이 있는 것이 아니라 여러 가지 가능한 해결책이 존재하며 각각은 긍정적인 영향과 부정적인 영향을 모두 가질 수 있습니다. 최선의 해결책은 미래에서 되돌아보았을 때 가장 긍정적인 결과를 가져온 선택입니다. 문제를 잘 해결한다는 것은 미래에 가장 좋은 결과를 낼 해결책을 미리 골라낼 수 있다는 뜻입니다.

연습 1 – 세계적 · 지역적 문제

4명씩 모둠을 만들어 문제 1에 대한 해결 과정을 함께 진행해 보세요. 일부 답은 이미 제시되어 있고 일부는 여러분이 직접 생각해 보아야 합니다. 다음 표의 단계를 따라가며 빈칸을 채워 보세요.

a) 모든 사실을 수집하세요 – 누가, 무엇을, 어디서, 언제, 왜, 어떻게?
b) 실제 문제를 정의해 보세요.

문제 1	
이 문제에 이름을 붙여 보세요.	세계 자원 분배의 불균형
여러분이 관찰한 문제의 증상은 무엇인가요?	세계에는 가난한 사람이 매우 많고 부유한 사람은 소수입니다.
조사를 해 보세요. 사실은 어떤가요?	전 세계 인구의 80%가 하루 미화 10달러(약 14,000원) 이하로 살아가며 50%는 하루 2.50달러(약 3,500원) 이하로 생활합니다. 이 수치를 확인하고 출처를 찾아보세요.

누가?	
무엇을?	여러분의 하루 생활비 총액은 얼마인가요? 부모님께 대략적인 추정을 부탁해도 좋고 스스로 계산해 보아도 됩니다.
어디에서?	세상에서 가장 부유한 사람들과 가장 가난한 사람들은 각각 어디에 살고 있나요? 조사하고 출처를 제시하세요.
언제?	역사 속에서 부자와 가난한 사람 사이의 구분이 처음 생긴 시점은 언제인가요? 조사하고 출처를 제시하세요.
왜?	부자와 가난한 사람 사이의 차이는 왜 생기는 걸까요? 조사하고 출처를 제시하세요.
실제 문제를 질문으로 표현해 보세요.	어떻게 하면 모든 사람들이 세계 자원에 평등하게 접근할 수 있을까요?

c) 이 문제나 그로 인한 결과와 관련된 여러분의 학교, 가정이나 지역 사회에서 나타난 구체적인 사례 하나를 떠올려 보세요.

d) 해결 방안 브레인스토밍: 큰 종이를 준비하세요. 종이 한가운데 여러분이 제시한 지역 사례를 간단히 적으세요. 그런 다음, 모둠원 모두가 동시에 5분 동안 펜을 들고 떠오르는 모든 해결 방법을 자유롭게 적어 보세요.

e) 모둠원들과 함께 작성한 모든 해결책을 하나씩 살펴보며 현실적으로 불가능한 것들은 제거하세요. 그리고 남은 각각의 해결책에 대해 긍정적인 점 하나, 부정적인 점 하나 이상씩 생각해 보세요.

f) 모든 장단점을 비교해 본 후, 가장 좋은 세 가지 해결책을 정하세요. 모둠원들과 투표로 결정해도 좋습니다.

g) 선정된 최종 세 가지 해결책 각각에 대해 실패하거나 문제가 생길 수 있는 상황을 브레인스토밍 해 보세요.

h) 최종적으로 가장 좋은 해결책 하나를 선택하고 다음 표를 작성해 보세요.

우리가 지역에서 관찰한 이 문제의 사례는……	
이 지역 문제에 대한 우리의 해결책은……	
우리가 해결책을 실행하는 과정에서 직면할 것으로 예상되는 장애물과 어려움은……	
그 어려움들을 극복할 방법은……	
우리가 이 지역 문제를 해결하는 데 성공했음을 알 수 있는 순간은……	

i) 이제 여러분이 선택한 지역 문제에 대한 해결책을 실제로 실행에 옮길 차례입니다.

j) 누가 무엇을, 어떻게, 언제까지 할 것인지 결정하고 목표 달성을 위해 어떻게 진행 상황을 점검할 것인지도 함께 계획하세요.

k) 모든 준비가 끝나고 지역 문제 해결을 실행할 준비가 되면 그 해결 과정을 단순한 한 번의 실행으로 끝내지 마세요. 실행 후 결과를 관찰하고, 그 결과에서 배우며, 그에 따라 해결책을 수정하고, 다시 새로운 실행을 취하는 순환 구조로 운영해 보세요.

l) 경험을 통해 배우다 보면 실제 문제에 가까워질수록 처음 세웠던 문제의 정의를 수정해야 할 수도 있다는 것을 깨닫게 될 것입니다.

지역 문제 정의하기	실행한 일	그 결과	배운 점	다음에 개선할 점 (수정사항)
	1.			
	2.			
	3.			
	4.			

m) 이 활동의 마지막 단계는 적용의 확장입니다. 지역 문제를 해결한 경험을 바탕으로 더 큰 문제에 대한 해결 방안을 생각해 볼 수 있을까요? 처음에 정의했던 세계적 문제에 대해 가능한 해결책은 무엇일까요?

n) 마지막 표를 작성해 보세요.

이 문제에 대한 하나의 세계적 차원의 해결책은……	
이 해결책을 실현하는 데 있어 주요한 장애물은……	
이 세계적 해결책이 가능해지기 위해 먼저 선행되어야 할 일은……	

이 문제와 여러분의 세계적 해결책을 알리기 위해 지역에서 할 수 있는 행동은 무엇인가요?	

연습 2 – 여러분만의 문제 해결하기

a) 교과 수업, 지역 사회, 가족 또는 사회 생활 속에서 스스로 해결해 보고 싶은 문제를 하나 정해 보세요.

b) 그 문제에 이름을 붙이고 연습 1에서 사용했던 단계들을 따라가며 해결 과정을 진행해 보세요.

ATL 기능 자기 평가

해당 쪽을 가장 잘 활용하는 방법으로 161쪽과 162쪽을 참조하세요.

ATL 기능 숙련도에 대한 학생 자기 평가 – 비판적 사고 기능								
ATL 기능	초보자 (관찰)	학습자 (모방)	실행자 (실행)				전문가 (공유)
			시작하기	연습하기	향상하기	이해하기	
관찰							
논증(주장) 구성							
가정 평가							
데이터 분석							
수정							
위험							
질문							
관점							
문제 해결							

메모

창의적 사고 기능

창의성이란 기존에 없던 새로운 아이디어를 만들어 내는 능력입니다. 창의적 사고 기능은 여러분이 창의적인 사고 상태에 도달하도록 돕는 사고 기법과 그 상태에서 새롭고 독창적인 아이디어를 만들어 내는 데 활용할 수 있는 도구들의 결합입니다.

창의적으로 사고하려면 열린 마음, 유연한 사고와 상황에 맞게 사고방식을 바꾸는 능력이 필요합니다. 또한 새로운 시각에서 문제나 상황을 바라보고 기존 틀을 벗어난 새롭고 때로는 낯설게 느껴질 수 있는 참신한 아이디어나 해결책을 떠올릴 수 있어야 합니다.

창의적 사고는 문제 해결 과정에서 비판적 사고와의 균형을 제공합니다. 비판적 사고는 사실에 기반한 논리를 세우고 무엇이 가능한지를 분명히 하기 위해 객관적인 사실에 집중하여 명확한 사고를 이끌어 냅니다. 반면, 창의적 사고는 가능성에 얽매이지 않고 이전에 시도되지 않았거나 고려되지 않았던 독창적인 해결책과 아이디어를 떠올리는 데 필요한 사고 방식을 제공합니다.

아인슈타인이 한 말로 널리 알려진 문장이 있습니다. “문제를 만들어 낸 것과 같은 수준의 의식으로는 그 문제를 해결할 수 없다. 세상을 새롭게 바라보는 법을 배워야 한다.” 인류가 이룬 모든 진보는 창의적 사고에 기반합니다.

이 단원에서 제시하는 연습을 통해 여러분은 시각적 사고, 브레인스토밍, 추측하기, 은유와 비유 만들기, 사물 간의 색다른 연결 짓기와 같은 다양한 창의적 사고 전략에 점점 더 익숙해지고 능숙해질 것입니다. 또한 상황, 아이디어나 과정 등을 다양한 관점에서 바라보며 새로운 아이디어를 떠올리고, 개선 방안이나 참신한 해결책, 독창적인 창작물을 만들어 내는 연습도 하게 될 것입니다. 여러분이 글쓰기, 디자인, 예술 활동뿐 아니라 전반적인 사고력 전반에서 더욱 창의적인 사람이 되는 데 꼭 필요한 기능입니다.

오늘날 세상에 영향을 끼친 위대한 창의적 사상가

➔ 팀 버너스 리 - 월드 와이드 웹의 창시자

➔ 스티브 잡스 - 애플, 픽사, 넥스트 설립자

➔ 일론 머스크 - 스페이스X, 테슬라 전기차, 솔라시티

➔ 애니 리보비츠 - 사진작가

➔ 카렌 스파크 존스 - 컴퓨터 및 정보 과학자, 정보 검색, IDF 개념, 검색 엔진 개발 기초 설립

➔ 마크 저커버그 – 페이스북 창립자

➔ 뱅크시 – 도발적이고 언더그라운드 성향의 거리 예술가

➔ 헤디 라마 – 배우이자 수학자, 확산 스펙트럼 무선 통신 기술 개발

➔ 캐스린 비글로 – 영화 작가, 프로듀서, 감독

➔ J. K. 롤링 –『해리 포터』 시리즈 작가

➔ 스티븐 호킹 – 물리학자, 블랙홀 및 양자물리학 연구

➔ 야요이 쿠사마 – 예술가, 소설가, 시인

브레인스토밍

9a –브레인스토밍과 시각적 도표를 사용하여 새로운 아이디어와 탐구를 만듭니다.

숙달 수준
브레인스토밍과 시각적 다이어그램을 자연스럽게 활용하여 새로운 아이디어나 질문을 만들어 낼 수 있다면, 해당 ATL 기능을 사용하는 데 있어 전문가 수준에 도달하였다고 볼 수 있습니다.

브레인스토밍이란 하나의 단어나 아이디어에서 떠오르는 모든 생각을 자유롭게 펼쳐 보는 과정입니다. 이 연결은 자유롭게 떠오른 연상이 될 수도 있고 특정 주제에 따라 유도된 생각일 수도 있습니다. 브레인스토밍에는 정답이나 오답이 없습니다. 브레인스토밍한 내용을 아이디어 맵으로 기록하는 것은 단어와 이미지를 활용해 정보를 시각적으로 표현하는 방법입니다. 때로는 한 장의 이미지, 그림, 다이어그램이 천 마디 말보다 더 많은 이야기를 전달할 수 있습니다. 이전에 존재하지 않았던 새로운 아이디어를 떠올릴 수 있는 힘의 원천은 바로 상상력입니다. 상상력은 시각화 연습과 아이디어나 주제를 시각적 다이어그램으로 표현하는 연습을 통해 키울 수 있습니다.

연습 1 – 다양한 브레인스토밍 방법

브레인스토밍은 혼자서도 할 수 있고 모둠으로도 할 수 있습니다. 종이에 적거나, 소리 내어 말하거나, 메시지를 통해서도 가능합니다. 브레인스토밍에서 중요한 것은 연결을 찾아내는 것입니다. 특히 자신도 의식하지 못한 채 마음속에서 일어나는 연결을 발견하는 것입니다. 브레인스토밍의 핵심은 빠르게 하는 것입니다. 너무 깊게 생각하지 않고 떠오르는 대로 그냥 말하거나 적어 보세요. 다음과 같은 다양한 브레인스토밍 방식을 시도해 보세요.

a) 단어 폭풍 – 아이디어 맵 형태로 진행하는 것이 가장 좋습니다. 종이 중앙에 키워드 5개를 적고 각 단어에서 뻗어 나오는 모든 연결을 가지치기 구조로 기록하세요. 그리고 5개 키워드 간 연결점도 찾아보세요.

b) 단어 연상 – 단어 폭풍과 비슷하지만 정보를 범주화하지 않고 연결도 찾지 않습니다. 키워드 2~3개를 시작으로 머릿속에 떠오르는 단어들을 연속해서 빠르게 적어 나갑니다.

c) 시각적 연상 – 이미지를 활용해 개별 단어나 이야기를 떠올려 보세요.

d) 장단점 – 어떤 아이디어에 대해 긍정적인 측면과 부정적인 측면을 브레인스토밍해 보세요.

e) 만약에 – 하나의 변수를 바꿔 보고 그로 인해 생기는 다양한 가능성을 브레인스토밍해 보세요.

f) 상상하기 – 문제를 다른 관점, 다른 문화, 다른 시대의 시각에서 바라보도록 연습해 보세요.

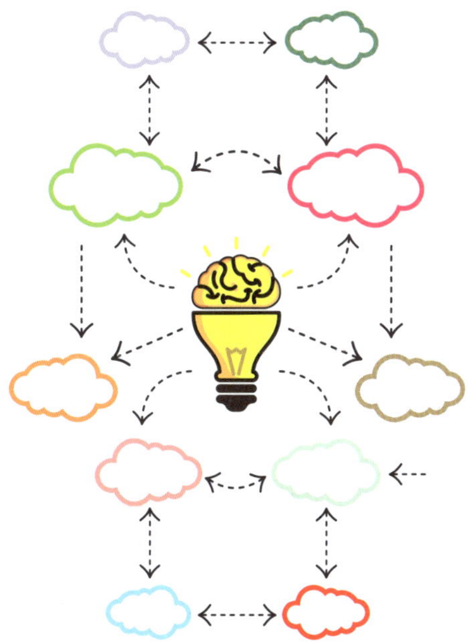

g) 질문하기 - 질문을 적고, 스스로 답해 보며, 더 많은 질문을 가능한 한 빠르게 만들어 보세요.

h) 제약 주기 - 논의 과정에서 변수를 하나씩 없애 보세요. '만약 우리가 ~가 없다면 어떻게 될까?' 만약 ~이 항상 똑같다면?'과 같은 질문을 던지고 가능한 아이디어를 브레인스토밍하세요. 문제가 단순해질 때까지 계속 이어 가 보세요.

연습 2 – 시각적 다이어그램

a) 과목에서 주제를 하나 정해 핵심 내용이나 주요 아이디어를 네 가지 서로 다른 시각적 형태로 표현해 보세요. 가능하다면 동영상이나 애니메이션도 활용해 보세요.

b) 완성한 네 가지 시각 자료를 전체 학급이나 모둠에서 발표해 보세요.

c) 발표를 들은 친구들에게 어떤 자료가 핵심 내용을 가장 잘 이해하는 데 도움이 되었는지 평가해 달라고 요청해 보세요.

주제	핵심 내용
도표(다이어그램)로 표현하기	
아이디어맵으로 표현하기	
순서도(플로차트)로 표현하기	
하나의 이미지로 표현하기	
동영상으로 표현하기	www.
애니메이션으로 표현하기	www.

d) 어떤 시각적 표현 방식이 주제를 이해하는 데 가장 도움이 되었나요?

불가능한 해결책

9b – 가능성이 낮거나 불가능할 것 같은 대안을 포함한 여러 가지 대안을 고려합니다.
9c – 실질적인 문제에 대해 실제적 해결책을 만듭니다.

숙달 수준

실제 문제에 대한 새로운 해결책을 쉽게 만들어 낼 수 있다면, 이 ATL 기능을 사용하는 데 있어 전문가 수준에 도달했다고 볼 수 있습니다.

이 연습을 효과적으로 수행하려면 먼저, 244쪽의 문제 해결 활동(8n, 8o, 8p, 8q, 8s)과 253쪽의 브레인스토밍 활동(9a)을 해 보는 것이 도움이 됩니다.

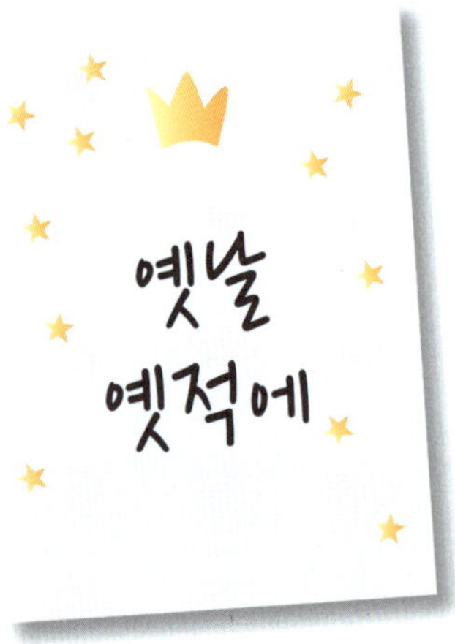

연습 1 – 다른 결말 만들기

4명이 한 모둠이 되어 활동하세요.

a) 모두가 잘 알고 있는 간단한 동화나 민담 한 편을 선택하세요.

b) 이야기의 줄거리를 짧은 문장 몇 개로 요약해 보세요.

c) 모둠원 각자가 하나씩 이야기를 새로운 결말로 바꾸어 총 네 가지 버전을 만들어 보세요.

d) 각자 자신이 만든 결말을 넣어 동화를 다시 들려주고 모둠원들에게 의견을 받아 보세요.

e) 네 가지 결말 중 가장 마음에 드는 것을 하나 고르고 이야기를 발표할 수 있을 만큼 구체적으로 다듬으세요.

f) 모둠원 중 한 명이 전체 학급 앞에서 완성한 이야기를 들려주세요.

이야기 제목:		
이야기의 줄거리 또는 스토리라인:	새로운 결말: 1.	가장 마음에 드는 결말을 자세히 쓰기
	2.	
	3.	
	4.	

연습 2 – 불가능한 해결책 만들기

4명이 한 모둠이 되어 활동하세요.

a) 253쪽의 9a – 브레인스토밍 방법 중 하나를 사용하여 현재 발생하고 있는 세계적 또는 지역적 문제 하나에 대한 다양한 해결책을 떠올려 보세요.

b) 이 단계에서는 현실 가능성을 고려하지 말고 창의적인 아이디어를 최대한 많이 떠올리는 것에 집중하세요.

c) 브레인스토밍으로 나온 모든 아이디어를 검토한 뒤 현실적으로 가능한 것들은 제거하고 오직 불가능하다고 생각되는 해결책들만 남겨 두세요.

d) 불가능한 해결책 중에서 가장 흥미로운 다섯 가지를 고르고 그 아이디어로 활동을 이어 가세요.

문제를 설명하세요.			
불가능한 해결책을 적으세요.	왜 이 해결책이 불가능한가요?	이 해결책이 가능하려면 어떤 조건이 필요할까요?	만약 이 해결책이 실현된다면 이 방식으로 문제를 해결했을 때 생길 수 있는 결과는 무엇일까요?
1.			
2.			
3.			
4.			
5.			

연결과 아이디어

9d – 사물 및/또는 아이디어를 예상치 못하거나 일반적이지 않은 방식으로 연계합니다.
9h – 기존의 지식을 적용하여 새로운 아이디어, 결과물 또는 과정을 만듭니다.

숙달 수준

무작위로 선택된 사물이나 아이디어 사이에서 다양한 연결점을 쉽게 찾아내고 그 연결을 바탕으로 새로운 아이디어를 만들어 낼 수 있을 때, 해당 ATL 기능을 사용하는 데 있어 전문가 수준에 도달하였다고 볼 수 있습니다.

창의적 사고의 핵심적인 두 가지 실천은 기존에 존재하는 것들 사이에 새로운 연결을 만들어 내는 것과 이전에 없던 아이디어를 새롭게 만들어 내는 것입니다. 이 두 가지는 연습을 통해 발전시킬 수 있는 기능입니다.

연습 1 – 사물 간 연결 찾기

짝이나 모둠으로 활동하세요.

a) 한 사람이 왼쪽에 있는 항목 중 하나와 오른쪽에 있는 항목 중 하나를 선으로 연결합니다.

b) 모든 사람이 해당 두 항목 사이의 연결 고리를 생각해 내고 왜 그렇게 연결되는지 이유를 설명합니다.

c) 함께 토론한 뒤 가장 논리적인 연결과 가장 독특한 연결을 골라 마지막 칸에 적으세요.

d) 이번에는 다른 사람이 새로운 연결을 선택해 활동을 반복하세요.

왼쪽 항목 중 하나를 오른쪽 항목 중 하나와 연결해 보세요.			가장 논리적 연결	가장 독특한 연결
연필		음악		
샌드위치		새		
자동차		사과		
전화		나무		
텔레비전		눈		
책상		마시멜로		
세탁기		행복		
침대		코끼리		
컴퓨터		꿈		
울타리		시간		
도로		물고기		
축구공		비행		
테니스 공		물		
학교		우주		
병원		땅콩		

연습 2 – 교과 간 연결 만들기

짝과 함께 활동하세요. 두 사람이 공통으로 배우는 교과목 중에서 각자 하나씩 선택하세요.

a) 각자 선택한 교과목에서 관심 있는 주제 하나를 고르고 그 주제와 관련된 핵심 내용 다섯 가지를 다음 표에 적으세요.

b) 그런 다음, 왼쪽과 오른쪽에서 각각 하나의 핵심 내용을 무작위로 연결한 후 둘 사이의 관련성을 함께 찾아보세요.

c) 함께 찾아낸 연결 중에서 가장 논리적인 연결과 가장 독특한 연결을 적어 보세요.

교과목 1 .... 주제 1		교과목 2 .... 주제 2	가장 논리적 연결	가장 독특한 연결
핵심 내용		핵심 내용		
1.		1.		
2.		2.		
3.		3.		
4.		4.		
5.		5.		
왼쪽 핵심 내용 중 하나를 오른쪽 핵심 내용 중 하나와 연결해 보세요.				

연습 3 – 가장 유용한 연결

a) 연습 1과 2에서 만든 가장 논리적인 연결과 가장 독특한 연결 목록을 살펴보고 그중에서 탐구해 볼 만하다고 생각되는 다섯 가지 연결을 고르세요.

b) 선택한 각 연결을 바탕으로 다음과 같은 새로운 아이디어를 만들어 보세요.

- 기계나 기술
- 앱이나 서비스
- 게임

c) 이렇게 다섯 가지 연결 모두에 대해 각각 진행해 보세요.

흥미로운 연결	이 연결을 활용할 수 있는 기계나 기술은 무엇인가요?	이 연결을 활용할 수 있는 서비스나 앱은 무엇이 있을까요?	이 연결을 바탕으로 한 게임을 상상해 볼 수 있나요?	이 연결로부터 떠오르는 새로운 아이디어는 무엇인가요?
1.				
2.				
3.				
4.				
5.				

d) 지금까지 나온 모든 가능성을 살펴본 뒤, 이 다섯 가지 연결을 바탕으로 하나의 진정한 새로운 아이디어, 제품 또는 과정을 만들어 낼 수 있는지 생각해 보세요.

개선 사항

9e – 기존의 기계, 미디어, 테크놀로지를 개선할 방안을 설계합니다.
9f – 새로운 기계, 미디어, 테크놀로지를 설계합니다.

숙달 수준

기계, 미디어, 테크놀로지를 볼 때마다 저절로 그 형태, 기능, 개선 가능성의 관점에서 바라보고 아직 세상에 존재하지 않는 새로운 기계·미디어·테크놀로지에 대한 아이디어를 떠올릴 수 있다면, 해당 ATL 기능을 전문가 수준으로 활용하고 있다고 볼 수 있습니다.

이 기능을 효과적으로 활용하려면 두 가지 서로 다른 사고 방식의 적용이 필요합니다. 하나는 논리적이고 분석적인 사고로 기존 사물을 그 기능과 형태로 나누어 살펴보는 데 사용됩니다. 다른 하나는 창의적인 사고로 기존 사물에 대해 새로운 용도, 새로운 활용 방식, 새로운 목적 또는 개선점을 떠올리는 데 필요합니다.

창의적 사고의 핵심적인 두 가지 실천은 기존에 존재하는 것들 사이에 새로운 연결을 만드는 것과 이전에 존재하지 않았던 아이디어를 새롭게 만들어 내는 것입니다. 이 두 가지는 연습을 통해 발전시킬 수 있는 기능입니다.

연습 1 – 요소를 조합해 새로운 아이디어 만들기

a) 짝과 함께 활동하세요. 기존의 기계 두 가지(예: 자동차, 세탁기, 복사기, 전화기 등), 미디어 두 가지(예: 신문, TV, 소셜 미디어 등), 테크놀로지 두 가지(예: 이메일, 메신저, 화상 통화 등)를 떠올려 1번 열에 각각 적어 보세요.

b) 그런 다음, 표의 가로줄을 따라 각 항목을 분석해 보세요.

	어떻게 작동하나요?		기능은 무엇인가요?		누가 사용하나요?	이 세 가지의 공통점은 무엇일까요?
기계 1:						
미디어 1:						
테크놀로지 1:						
기계 2:						
미디어 2:						
테크놀로지 2:						

c) 먼저, 기계 1의 작동 방식을 다른 두 가지 기능과 연결해 보세요. 그 조합이 실제로 가능해질 수 있는 방법을 함께 생각해 보세요. 미디어 1과 테크놀로지 1에도 똑같이 수행해 보세요.

d) 이번에는 기계 1의 기능을 다른 두 가지 사용자 집단과 연결해 보세요. 이 기능을 그 사용자들이 활용할 수 있게 하려면 어떤 방식이 가능할지 생각해 보세요. 미디어 1과 테크놀로지 1도 똑같이 수행해 보세요.

e) 앞에서 했던 활동을 기계 2, 미디어 2, 테크놀로지 2에 대해서도 같은 방식으로 수행해 보세요.

f) 각 항목에 대해 떠올린 새로운 기능 하나 또는 새로운 사용자 집단 하나를 정해 다음 표에 기록해 보세요.

g) 그 새로운 기능을 제공하거나 새로운 사용자에게 매력적으로 다가가기 위해 각 항목이 어떻게 바뀌어야 할지 함께 논의해 보세요.

h) 마지막으로, 그 변화가 어떤 점에서 개선된 것인지 그리고 그 개선이 실제로 성공적인 개선인지 어떻게 알 수 있을지 설명해 보세요.

	새 기능 또는 사용자 집단	작동하려면 무엇을 바꿔야 할까요?	그 개선을 어떻게 설명할 수 있을까요?
기계 1:			
미디어 1:			
테크놀로지 1:			
기계 2:			
미디어 2:			
테크놀로지 2:			

연습 2 – 필요를 바탕으로 새로운 아이디어 만들기

연습 1에서 사용한 예시를 다시 사용하거나 기계, 미디어, 테크놀로지에 대한 새로운 예시 두 가지씩을 만들어 봅니다. 짝과 함께 다음 표를 채워 보세요.

a) 각 항목이 할 수 없는 일 한 가지는 무엇인가요? (예: 신문은 나에게 말을 걸 수 없다.)

b) 여러분이 각 항목을 사용해서 할 수 없는 일 한 가지는 무엇인가요? (예: 노트북으로는 정원에 갈 수 없다.)

c) 각 항목이 어떤 일을 할 수 있었으면 좋겠나요? (예: 내가 원할 때마다 휴대전화의 크기를 바꿀 수 있었으면 좋겠다.)

d) 그것을 할 수 있으려면 무엇이 필요할까요?

e) 이제 모든 것이 가능하다고 상상해 보세요. 앞에서 찾은 제약을 모두 극복하고 여러분이 바랐던 새로운 기능을 실현할 수 있는 기계 · 미디어 · 테크놀로지는 어떤 모습일까요?

	각 항목이 할 수 없는 일 한 가지는 무엇인가요?	여러분이 각 항목으로 할 수 없는 일 한 가지는 무엇인가요?	각 항목이 어떤 새로운 기능을 수행할 수 있으면 좋겠나요?	이 기능을 가능하게 하려면 어떤 변화가 필요할까요?	새로운 기계, 미디어, 테크놀로지의 모습을 상상하여 표현해 보세요.
기계 1:					
미디어 1:					
테크놀로지 1:					
기계 2:					
미디어 2:					
테크놀로지 2:					

추측

9g – 추측을 하고, '~라면'이라는 질문을 던지고, 시험할 수 있는 가설을 만듭니다.

숙달 수준

정확하게 추측할 수 있는 능력을 갖추었을 때, 해당 ATL 기능을 사용하는 데 있어 전문가 수준에 도달하였다고 볼 수 있습니다.

추측하기란 제한된 정보를 바탕으로 결과를 예상하는 것을 말합니다. 나중에 돌아보면 어떤 추측은 실제 결과에 더 가까웠던 반면 그렇지 않은 것도 있습니다. 정확하게 추측하는 법을 배우는 것은 여러 과목에서 중요한 기능입니다. '만약에…… 라면?'이라는 질문은 문제나 상황의 한 요소를 더하거나 빼 보면서 가능한 해결책에 어떤 영향을 미칠지 살펴보는 훌륭한 방법입니다. 가설이란 인과 관계에 대한 근거 있는 추측, 즉 어떤 일이 일어났을 때 그에 따라 어떤 결과가 일어날지에 대한 예측입니다.

연습 1 – 정확하게 추측하기

짝과 함께 현재 또는 과거의 주요 정치인이 한 중요한 연설 영상 2개를 찾아보세요. (보지 말고 준비만 하세요)

a) 연설의 첫 문장을 재생하다가 정치인이 그 문장을 끝내기 직전에 멈추세요.

b) 두 사람 모두 정치인이 이어서 무엇을 말할지 예상해 적어 보세요.

c) 영상을 다시 재생해 문장의 나머지를 확인하세요.

d) 누가 더 가까이 맞췄는지 확인해 보세요.

e) 다른 문장을 골라 같은 방식으로 다시 해 보세요.

f) 꾸준히 연습해서 점점 더 정확하게 추측할 수 있을 때까지 계속하세요.

연습이 끝나면 이번에는 두 사람 모두 본 적 없는 영화 장면을 사용해서 같은 방법으로 수행해 보세요.

연습 2 – 수학적 어림 계산하기

짝과 함께 순서대로 모든 활동을 수행해 보세요. 추측에는 정답이나 오답이 따로 없지만 연습을 많이 할수록 추측이 점점 더 정확해집니다. 수학에서는 계산 결과가 대략 어느 정도일지 미리 짐작할 수 있다면 결과가 올바른 어림 범위 안에 있는지 바로 확인하는 데 유용합니다. 한 번에 한 열씩 다음 순서로 해 보세요.

a) 첫 번째 열의 숫자를 내려가면서 각각을 1초씩만 보고 그때마다 합계를 추측해 보세요.

b) 두 사람이 모두 시도한 뒤 계산기로 실제 합을 구해 보고 누가 더 가까운지 확인하세요.

c) 나머지 모든 열도 같은 방식으로 해 보세요.

	3		12		23		106
	8		9		46		357
	6		15		18		288
	1		11		54		620
	4		7		37		815
	6		18		92		131
	9		2		61		303
	5		7		75		782
	4		10		41		965
	2		13		89		336
	3		1		28		240
	5		4		13		682
	7		16		22		418
	8		6		74		527
	9		14		99		754
추측							
계산							

연습 2 – 계속하기

d) 한 사람이 첫 번째 열의 숫자 하나를 두 번째 열의 숫자 중 하나와 선으로 연결하세요. 그런 다음, 다른 사람이 즉시 그 결과를 추측해 보고 추측한 답을 빈칸에 적으세요.

e) 그 뒤에 실제로 계산해 보고 올바른 답도 함께 적으세요.

f) 역할을 바꿔서 다시 해 보세요.

g) 모든 숫자를 한 번씩 다 쓸 때까지 계속해 보세요. 여러분의 추측 실력이 점점 나아지고 있나요?

h) d부터 g 단계를 다시 하되 이번에는 두 번째 열의 숫자를 세 번째 열의 숫자와 곱해 보고, 세 번째 열의 숫자를 네 번째 열의 숫자와 곱해 보세요.

연습 3 – '만약에……'로 상상력 확장하기

짝과 함께 둘 다 잘 알고 있는 영화 두 편을 떠올려 보세요.

a) 첫 번째 영화의 결말과 그 결말에 영향을 준 여러 요인을 생각해 보세요.

b) 바꾸고 싶은 요인 하나를 정한 뒤 '만약에…… 라면?' 이라는 질문으로 바꿔 보세요.

c) 그렇게 했을 때 결말이 어떻게 달라질지 설명해 보세요.

d) 이어서 "그렇다면 그다음은 어떻게 될까?"라는 질문을 던지고 이야기가 어디로 이어질지 상상해 보세요.

e) 같은 방법을 두 번째 영화에도 적용해 보세요.

연습 3 – 계속하기

	영화 1	영화 2
영화의 마지막 장면을 설명해 보세요.		
등장인물은 누구인가요?		
이야기에서 바꿀 수 있는 요소 하나를 정하고 '만약에…… 라면' 질문으로 바꿔 보세요.	만약에……	만약에……
그 변화로 인해 생길 수 있는 결과는 무엇일까요?		
그 변화가 영화의 마지막 장면에 어떤 영향을 줄까요?		
또 다른 '만약에…… 라면' 질문을 던져 보세요.	그리고 만약에……	그리고 만약에……
그 변화로 생길 수 있는 결과는 무엇일까요?		
그 후 이야기가 어떻게 전개되었을까요?		

연습 4 – 검증 가능한 가설 세우기

가설은 '이 일이 일어나면…… 그 결과로 ……이 일어날 것이라고 생각한다.'라는 식의 예측입니다. 모든 가설에는 두 가지 변인이 있습니다. 독립 변인은 실험에서 과학자가 의도적으로 변화시키는 요인입니다. 종속 변인은 독립 변인의 변화에 따라 결과적으로 달라지는 요인입니다.

과학자가 실험을 통해 알아내고자 하는 것은 바로 인과 관계입니다. 즉, 어떤 것을 변화시켰더니 그것 때문에 다른 것이 변화했다는 명확한 증거를 찾는 것입니다. 이는 단순히 두 가지 현상이 같이 나타나는 상관 관계와는 다릅니다. 상관 관계는 두 현상이 동시에 발생할 수 있다는 것만을 의미할 뿐 하나가 다른 하나를 유발했다는 증거는 아닙니다. 또한 모든 실험에는 세 번째 변인인 통제 변인도 있습니다. 통제 변인은 실험에서 항상 동일하게 유지해야 할 조건들로 실험 결과의 정확성과 타당성을 보장하기 위해 꼭 필요합니다.

좋은 실험의 핵심은 한 번에 단 하나의 조건만 변화시키고 나머지 모든 조건은 동일하게 유지하는 것입니다. 이렇게 해야 종속 변인의 변화가 독립 변인의 변화에 의한 것임을 명확히 증명할 수 있습니다. 이러한 과정을 통해 새로운 가설을 세우거나 더 나은 예측을 할 수 있습니다. 실험의 성공은 정확한 데이터 수집에 달려 있으며 이를 위해서는 측정 가능한 변인과 철저한 통제가 반드시 뒷받침되어야 합니다. 다음 빈칸을 채워 보세요.

a) 내가 설정한 독립 변인은 ______ 이며, 이는 ______ (으)로 측정할 수 있고 실험에서 내가 의도적으로 변화시킬 수 있는 요인이다.

b) 나의 종속 변인은 ______ 이며, 이는 ______ (으)로 측정되며 실험을 진행하는 동안 관찰하고 기록할 수 있다.

c) 종속 변인의 변화가 오직 독립 변인의 변화 때문이라는 것을 보장하기 위해 나는 ______ 와/과 같은 방식으로 실험 조건을 통제할 것이다.

d) 나의 통제 변인은 ______

e) 나의 첫 번째 가설은 다음과 같다. ______

내가 ______ 을/를 변화시키면 ______ 이/가 달라질 것이라고 예상한다.

f) 나의 실험 결과는 ______

g) 이 실험을 바탕으로 내가 새롭게 세운 가설은 다음과 같다. ______

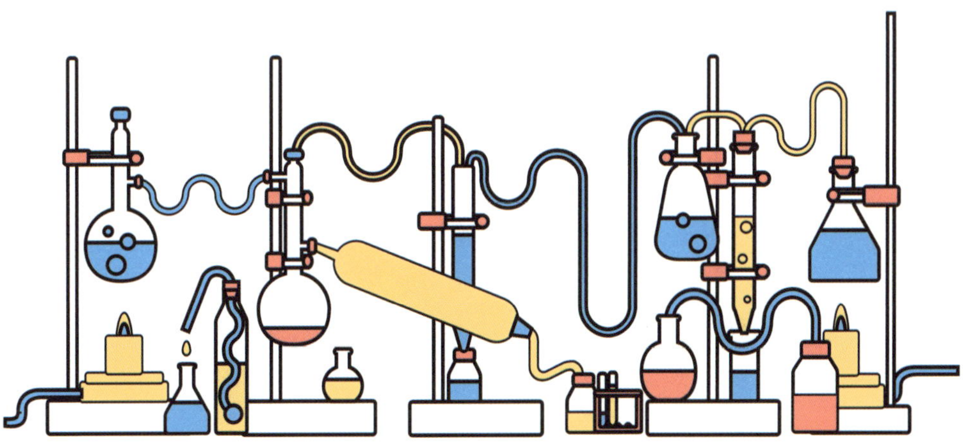

원저작물

9i – 독창적인 작품과 아이디어를 만들고, 기존의 작품과 아이디어를 새로운 방식으로 사용합니다.

숙달 수준

새로운 아이디어를 떠올리고 독창적인 결과물을 만드는 일이 자연스럽고 수월하게 느껴질 때, 해당 ATL 기능을 사용하는 데 있어 전문가 수준에 도달하였다고 볼 수 있습니다.

이 기능을 잘 활용하기 위해서는 두 가지 유형의 사고가 필요합니다. 하나는 기존 작품을 관찰하고 분석하는 사고이고 다른 하나는 새로운 아이디어를 떠올리는 데 필요한 창의적인 사고입니다. 창의적인 사고에서 중요한 두 가지 실천은 기존의 사물이나 아이디어들 사이에서 새로운 연결을 만들어 내는 것과 이전에 존재하지 않았던 아이디어를 창출하는 것입니다. 이 두 가지는 연습을 통해 충분히 길러질 수 있는 기능입니다.

이 이 기능을 연습하기 전에 258쪽의 9d – 사물 및/또는 아이디어를 예상치 못하거나 일반적이지 않은 방식으로 연계하기와 9h – 기존의 지식을 적용하여 새로운 아이디어, 결과물 또는 과정을 만들기 활동을 수행하는 것이 도움이 될 것입니다.

연습 1 – 100가지 활용법

모둠, 짝, 또는 혼자 개별적으로 활동해 보세요.

a) 다음 표에 있는 각 물건에 대해 가능한 한 빠르게 가능한 한 다양한 용도를 떠올려 보세요. 꼭 익숙하거나 현실적인 활용법일 필요는 없습니다. 상상력을 최대한 발휘해 보세요!

b) 각각의 사물에 대해 최소 18가지 활용법을 적어 보는 것이 목표입니다. 답을 짜내야 할 만큼 스스로를 밀어붙일 때 비로소 진짜 창의성이 발휘됩니다.

이 사물을 어디에 활용할 수 있을까? 가능한 한 많은 활용법을 떠올려 보세요!						
벽돌 						
종이 클립 						
연필 						

옷걸이 						
양초 						

c) 더 이상 아이디어가 떠오르지 않는데도 창의적인 아이디어를 떠올리려고 노력하는 것이 어떤 기분인지 설명해 보세요.

....

....

d) 그런 창의적 막힘(아이디어 정체 상태)을 극복하기 위해 여러분은 어떤 방법을 사용하나요?

e) 이제 사물을 2개씩 짝지어 보세요. 각 짝에서 새로운 활용법을 얼마나 많이 떠올릴 수 있는지 적어 보세요.

벽돌과 옷걸이 						
연필과 양초 						
벽돌과 종이 클립 						
종이 클립과 양초 						

연습 2 – 마음의 상태

진정으로 창의적인 아이디어, 즉 이전에 존재하지 않았던 새로운 아이디어를 떠올리기 위해서는 특별한 마음의 상태가 필요합니다. 이 상태는 일반적으로 머릿속에서 활발하게 상상하고 스스로에게 말을 거는 '내면의 대화'가 줄어드는 특징을 가집니다. 즉, 머릿속에서 끊임없이 말을 걸던 자신을 잠시 멈추는 것입니다. 창의적인 아이디어가 필요할 때 이런 상태로 들어갈 수 있는 능력은 매우 유용한 기능입니다.

a) 4.1a, 4.1b, 4.1c, 4.1d – 마음챙김(122쪽) 활동을 연습하며 내면의 목소리를 인식하고 조절하는 연습을 해 보세요. 그러면 보다 자연스럽고 쉽게 창의적인 마음의 상태로 진입할 수 있게 됩니다.

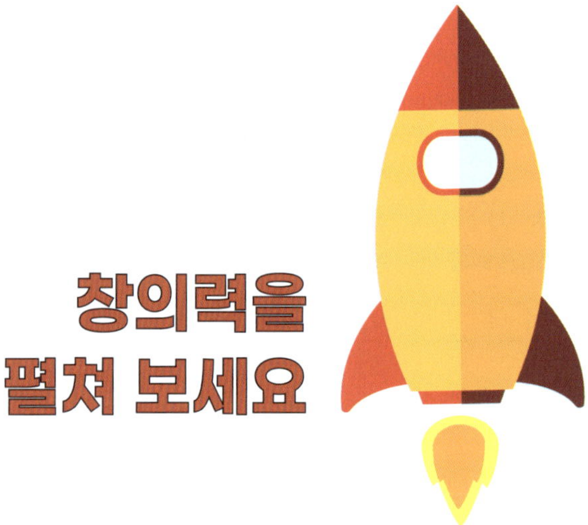

유연한 사고

9j – 여러 가지 반대되고, 모순되며, 보완적인 논증(주장)을 만듭니다.

숙달 수준

어떤 쟁점이나 문제를 모든 관점에서 쉽게 바라볼 수 있을 때, 해당 ATL 기능을 사용하는 데 있어 전문가 수준에 도달하였다고 볼 수 있습니다.

유연한 사고란 모든 가능성과 관점을 열린 마음으로 받아들이는 사고 방식을 말합니다. 이는 단순히 아이디어를 토론하거나 주장을 전개하는 데 그치지 않고 아이디어를 떠올리는 방식은 물론 자신에 대해 갖고 있는 믿음까지도 유연하게 바꿔 볼 수 있는 태도를 포함합니다. 이 기능을 효과적으로 연습하기 위해서는 먼저 다음 활동들을 해 보는 것이 도움이 됩니다. 8b – 주장 구성을 위한 관련 정보 수집 및 정리, 8f – 명제 인식 및 평가 (221쪽), 8c – 암묵적 추측과 편견 인식, 8e – 근거와 주장 평가, 8g – 타당한 결론 및 일반화 도출, 8h – 결론 및 일반화 검증, 8m – 반대되는 주장 전개하기 (223쪽)

연습 1 – 나는 누구일까?

우리 자신은 여러 가지 요소로 이루어져 있습니다. 여러분이 자신에 대해 생각해 볼 때 어떤 부분은 완전히 바뀔 수 있다고 느껴지고 어떤 부분은 전혀 변하지 않을 것 같으며 또한 어떤 부분은 그 중간쯤일 수도 있습니다.

a) 다음 각 항목에 대해 1번(전혀 변하지 않고 고정됨)부터 10번(변화와 발전에 완전히 열려 있음)까지 숫자 중에서 자신에게 해당된다고 생각되는 숫자에 동그라미를 표시하세요.

	1 (전혀 변하지 않음)				5 (절반 정도)					10 (완전히 변화할 수 있음)
나의 마음	1	2	3	4	5	6	7	8	9	10
나의 신념	1	2	3	4	5	6	7	8	9	10
나의 기억	1	2	3	4	5	6	7	8	9	10
나의 지능	1	2	3	4	5	6	7	8	9	10
나의 성격	1	2	3	4	5	6	7	8	9	10
나의 몸	1	2	3	4	5	6	7	8	9	10
나의 성공	1	2	3	4	5	6	7	8	9	10
나의 학습 능력	1	2	3	4	5	6	7	8	9	10
나의 미래	1	2	3	4	5	6	7	8	9	10
나의 지식	1	2	3	4	5	6	7	8	9	10
나의 삶	1	2	3	4	5	6	7	8	9	10

여기에는 옳고 그름이 없습니다. 하지만 삶의 어떤 영역에서든 변화를 만들고 개선하고 싶다면 무엇보다 먼저 그 영역이 변화, 성장 및 발전이 가능하다고 믿어야 합니다.

연습 2 – 다양한 대안적 설명과 주장

a) 사실로 여겨지는 몇 가지 아이디어를 선택하여 그것에 대한 설명을 몇 가지 떠올릴 수 있는지 확인해 보세요.

b) 그런 다음, 여러분이 생각해 낸 각 대안적 설명이 사실이 되기 위해 어떤 조건이 충족되어야 하는지도 함께 고려해 보세요.

제시된 '사실'	대안적 설명			
	1.	2.	3.	4.
모든 물질은 원자로 이루어져 있다.				
각 대안적 설명이 사실이 되려면 어떤 조건이 충족되어야 할까요?				
우주는 거대한 폭발로 시작되었다.				
각 대안적 설명이 사실이 되려면 어떤 조건이 충족되어야 할까요?				
지구는 둥글다.				
각 대안적 설명이 사실이 되려면 어떤 조건이 충족되어야 할까요?				

밤하늘에서 보이는 빛은 별과 행성이다.				
각 대안적 설명이 사실이 되려면 어떤 조건이 충족되어야 할까요?				

c) 여러분이 배우는 과목 중 하나를 선택하여 그 안에서 다루는 네 가지 '사실'이나 결론에 대해 같은 방식으로 대안적 설명 아이디어를 만들어 보세요.

연습 3 – 다양한 반대 주장(논증), 모순적 주장(논증), 보완적 주장(논증)

a) 앞서 제시된 '사실' 각각에 대해 조사해 보고 다음과 같은 주장들을 찾아보세요.

b) 반대 주장 – 원래의 '사실'과 다른 또는 반대되는 '사실'을 제시하는 논증

c) 모순적 주장 – 원래의 '사실'이 잘못되었음을 입증하는 논증

d) 보완적 주장 – 원래 '사실'을 뒷받침하거나 강화하는 논증

제시된 '사실'	반대 주장	모순적 주장	보완적 주장
모든 물질은 원자로 이루어져 있다. 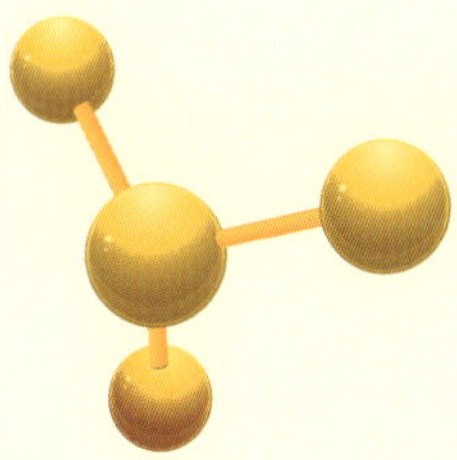			
우주는 거대 폭발로 시작되었다. 			

지구는 둥글다. 			
밤하늘에 보이는 빛은 별과 행성이다. 			

e) 여러분이 배우는 과목 중 하나를 선택하여 그 안에서 다루는 네 가지 '사실'이나 결론을 정한 후 같은 방식으로 아이디어를 생성하는 연습을 해 보세요.

시각적 사고

9k – 시각적 사고 전략 및 기법을 연습합니다.

숙달 수준

필요할 때 아이디어를 이미지로 바꾸고
그 이미지를 바탕으로 수정하거나 다른 가능성을
상상할 수 있을 때, 해당 ATL 기능을 사용하는 데
있어 전문가 수준에 도달하였다고
볼 수 있습니다.

이 기능의 핵심은 바로 시각화입니다. 다양한 가능성을 선명하게 떠올리고 그 이미지를 다루며 새로운 가능성을 만들어 낼 수 있는 능력을 말합니다. 이런 시각화 능력이 어떤 사람에게는 자연스럽게 느껴질 수 있지만 누구나 연습을 통해 더욱 효과적으로 시각화하는 방법을 배울 수 있습니다. 자신의 목표를 머릿속에서 또렷하게 그려 볼 수 있는 능력은 모든 창의 예술 분야에서 매우 중요한 기능입니다.

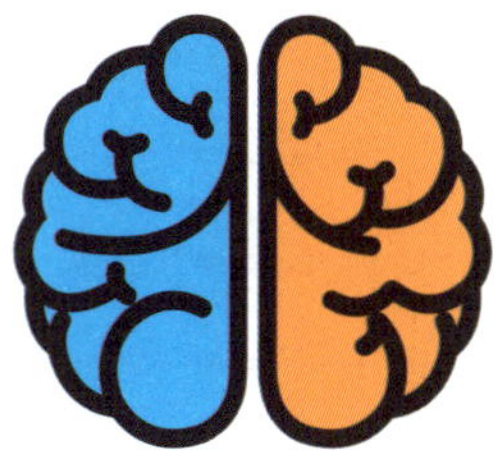

연습 1 – 이미지 다루기

짝과 함께 활동하세요. 한 사람은 글을 읽고 다른 사람은 눈을 감고 상상합니다. 그런 다음, 역할을 바꾸어 반복합니다. 따옴표로 표시된 부분이 읽을 내용이며 천천히 읽고 중간중간 충분히 멈추어 주세요.

a) "지금 살고 있는 집 현관문은 어떻게 생겼나요? 그 모습을 그려 볼 수 있나요? 그렇다면 집 전체의 모습은요? 마치 작은 모형 집처럼 한눈에 집 전체를 볼 수 있다고 상상해 보세요. 밝은 배경 위에 홀로 놓인 집을 떠올려 보세요."

b) 잠시 멈추고 눈을 감은 친구에게 이미지가 선명하게 보이면 고개를 끄덕여 달라고 요청합니다.

c) "이제 머릿속에서 집의 지붕을 들어 올려 보세요. 그러면 모든 벽의 윗부분이 보이면서 마치 3D 평면도를 보는 듯한 모습이 그려지나요? 집 위로 시선을 옮겨 위에서 전체를 내려다보듯 상상하세요."

d) 잠시 멈추고 눈을 감은 친구에게 이미지가 선명하게 보이면 고개를 끄덕여 달라고 요청합니다.

e) "이제 집 전체를 머릿속에서 공중에 띄운 다음, 천천히 회전시켜 보세요. 그러면 집의 바닥 아래쪽이 보이게 됩니다. 그런 다음, 바닥도 없애 보세요. 그러면 다시 벽의 골조만 남게 되는데, 이번에는 아래에서 올려다보는 시점입니다. 밝은 배경

위에 골조가 떠 있는 모습이죠. 이제 그 전체 구조를 납작하게 눌러서 평면으로 펼쳐 보세요. 마치 종이에 그려진 평면도처럼 말이에요. 그리고 그 평면도를 접어서 주머니에 넣고 나중을 위해 간직해 보세요."

f) "이제 눈을 뜨세요. 방금 떠올린 이미지에 대해 이야기해 보세요. 머릿속 이미지가 얼마나 생생했나요? 얼마나 실제처럼 느껴졌나요? 그 이미지를 마음속에서 바꾸는 것은 얼마나 쉬웠나요?"

g) 역할을 바꿔서 반복해 보세요.

h) 다시 연습해 보세요. 이번에는 어떤 기계나 사물(예: 자동차, 휴대전화, 서랍장, 햄버거 등)을 머릿속에서 완전히 분해한 뒤, 다시 조립하거나 전혀 다른 무언가로 변형하는 모습을 시각화해 보세요. 반드시 누군가 옆에서 말해 주지 않아도 괜찮습니다. 혼자서도 온전히 이 과정을 수행할 수 있습니다.

연습 2 – 기억의 성

이 활동은 각 과목의 정보를 더 정확하고 쉽게 기억할 수 있도록 도와주는 시각화 연습입니다. 먼저 짝과 함께 활동하세요. 한 사람이 글을 읽고 다른 사람은 눈을 감고 상상합니다. 그 후 역할을 바꿔 반복합니다. 다음 따옴표로 표시된 문장이 읽을 내용이며, 천천히 읽고 중간중간 멈춰 주세요.

a) "먼저 해야 할 일은 여러분이 언젠가 꼭 살고 싶은, 여러분의 성격을 반영한 멋진 집을 마음속에 떠올리는 것입니다. 그 집은 궁전일 수도 있습니다. 집의 정면을 밖에서 선명하게 그려 보세요. 그 이미지가 또렷해지면 이제 현관 앞으로 걸어가 문을 열고 집안으로 들어가세요."

b) 잠시 멈추고 눈을 감은 친구에게 이미지가 선명하게 보이면 고개를 끄덕여 달라고 요청합니다.

c) "이제 현관 안으로 들어왔습니다. 주변을 둘러보세요. 위층으로 이어지는 계단이 보일 수도 있고 여러 개의 닫힌 문들이 옆으로 나 있는 것이 보일 수 있습니다. 이 각 문에는 커다란 라벨이 붙어 있고 그 위엔 여러분이 배우는 교과목의 이름이 하나씩 적혀 있습니다. 가장 먼저 보이는 문에는 어떤 과목이름이 적혀 있나요?"

d) 눈을 감은 친구가 대답할 때까지 잠시 기다립니다.

e) "좋습니다. 이제 그 문을 열고 들어가 보세요. 그 방은 그 과목의 전용 공간처럼 꾸며져 있습니다."

f) 이제 글을 읽는 사람은 그 방 안에 있을 법한 물건이나 분위기를 설명해 줍니다. 예를 들어, 과학방이라면 책, 책상과 실험대, 현미경과 망원경, 각종 화학 물질, 시험관과 분젠 버너, 컴퓨터, 전자 기기 부품들이 있을 수 있습니다. 만약 영어방이라면 수많은 책, 잡지와 신문, 컴퓨터, 무대, 글쓰기 책상, 의자, 테이블 등이 있을 수 있습니다. "자, 여러분은 그 방 안에 무엇이 보이나요?" 이러한 시각화는 여러분의 기억의 성의 기본 구조를 세우는 과정입니다. 그다음 작업은 이제 여러분 스스로가 해 나가야 합니다.

g) 혼자 연습할 때 시간을 내어 기억의 성 안에 과목별 방을 하나씩 꾸며 보세요. 각 방은 그 과목을 전용으로 다루는 공간처럼 상상해야 합니다. 그 방은 여러분이 해당 과목에 대해 알아야 할 모든 정보를 찾을 수 있는 공간이어야

합니다. 그리고 각 방 안에는 중요한 정보를 핀으로 꽂아 둘 수 있는 커다란 게시판이 꼭 있어야 합니다.

h) 각 방의 내부 모습이 머릿속에 선명하게 떠오르기 시작하면 이제 그 공간을 실제로 기억을 저장하는 데 활용할 수 있습니다. 핵심은 모든 것을 '시각적 이미지'로 저장하는 것입니다. 여기에 소리나 움직임이 더해질 수 있다면 더 좋습니다. 하지만 먼저 모든 기억이 반드시 시각화되어야 합니다. 일단 방이 모두 구성되면, 여러분은 이 방들을 활용해 시험에 필요한 모든 정보를 저장할 수 있습니다. 해야 할 일은 단 하나, 정보를 적절한 방, 적절한 자리 넣어 두는 것입니다. 그러면 나중에 필요할 때 그 방으로 다시 찾아가 꺼내 쓰면 됩니다.

i) 정보를 적절한 장소에 저장하려면 다음과 같이 하세요. 공부를 하다가 중요한 정보를 담은 요약 노트나 다이어그램, 표, 아이디어 맵 등을 만들었다면, 그것을 먼저 자세히 들여다보고 눈을 감아 그 이미지를 머릿속에 떠올려 보세요. 그런 다음 여러분의 기억의 성으로 가져가 그 정보가 속한 과목 방의 문을 열고 들어갑니다. 방 안에 들어가 그 내용을 실제로 만들거나 갖다 놓는다고 상상하세요. 벽에 핀으로 꽂거나 그 장면이 그 방에서 일어나는 듯한 모습으로 시각화해 보세요. 그 이미지가 분명하게 떠오를 때까지 반복합니다. 그런 다음, 방 밖으로 나와 문을 닫습니다. 이 과정을 모든 과목에 대해 반복하세요. 이후 시간이 날 때마다 이 방들을 하나씩 둘러보며 머릿속으로 복습할 수 있고 각 방마다 기억을 강화해 나갈 수 있습니다.

j) 여러분이 지금 하는 일은 각 과목마다 별도의 기억 저장소를 만들어서 그 안에 여러 가지 기억의 단서나 연결 고리를 만들어 두는 것입니다.

은유

91 – 비유와 은유를 만듭니다.

숙달 수준

사물과 사물 사이, 아이디어와 아이디어 사이에서 비유적이거나 유사한 연결을 자연스럽게 만들어 낼 수 있을 때, 해당 ATL 기능을 사용하는 데 있어 전문가 수준에 도달하였다고 볼 수 있습니다.

창의적 사고의 핵심은 두 가지 실천에 있습니다. 하나는 기존의 사물이나 아이디어 사이에서 새로운 연결을 만들어 내는 것이고 다른 하나는 이전에 존재하지 않았던 아이디어를 창출하는 것입니다. 이 두 가지는 모두 연습을 통해 발전시킬 수 있는 능력입니다.

연습 1 – 직유를 활용한 창의성 키우기

짝이나 모둠으로 활동하세요.

a) 한 사람이 왼쪽에 있는 질문 중 하나와 오른쪽에 있는 항목 중 하나를 선으로 연결하세요.

b) 모든 모둠원은 해당 질문에 대한 자기만의 답을 생각해 내고 가능하다면 그 답에 대한 설명도 덧붙이세요.

c) 각자의 설명 중 가장 논리적인 것과 가장 독특한 것을 골라 마지막 칸에 정리하세요.

d) 다른 사람이 새로운 질문과 항목을 연결해 보고 같은 과정을 반복하세요.

연결할 질문	와(과) 연결	연결할 항목	가장 논리적인 설명	가장 독특한 설명
~은/는 무슨 색인가요?		월요일, 화요일, 수요일, 목요일, 금요일, 토요일, 일요일		
~와/과 비슷한 동물은 무엇인가요?		봄, 여름, 가을, 겨울		
~와/과 비슷한 과일은 무엇인가요?		영국, 프랑스, 이탈리아, 러시아, 중국, 미국		
~와/과 비슷한 숫자는 무엇인가요?		바이올린, 기타, 드럼, 리코더, 색소폰		
~와/과 비슷한 행성은 무엇인가요?		해변, 산, 바다, 하늘, 길, 폭포		

연습 2 – 직유를 활용한 창의성 키우기

짝이나 모둠으로 활동하세요.

a) 한 사람이 표의 왼쪽 항목 중 하나와 오른쪽 항목 중 하나를 선으로 연결하세요.

b) 모둠의 모든 사람은 "A는 B와 어떻게 비슷할까?"라는 질문에 대해 각자 답을 생각해 보세요.

c) 서로의 답을 공유하고 그중 가장 논리적인 비교와 가장 독특한 비교를 골라 마지막 열에 정리하세요.

d) 다른 사람이 새로운 항목을 연결하고 같은 방식으로 반복하세요.

왼쪽 항목 중 하나와 오른쪽 항목 중 하나가 어떻게 비슷할까?			가장 논리적인 설명	가장 독특한 설명
무지개		아이스크림		
탁자		맑은 날		
미소		휴가		
복숭아		눈		
깃털		기린		
인내		속삭임		
종이 클립		도마뱀		
학교		컴퓨터		
창문		찬물 목욕		
용기		바나나		
비오는 날		지네		
진공 청소기		책		
정직		불도저		
계란 거품기		고릴라		

연습 3 – 비교를 활용한 창의성 키우기

다음 표에는 12개의 행이 있습니다. 모둠으로 활동하세요.

a) 모둠의 세 사람이 각자 1번부터 12번까지 중 무작위로 숫자 하나씩 고르세요.

b) 첫 번째 숫자는 첫 번째 열(사용 질문)에서 질문 하나를, 두 번째 숫자는 세 번째 열(비교할 항목)에서 하나의 항목을, 세 번째 숫자는 다섯 번째 열(연결할 수 있는 항목)에서 하나의 항목을 선택하세요.

c) 세 항목을 선으로 연결하세요.

d) 모둠원 모두가 해당 질문에 대해 두 항목을 비교하여 자기만의 답변을 만들고 그 이유도 함께 설명하세요.

e) 가장 논리적인 설명과 가장 독특한 설명을 토의하여 선택하고 마지막 열에 정리하세요.

f) 그런 다음, 새로운 세 사람이 숫자를 뽑아 같은 방식으로 반복하세요.

사용 질문		비교할 항목		연결할 수 있는 항목	가장 논리적인 설명	가장 독특한 설명
더 부드러운 것은?		잠자는 것		탁자		
더 빠른 것은?		여름		욕실		
더 매끄러운 것은?		코끼리		바나나		
더 재미있는 것은?		무지개		소문(가십)		
더 소리가 큰 것은?		성공		겨울		
더 건강한 것은?		깃털		우주		
더 큰 것은?		비		하마		
더 무거운 것은?		행복		문		
더 강한 것은?		아이디어		공부		
더 여유로운 것은?		속삭임		행진 밴드		
더 정직한 것은?		흐린 날		피아노		
더 가벼운 것은?		마감일		문		

ATL 기능 자기 평가

해당 쪽을 가장 잘 활용하는 방법으로 161쪽과 162쪽을 참조하세요.

ATL 기능 숙련도에 대한 학생 자기 평가 – 창의적 사고 기능							
ATL 기능	초보자 (관찰)	학습자 (모방)	실행자 (실행)				전문가 (공유)
			시작하기	연습하기	향상하기	이해하기	
브레인스토밍							
불가능한 해결책							
연결과 아이디어							
개선 사항							
추측							
원저작물							
유연한 사고							
시각적 사고							
은유							

메모

전이 기능

ATL 기능이 중요한 이유는 이 기능들이 학교 생활 전반에 걸쳐 모든 과목을 효과적으로 배우는 데 꼭 필요하기 때문입니다. 수업에 필요한 준비물을 챙기고, 집중하고, 경청하며, 읽고, 노트를 필기하고, 모둠으로 활동하는 기본적인 기능부터 자료를 조사하고, 에세이나 보고서를 작성하며, 논리를 전개하고 문제를 해결하는 복합적인 기능에 이르기까지 이 모든 ATL 기능들은 여러분이 학교에서 성공하고, 시험과 평가를 잘 치르며, 좋은 성적을 받고, 여러분의 목표를 달성하는 데 필요한 밑바탕이 되어 줍니다.

ATL 기능이 학교에서 배우는 다른 교과들과 차별화되는 점은 교과 내용은 해마다 바뀌고 점점 더 복잡하고 어려워지는 반면, 모든 과목을 잘 이해하고 성취하는 데 필요한 ATL 기능은 전혀 변하지 않는다는 것입니다. ATL 기능은 학교 생활 내내 지속적으로 필요할 뿐만 아니라 학교 밖에서도 계속해서 활용됩니다. 대학에 진학하거나 직장에 들어간 이후에도 자신이 설정한 목표를 이루기 위해 새로운 것을 배워야 할 때마다 ATL 기능이 필요합니다. 이러한 기능들을 꾸준히 연습해 두었다면 무엇이든 배워야 할 때 어려움 없이 습득할 수 있고 목표를 이루는 데 도움이 될 것입니다. 이것이 바로 전이라는 개념입니다.

전이 기능들을 연습하다 보면 다음과 같은 능력이 향상될 것입니다.

1) 교과 수업은 물론이고 삶에서 배움이 중요한 모든 상황에서 자신에게 가장 효과적인 ATL 기능, 전략, 기법을 활용할 수 있게 됩니다.
2) 한 과목에서 얻은 이해를 바탕으로 다른 과목과 연결 짓고 통찰력을 발휘하여 더 깊이 있는 이해를 할 수 있게 됩니다.
3) 지식, 이해, 기능을 결합하여 문제를 해결하거나 새로운 산출물을 만들어 낼 수 있게 됩니다.

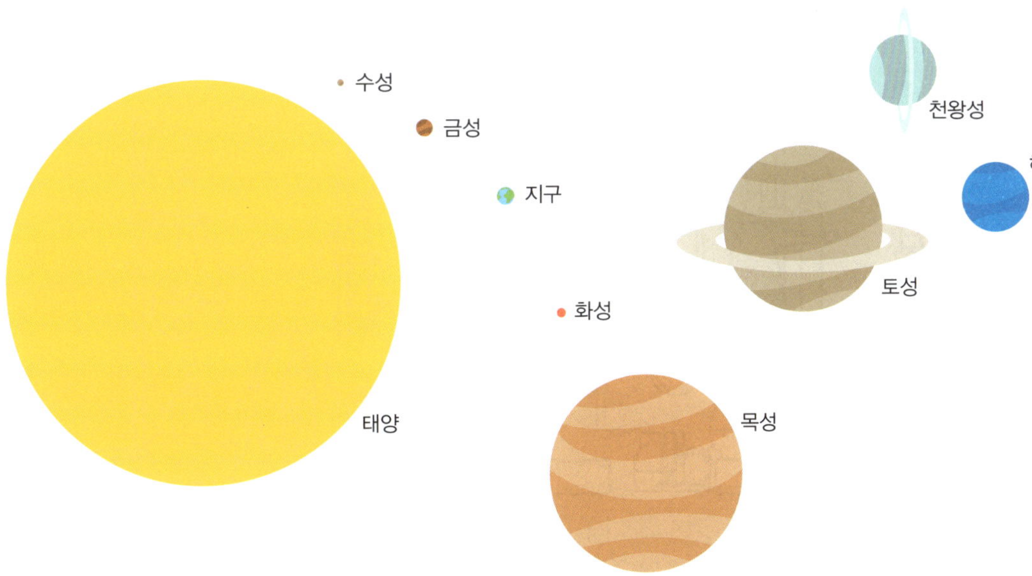

위대한 전이, 우주에서 주방까지

다음은 우주 탐사를 위해 처음 개발되었다가 지구에서 유용한 제품으로 효과적으로 전이된 아이디어의 예시입니다.

- ➜ 무선 드릴: 달에서 사용하기 위해 저전력 모터와 충전식 배터리 기술이 개발되었습니다.
- ➜ 화재 감지기: 스카이랩 우주정거장의 이상 징후를 감지하기 위해 처음 개발되었습니다.
- ➜ 강화 이유식: 우주 비행사를 위한 고영양 가치의 미세조류 기반 식품이 더 나은 영유아용 식품 개발로 이어졌습니다.
- ➜ 귀 체온계: 적외선 센서 기술이 적용되어 일회용 귀 체온계가 만들어졌습니다.
- ➜ 치아 교정기: 니켈-티타늄 합금 철사가 세라믹과 함께 사용되며 더 가볍고 강한 교정기를 가능하게 했습니다.
- ➜ 보호용 페인트: 로켓 발사대 지지 구조물을 보호하기 위해 개발된 페인트가 건물, 다리, 기념물 보호에 활용되고 있습니다.
- ➜ 스크래치 방지 유리: 우주선용 유리와 플라스틱 렌즈를 위해 개발된 초경질 코팅이 안경과 산업용 보호 안면창에 사용되고 있습니다.
- ➜ 편안한 운동화: 우주인 좌석에 사용된 충격 흡수 고무가 운동화 밑창에 적용되었습니다.

전략

10a – 여러 가지 교과군과 학문에서 효과적인 학습 전략을 사용합니다.

숙달 수준

학교 과목에 대한 이해를 높이기 위해 학습 과정에 자연스럽게 집중하고 자신이 사용하는 모든 학습 전략과 기법의 효과를 지속적으로 평가할 때, 해당 ATL 기능을 사용하는 데 있어 전문가 수준에 도달하였다고 볼 수 있습니다.

이 기능이 설명하는 과정을 다른 말로 하면 '메타인지'라고 할 수 있습니다. 메타인지는 '자신의 생각에 대해 생각하는 것'을 의미하며 이 맥락에서는 각 교과를 학습할 때 사용하는 전략과 기법을 돌아보고 그 효과를 최대화할 수 있는 방법을 고민하는 것을 뜻합니다.

연습 1 – 여러분은 지금 어떻게 공부하고 있나요?

교과 내용을 이해하려면 여러 단계를 거쳐야 합니다. 정보를 받아들이고, 그것을 이해할 수 있을 때까지 처리하고, 이해한 내용을 저장하는 과정입니다. 이 각각의 과정은 다양한 방식으로 수행될 수 있습니다. 여러분은 학습, 이해, 기억이라는 측면에서 가장 좋은 결과를 만들어 낼 수 있는 방법을 사용하는 것이 중요합니다.

a) 다음 표에 여러분이 배우고 있는 모든 과목을 적으세요.

b) 그런 다음, 각 과목을 이해하기 위해 자신이 거치는 과정들을 설명해 보세요.

i. 정보를 어떻게 얻나요? 교과서에서? 선생님 설명? 필기한 것? 유인물? 인터넷으로 직접 조사하나요? 아니면 여러 방법을 함께 사용하나요?

ii. 정보를 이해하기 위해 어떤 방식으로 처리하나요? 읽고 요약하나요? 핵심 내용을 정리하나요? 문제를 많이 풀어 보나요? 기출문제를 풀어 보나요? 선생님께 다시 설명을 부탁하나요?

iii. 그 정보를 어떻게 활용하나요? 생각을 정리한 도표나 마인드맵을 만드나요? 플래시카드, 다이어그램, 녹음, 친구에게 설명하기, 관련 영상을 찾아보나요?

iv. 기억을 돕기 위해 어떤 방법을 사용하나요? 약자 만들기, 연상법, 장소 기억법, 연결짓기, 이미지나 이야기, 은유 표현 등을 사용하나요?

과목	이 과목의 정보를 주로 어떻게 얻나요?	그 정보를 이해하기 위해 어떻게 처리하나요?	그 정보를 가지고 무엇을 하나요?	기억을 돕기 위해 무엇을 하나요?
1.				
2.				

3.				
4.				
5.				
6.				
생각해 볼 수 있는 또 다른 방법을 하나씩 적어 보세요.				

c) 제시된 것 외에 가능한 다른 방법을 하나씩 각 열의 마지막 칸에 적어 보세요.

연습 2 – 여러분의 학습 전략이 효과적인지 어떻게 알 수 있을까요?

다양한 학습 전략을 직접 여러 과목에 적용해 보고 이를 통해 '얼마나 더 잘' '얼마나 더 쉽게' 학습할 수 있는지 비교하고 평가해야만 전략의 효과를 판단할 수 있습니다. 학습 전략을 평가할 때는 세 가지 기준을 함께 고려해야 합니다. 첫째, 그 전략이 학습 내용을 얼마나 깊이 있고 정확하게 이해하도록 돕는지를 나타내는 효과성, 둘째, 목표한 이해 수준에 얼마나 빠르게 도달할 수 있는지를 평가하는 효율성, 셋째, 배운 내용을 얼마나 잘 기억하고 오래 유지할 수 있는지를 의미하는 기억 지속력입니다.

a) 학습 정보를 처리하고 학교 공부를 하는 데 사용할 수 있는 다섯 가지 방법(예: 동영상 시청, 역할극, 아이디어맵 작성, 다른 사람에게 가르치기, 플래시카드 사용 등)을 떠올리고 각 방법을 다른 과목에 적용해 보세요.

b) 그런 다음, 각 방법을 효과성, 효율성, 기억지속력의 기준에 따라 평가하고 1점(가장 좋음)부터 7점(가장 나쁨)까지 순위를 매겨 보세요.

c) 이렇게 각 방법을 시도해 본 후, 특정 학습 전략이 어떤 과목과 특히 잘 맞는다고 느껴지는지 생각해 보세요.

다섯 가지 학습 전략을 적으세요.	각 전략을 시도해 본 과목	해당 학습 전략이 얼마나 잘 작동했는지 평가하세요.			이 전략이 가장 잘 맞는 과목은 무엇이라고 생각하나요?
		효과성(1~7)	효율성 (1~7)	기억력 (1~7)	
1.					

2.					
3.					
4.					
5.					

기능 적용

10b – 익숙하지 않은 상황에 기능과 지식을 적용합니다.
10f – 지식, 이해 내용 및 기능을 종합하여 결과 또는 해결책을 제시합니다.

숙달 수준

문제를 다양한 관점에서 바라보고 이를 해결하거나 새로운 아이디어나 결과물을 만들어 내기 위해 자신이 가진 모든 지식, 이해와 기능을 자연스럽게 활용할 수 있을 때, 해당 ATL 기능을 사용하는 데 있어 전문가 수준에 도달하였다고 볼 수 있습니다.

연습 1 – 문제를 바라보는 다양한 관점

지식에서 이해가 생기고 이해에서 행동이 나옵니다. ATL 기능은 지식을 이해로 바꾸는 과정과 이해를 바탕으로 행동을 이끌어 내는 과정 모두에 사용됩니다. 이 ATL 기능은 바로 그 '이해'와 '행동'을 결합하여 문제를 해결하거나 새로운 아이디어를 만들어 내는 것과 관련이 있습니다. 먼저, 해결해야 할 실제 문제나 충족되지 않은 필요를 찾아야 합니다. 그런 다음, 제시된 단계에 따라 활동을 진행하세요. 2~4명으로 구성된 모둠으로 활동하세요.

a) 학교에서 아직 충족되지 않은 필요(예: 모든 교실에서 휴대전화 사용 가능하게 하기)나 해결이 필요한 문제(예: 점심시간 줄서기 문제 등)를 하나 찾아보세요.

b) 다음 표의 질문을 학생의 관점과 선생님의 관점에서 모두 생각해 보며 문제를 분석해 보세요.

	학생의 관점	선생님의 관점
충족되지 않은 필요나 문제에 이름을 붙이세요.		
조사해 보세요. 사실은 무엇인가요? 누가 영향을 받나요?		
어떤 점을 관찰했나요?		
이 문제는 어디에서 발생하나요?		
이 문제는 언제 발생하나요?		

왜 그런 필요나 문제가 발생한다고 생각하나요?		
학생과 선생님 모두를 만족시킬 수 있는 새로운 제품이나 테크놀로지를 상상해 볼 수 있나요?		
문제의 근본 원인을 해결하기 위해 어떤 행동을 취할 수 있을까요?		
성공적으로 해결했는지 어떻게 알 수 있을까요?		

맥락

10c – 다양한 관점을 얻기 위해 서로 다른 맥락에서 탐구합니다.
10h – 다른 관점을 얻기 위해 탐구의 맥락을 변화시킵니다.

숙달 수준

새로운 아이디어를 떠올리거나 해결책을 찾기 위해 탐구의 맥락을 의도적으로 전환할 수 있을 때, 해당 ATL 기능을 사용하는 데 있어 전문가 수준에 도달하였다고 볼 수 있습니다.

이 기능을 잘 활용하기 위해서는 먼저 스스로 질문에 답하거나 문제를 해결하기 위해 자료를 조사하고 탐구하는 '탐구 학습'에 참여하고 있어야 합니다. 여기서 '탐구의 맥락'이란 어떤 사건이나 생각, 진술이 이루어지는 배경이나 조건, 즉 탐구가 이루어지는 경계를 의미합니다. 이 맥락은 지리적 · 정치적 · 역사적 · 문화적 · 사회적 배경 등일 수 있으며 탐구의 맥락을 바꾸면 새로운 관점을 얻게 되고 그로 인해 새로운 통찰, 탐구 방향과 문제 해결의 실마리를 발견할 수 있습니다.

연습 1 – 맥락 바꾸기

현재 진행 중인 탐구 학습 과제나 프로젝트 중 하나를 골라 보세요. 가능하면 조금 어렵다고 느끼는 과제가 좋습니다. 해당 탐구의 맥락을 바꿨을 때, 질문이나 문제에 대해 새로운 관점을 떠올릴 수 있는지 시도해 보는 활동입니다.

a) 선생님이 제시한 원래의 탐구 과제는 어떤 것이었나요? 여러분이 답해야 하는 질문은 무엇인가요? 또는 해결해야 할 문제는 무엇인가요?

b) 그 탐구의 맥락이나 배경은 어떤가요? 이 과제는 누구와 관련 있나요? 어디에서, 언제 이루어지나요?

c) 지금까지 발견한 것은 무엇인가요? 그리고 어떤 점이 어렵게 느껴지나요?

d) 앞의 맥락 요소들(누구, 어디, 언제 등)을 하나씩 바꿔 가며 탐구 질문이나 문제를 새로운 관점에서 바라보세요.

탐구 과제를 설명해 보세요. 여러분은 무엇을 해야 하나요?	
탐구의 맥락은 어떤가요? • 누구와 관련된 것인가요? • 어디에서 이루어지나요? • 언제 탐구하나요?	
지금까지 발견한 것은 무엇인가요?	
어떤 점이 어렵게 느껴지나요?	
만약 '누구'를 바꾼다면, 탐구는 어떻게 달라질까요?	

만약 '어디'를 바꾼다면, 탐구는 어떻게 달라질까요?	
만약 '언제'를 바꾼다면, 탐구는 어떻게 달라질까요?	
그 밖의 다른 맥락 요소를 바꾼다면, 탐구는 어떻게 달라질까요?	
이렇게 관점을 바꿔 보는 것이 어려움을 극복하는 데 도움이 되었나요?	

개념

10d – 여러 교과군과 학문 전반에서의 개념적 이해를 비교합니다.

숙달 수준

어떤 한 과목을 공부하고 있을 때 다른 과목에서 배운 개념적 이해와 자연스럽게 연결 지을 수 있다면, 해당 ATL 기능을 사용하는 데 있어 전문가 수준에 도달하였다고 볼 수 있습니다.

MYP 과정 동안 배우게 될 모든 단원에는 주요 개념과 관련 개념이 포함되어 있습니다. 주요 개념은 교과 내용을 바라보는 하나의 '렌즈' 역할을 하는 원리나 아이디어입니다. 관련 개념은 이러한 주요 개념과 구체적인 과목 내용을 연결해 주는 원리나 아이디어입니다. 이 ATL 기능을 연습하기 위해 여러분은 한 과목 안에서 그리고 여러 과목 사이에서 주요 개념들을 연결해 보게 될 것입니다. 그리고 모든 주요 개념을 이어 주는 공통된 패턴이나 전체를 아우르는 이해를 찾아내야 합니다.

연습 1 – 한 과목 안에서의 개념 전이

이 연습을 수행하려면 1년 동안 다음 표를 지속적으로 채워야 합니다.

a) 여러분이 배우는 과목 중 하나를 선택한 후, 그 과목에서 새로운 단원을 시작할 때마다 해당 단원의 주요 개념을 표에 기록하세요.

b) 그 개념이 무엇을 의미하는지 자신만의 언어로 설명해 보세요.

c) 해당 단원 안에서 그 주요 개념이 어떻게 드러났거나 적용되었는지 예시를 하나 찾아 적으세요.

d) 학년 말에는 표에 정리된 모든 예시를 돌아보세요. 서로 어떤 연결점이 있는지 살펴본 뒤, 그것들을 이어 주는 설명이나 개념 또는 예시를 적어 보세요.

주요 개념	의미	과목 예시	연결점
1.			
2.			
3.			
4.			
5.			

6.			
7.			
8.			
9.			
10.			

연습 2 – 과목 간 개념 전이

이 연습을 수행하려면 1년 동안 다음 표를 지속적으로 채워야 합니다.

a) 여러분이 배우는 모든 과목을 표에 적고 각 과목에서 한 단원을 선택하여 해당 단원의 주요 개념을 표에 기록하세요.

b) 그 개념이 무엇을 의미하는지 자신만의 언어로 설명해 보세요.

c) 해당 단원 안에서 그 주요 개념이 어떻게 드러났거나 적용되었는지 예를 하나 찾아 적으세요.

d) 학년 말에는 표 전체를 다시 살펴보면서 각 개념들 간의 연결점을 찾아보세요. 서로 어떤 연결점이 있는지 살펴본 뒤, 그것들을 이어 주는 설명, 개념 또는 예시를 적어 보세요.

과목	주요 개념	의미	과목 예시	연결점
1.				
2.				
3.				
4.				
5.				

6.				
7.				
8.				
9.				
10.				

연결

10e – 교과군과 학문을 연계합니다.

숙달 수준

여러 과목에서 다루어지는 아이디어들 사이의 연결점을 자연스럽게 인식할 수 있을 때, 해당 ATL 기능을 전문가 수준으로 활용하고 있다고 볼 수 있습니다.

학교에서는 보통 각 과목을 따로 배우지만 세상을 제대로 이해하려면 다양한 과목에서 배운 지식을 하나로 연결해서 바라볼 수 있어야 합니다. 중요한 것은 어떤 개념이나 아이디어 혹은 현실 세계의 현상을 각 과목의 관점에서 바라보는 기능입니다. 서로 다른 과목의 개념과 아이디어 사이의 연관성을 발견하고 연결해 보는 연습은 이 기능을 키우는 데 매우 효과적인 방법입니다.

연습 1 – 과목 간 연결

a) 여러분이 배우고 있는 모든 과목을 다음 표에 적어 보세요.

b) 각 과목에서 하나의 핵심 개념과 하나의 핵심 아이디어를 선택해 적어 보세요.

c) 세 번째 열에 서로 연결된다고 생각되는 개념이나 아이디어 사이에 선을 그리세요. 그 선 위에 두 개념이나 아이디어가 어떻게 연결되는지 설명을 적어 보세요.

d) 이렇게 연결된 것들 속에서 어떤 패턴을 발견할 수 있나요? 전체를 아우르는 더 큰 개념이 보이나요? 이 연결들이 여러분에게 새로운 아이디어를 떠올리게 하나요?

과목	핵심 개념 하나와 핵심 아이디어 하나	연결점과 설명	새롭게 떠오른 포괄적 아이디어 또는 개념
1.	개념:		
	아이디어:		
2.			
3.			
4.			
5.			

<table>
<tr><td rowspan="2">6.</td><td></td><td rowspan="6"></td><td rowspan="6"></td></tr>
<tr><td></td></tr>
<tr><td rowspan="2">7.</td><td></td></tr>
<tr><td></td></tr>
<tr><td rowspan="2">8.</td><td></td></tr>
<tr><td></td></tr>
</table>

새로운 테크놀로지

10g – 보유한 지식을 전이하여 새로운 테크놀로지를 학습합니다.

숙달 수준

자신이 알고 있는 것을 바탕으로 새로운 테크놀로지를 자신 있게 시도하고 탐색하며 효과적으로 활용할 수 있을 때, 해당 ATL 기능을 사용하는 데 있어 전문가 수준에 도달하였다고 볼 수 있습니다.

모든 정보 기술에는 정보의 표현과 처리 과정을 포함합니다. 새로운 데이터베이스를 탐구하거나, 새로운 앱을 사용해 보거나, 새로운 기기를 다뤄 보면서 얻은 교훈은 다른 테크놀로지를 이해하고 사용하는 데 도움이 되는 경우가 많습니다.

연습 1 – 새로운 테크놀로지

다섯 가지 새로운 앱, 두 가지 새로운 소셜 미디어 플랫폼 그리고 하나의 새로운 기기를 다음 기준에 따라 분석해 보세요.

a) 입력: 이 테크놀로지는 어떤 정보를 수집하나요? 여러분으로부터 혹은 다른 곳에서 가져오는 정보는 무엇인가요? (예: 글자, 사진, 영상, 소리, GPS 좌표, 기타 디지털 정보 등)

b) 처리: 이 테크놀로지는 수집된 정보를 어떻게 다루나요? (예: 정보를 저장하거나 다른 형태로 변환함, 다른 정보를 찾는 데 사용함, 사람들 간의 연결을 형성하는 데 사용함, 물건을 판매하는 데 활용함 등)

c) 출력: 이 테크놀로지는 정보를 어떤 방식으로 다시 제공하나요? (예: 글, 사진, 영상, 소리, 차트, 그래프, 점수, 참고자료, 링크, 연결 등)

d) 평가: 이 새로운 테크놀로지는 여러분에게 얼마나 유용한가요? 장점과 단점은 무엇인가요?

새로운 테크놀로지	입력 (어떤 정보를 수집하나요?)	처리 (정보를 어떻게 다루나요?)	출력 (어떤 방식으로 정보를 다시 제공하나요?)	평가 (이것이 여러분에게 얼마나 유용한가요?)
다섯 가지 새로운 앱 – 게임은 한 가지만 가능 1.				
2.				
3.				
4.				
5.				
두 가지 새로운 소셜 매체 플랫폼 1.				
2.				
새로운 휴대전화				

ATL 기능 자기 평가

해당 쪽을 가장 잘 활용하는 방법으로 161쪽과 162쪽을 참조하세요.

ATL 기능 숙련도에 대한 학생 자기 평가 – 전이 기능							
ATL 기능	초보자 (관찰)	학습자 (모방)	실행자 (실행)				전문가 (공유)
			시작하기	연습하기	향상하기	이해하기	
전략							
기능 적용							
맥락							
개념							
연결							
새로운 테크놀로지							

메모

메모

찾아보기 - ATL 기능

의사소통

대인관계

2. 협력적 기능 _ 63

자기 관리

3. 조직화 기능 _ 95

4. 정서적 기능 _ 121

4.1 마음챙김

조사

b) 다른 사람에게 정보를 얻고 주기 위해 정보에 접근합니다. _ 179

c) 다양한 출처의 정보를 연계합니다. _ 179

d) 정보에 접근하고, 정보를 처리 및 상기할 때 개인적으로 선호하는 감각적 학습방식이 갖는 장점과 한계를 이해합니다. _ 110

e) 장기 기억력을 발달시키기 위해 암기 기법을 사용합니다. _ 181

f) 다양한 형식과 플랫폼으로 정보를 제시합니다. _ 185

g) 데이터를 수집하고 분석하여 해결책을 파악하고 정보에 기반한 결정을 내립니다. _ 226

h) 데이터를 처리하고 결과를 보고합니다. _ 226

i) 정보의 출처와 디지털 도구를 특정 과제에 적절한지에 기반하여 평가하고 선택합니다. _ 187

j) 테크놀로지 시스템을 이해하고 사용합니다. _ 116

k) 비판적 문해력을 사용하여 미디어를 통한 의사소통을 분석하고 해석합니다. _ 189

l) 지식 재산권을 이해하고 적용합니다. _ 191

m) 인정되는 규약에 따라 출처 표기와 인용을 만들고, 각주/미주를 사용하고 참고 문헌을 구성합니다. _ 191

n) 1차 및 2차 출처를 파악합니다. _ 193

7. 매체 문해력 기능 _ 197

a) 다양한 출처와 미디어(디지털 소셜 미디어, 온라인 네트워크 등)의 정보를 찾고, 조직화하고, 분석하고, 평가하고, 종합하고 윤리적으로 사용합니다. _ 198

b) 사건과 아이디어에 대한 미디어(디지털 소셜 미디어 등)의 해석을 이해했음을 보입니다. _ 189

c) 개인적인 시청 경험에 대해 정보에 근거한 선택을 합니다. _ 201

d) 미디어 표현과 표현 방식이 미치는 영향을 이해합니다. _ 204

e) 여러 가지 다양한 출처에서 다양한 관점을 살펴봅니다. _ 189

f) 다양한 미디어를 사용하여 다양한 대상과 소통합니다. _ 207

g) (멀티)미디어 자료들을 비교, 대조 및 연계합니다. _ 207

사고

8. 비판적 사고 기능 _ 215

a) 문제를 인식하기 위해 주의 깊게 관찰하는 것을 연습합니다. _ 217

b) 주장을 형성하기 위해 관련 정보를 수집하고 조직화합니다. _ 221

c) 암묵적 추측과 편견을 인식합니다. _ 223

d) 데이터를 해석합니다. _ 226

e) 증거와 주장을 평가합니다. _ 223

f) 명제를 인식하고 평가합니다. _ 221

g) 합리적인 결론과 일반화를 도출합니다. _ 223

h) 일반화와 결론을 시험합니다. _ 223

저자 소개

Lance G. King

랜스 킹(Lance G. King)은 지난 29년 동안 39개국 300여 개 학교에서 수많은 학생, 교사, 부모와 함께 일한 저명한 저자이자 교육 전문가이다. 그는 25만 명 이상의 학생에게 가르친 '학습의 기술(Art of Learning)' 프로그램을 개발했으며 사고와 학습 기능(21세기 역량)을 가르치는 전문가이다. 또한 그는 국제 바칼로레아(International Baccalaureate: IB) 본부에서 MYP 프로그램의 학습 접근 방법(ATL) 프레임워크를 설계하고 개발한 창안자이다. 그가 개발한 ATL은 현재 160개국 5,000개 이상의 IB 학교에서 실행되고 있다.

랜스 킹은 교사, 학생과 부모를 대상으로 한 워크숍에서 활발히 활동하는 발표자이자 학습과 교수법에 관한 저서 일곱 권을 집필한 저자이다. 그중 두 권은 중국어, 프랑스어, 베트남어, 스페인어로 번역되어 출판되었다. 현재 랜스 킹은 네 명의 성인 자녀와 함께 뉴질랜드 래글란에 거주하면서, 전 세계를 돌며 워크숍을 진행하고, 저술 활동도 꾸준히 이어 가고 있다.

역자 소개

고은지(Ko Eunjee)

한국교원대학교 영어교육 박사(수료)

국제영어대학원대학교(IGSE) 영어교육 석사(졸업)

IB MYP/DP Educator Certificates

현 충청남도 교육청 중등 영어 교사

남서울대학교 IBEC 과정 객원강사

공주교육대학교 IBEC 과정 특임교수

IB MEP(다국어 편집 출판 부서) 프리랜서 번역자 및 감수자

개념 기반 교육과정과 수업(CBCI) 공인 트레이너 및 컨설턴트

한국개념기반교육협회 초대 학술연구이사

koeunjee30@gmail.com

https://www.edu-tribes.com

이요나(Lee Yona)

싱가포르 난양이공대학(NTU) 교육평가 석사(졸업)

IB MYP Educator Certificate

한국어교원자격증 과정 이수

현 IB MEP(다국어 편집 출판 부서) 한국어 번역팀장

교육분야 전문 번역가

yonaing@gmail.com

박태호(Park Taeho)

한국교원대학교 대학원 박사(졸업)

전 한국교육과정평가원 연구원

현 공주교육대학교 · 국립공주대학교 · 충남대학교 IBEC 컨소시엄 협의회 회장

공주교육대학교 교육대학원장

공주교육대학교 수업코칭연구소 소장

주요 저 · 역서 『과학성으로 수업의 기본을 다지고 예술성으로 꽃 피우기』(학지사, 2025), 『4C 핵심역량에 기초한 미래형 교실수업』(공역, 아카데미프레스, 2017), 『아하! 학생 배움중심의 PCK 수업 설계 I · II』(공저, 아카데미프레스, 2015), 『아하! 학생 배움중심의 수업 코칭 전략』(역, 아카데미프레스, 2014), 『효과적인 수업 관찰(6판)』(공역, 아카데미프레스, 2012)

pthmykey1@naver.com

IB 자기주도 학습으로 가는 길
MYP 학습 접근 방법
[학생용 워크북]
MYP ATL Skills Student Workbook

2025년 9월 30일 1판 1쇄 발행
2025년 12월 15일 1판 2쇄 발행

지은이 • Lance G. King
엮은이 • 고은지 · 이요나 · 박태호
펴낸이 • 김진환
펴낸곳 • ㈜학지사
04031 서울특별시 마포구 양화로 15길 20 마인드월드빌딩
대표전화 • 02-330-5114 팩스 • 02-324-2345
등록번호 • 제313-2006-000265호

홈페이지 • http://www.hakjisa.co.kr
인스타그램 • https://www.instagram.com/hakjisabook

ISBN 978-89-997-3547-9 93370

정가 27,000원

학지사 IB 관련 도서

학지사는 IB 교육의 목표인 개념기반 탐구학습에 대한 저/역서를 꾸준히 출간하고 있습니다.
IB 교육에 관심 있는 교육기관 및 유 · 초 · 중 · 고등학교 현장에 계신 선생님, 그리고 학부모님들께
최신화된 IB 관련 지식과 정보를 제공하고, IB 교육 활성화를 위해 함께 노력하겠습니다.

생각하는 교실을 위한
개념 기반 교육과정 및 수업

H. Lynn Erickson,
Lois A. Lanning,
Rachel French 공저
온정덕, 윤지영 공역

2019년 · 288면 · 17,000원
ISBN 978-89-997-1911-0 93370

생각하는 교육과정과 수업을 위한
개념 기반 탐구학습의 실천
전이 가능한 이해의 촉진 전략

Carla Marschall,
Rachel French 공저
신광미, 강현석 공역

2021년 · 352면 · 22,000원
ISBN 978-89-997-2505-0 93370

교육과정과 평가의 혁신
IB로 그리는 미래교육

조현영 저

2022년 · 288면 · 17,000원
ISBN 978-89-997-2568-5 93370

IB로 그리는 개념기반 탐구학습

조현영, 최화영, 송슬기,
박영주, 김빛나 공저

2024년 · 256면 · 16,000원
ISBN 978-89-997-3271-3 93370

개념 기반 탐구로 IB 초등 수업하기

정한식, 류효준, 이관구 공저

2024년 · 368면 · 18,000원
ISBN 978-89-997-3251-5 93370

IB 및 국가 교육과정 실현을 위한
언어 교과 개념 기반 교육과정 설계하기

Lois A. Lanning 저
김규대, 김희정, 박진아 공역

2025년 · 224면 · 18,000원
ISBN 978-89-997-3284-3 93370

학습 과정으로서의 평가
교실 평가로 학습 극대화하기

Lorna M. Earl 저
온정덕, 윤지영 공역

2022년 · 216면 · 15,000원
ISBN 978-89-997-2671-2 93370

IB로 대학 가다

이미영 저

2025년 · 336면 · 16,000원
ISBN 978-89-997-3293-5 93370

IB 탐구적 사고의 전환점을 찾는 모든 이에게
탐구의 실체 A부터 Z까지

Kath Murdoch 저
박스라, 고은지, 이요나 공역

2025년 · 88면 · 15,000원
ISBN 978-89-997-3439-7 03370